# entrevitrinas

## Distribuição e visual merchandising na moda

Dados Internacionais de Catalogação na Publicação (CIP)
(Câmara Brasileira do Livro, SP, Brasil)

Sackrider, Françoise
  Entre vitrinas : distribuição e visual merchandising na moda / Françoise Sackrider, Gwenola Guidé e Dominique Hervé ; tradução de Ana Luiza Ramazzina e Regina Carrara. – São Paulo : Editora Senac São Paulo, 2009.

  Título original: Lèche-vitrines : distribution & merchandising visuel dans la mode.
  Bibliografia.
  ISBN 978-85-7359-890-2

  1. Moda – Propaganda 2. Vestimentas – Comercialização 3. Vitrines I. Guidé, Gwenola. II. Hervé, Dominique. III. Título.

09-08532                                      CDD-687

Índice para catálogo sistemático:
  1. Moda : Visual merchandising : Manufatura    687

# entrevitrinas

**Distribuição e visual merchandising na moda**

Françoise Sackrider
Gwenola Guidé
Dominique Hervé

Tradução: Ana Luiza Ramazzina e Regina Carrara

Editora Senac São Paulo – São Paulo – 2009

ADMINISTRAÇÃO REGIONAL DO SENAC NO ESTADO DE SÃO PAULO
*Presidente do Conselho Regional*: Abram Szajman
*Diretor do Departamento Regional*: Luiz Francisco de A. Salgado
*Superintendente Universitário e de Desenvolvimento*: Luiz Carlos Dourado

EDITORA SENAC SÃO PAULO
*Conselho Editorial*: Luiz Francisco de A. Salgado
Luiz Carlos Dourado
Darcio Sayad Maia
Lucila Mara Sbrana Sciotti
Jeane Passos de Souza

*Gerente/Publisher*: Jeane Passos de Souza (jpassos@sp.senac.br)
*Coordenação Editorial/Prospecção*: Luís Américo Tousi Botelho (luis.tbotelho@sp.senac.br)
Dolores Crisci Manzano (dolores.cmanzano@sp.senac.br)
*Administrativo*: grupoedsadministrativo@sp.senac.br
*Comercial*: comercial@editorasenacsp.com.br

*Edição de Texto*: Adalberto Luís de Oliveira
*Preparação de Texto*: Joana Canêdo
*Revisão Técnica*: Sylvia Demetresco
*Revisão de Texto*: Edna Viana, Fátima Couto, Jussara Rodrigues Gomes
*Projeto Gráfico e Editoração Eletrônica*: Antonio Carlos De Angelis
*Capa*: Moema Cavalcanti
*Foto da Capa*: Getty Images
*Impressão e Acabamento*: Gráfica CS

Traduzido de *Lèche-vitrines: distribution & merchandising visuel dans la mode*
Publicado pelo Institut Français de la Mode/Régard, 2008
© Françoise Sackrider, Guenola Guidé e Dominique Hervé, 2008

Proibida a reprodução sem autorização expressa.
Todos os direitos desta edição reservados à
EDITORA SENAC SÃO PAULO
Rua 24 de Maio, 208 – 3º andar – Centro – CEP 01041-000
Caixa Postal 1120 – CEP 01032-970 – São Paulo – SP
Tel. (11) 2187-4450 – Fax (11) 2187-4486
E-mail: editora@sp.senac.br
Home page: http://www.livrariasenac.com.br

© Edição brasileira: Editora Senac São Paulo, 2009

# sumário

Nota da edição brasileira, 7
Apresentação à edição brasileira | *Sylvia Demetresco*, 9
Agradecimentos, 21
Introdução, 23

PRIMEIRA PARTE: A EVOLUÇÃO DA DISTRIBUIÇÃO, 25

1. As razões do surgimento do merchandising, 27
   *As diferentes fases da evolução da distribuição e do comportamento do consumidor, 28*

2. Que práticas de merchandising para que tipo de distribuição?, 35
   *Os hipermercados, 37*
   *As cadeias especializadas, 42*
   *As lojas populares, 53*
   *As lojas de departamentos, 57*
   *Os designers e as marcas de luxo, 71*
   *As multimarcas, 83*

3. Conceitos, convergências e divergências, 87
   *A era da transversalidade, 87*
   *Tendências gerais e experimentações, 92*
   *As concept stores, 113*
   *As megastores, 119*
   *As áreas de cafés-restaurantes, 124*
   *As lúdicas espetaculares, 125*
   *As lúdicas nostálgicas, 132*

*Os espaços confidenciais, 133*
*Os espaços efêmeros, 138*
*Internet, vetor de imagem ou ponto de venda virtual?, 142*

SEGUNDA PARTE: AS PRÁTICAS DO MERCHANDISING, 151

1. Objetivos e definição(ões), 153
   *Os objetivos do merchandising, 154*
   *As definições do merchandising, 157*
2. A escolha de uma política, 163
   *As especificidades do produto de moda, 163*
   *O conteúdo da marca, 165*
3. A execução, 175
   *O conceito da loja, 176*
   *A localização dos pontos de venda, 178*
   *Arquitetura e disposição, 180*
   *As vitrinas, 183*
   *Os manequins, 190*
   *Implantação e zoneamento, 193*
   *Os elementos constitutivos do ambiente, 200*
   *A coleção e o display, 216*
   *Comunicação, fidelização e animação, 231*
4. Constituição e gestão da coleção, 237
   *A constituição da coleção, 238*
   *A gestão da coleção no ponto de venda, 240*

TERCEIRA PARTE: ORGANIZAÇÃO E FUNÇÃO DO MERCHANDISING, 249

Tipologia das funções segundo o perfil dos cargos e as estratégias da empresa, 255

Conclusão, 275

Bibliografia, 277

# nota da edição brasileira

**d**istribuição e visual merchandising na moda é um setor que se desenvolve de forma cada vez mais acelerada. Uma boa dose de empirismo sempre esteve presente nas práticas de oferta de produtos ao consumidor, mas passa a exigir, hoje, conhecimentos e criatividade sempre mais aprofundados. Como imaginar as possíveis expressões do merchandising no futuro próximo? Como serão os pontos de venda? Serão cada vez mais imateriais? Mais sofisticados? Mais interativos?

Neste livro, a *vitrina* é o foco principal para verificar como se desenvolve o trabalho do profissional que deve conhecer profundamente não só o produto que tem para oferecer, mas também o público para o qual ele destina seu consumo, e saber como dispor esse produto num espaço comercial – o ponto de venda –, funções essas conectadas diretamente com o marketing.

*Entre vitrinas: distribuição e visual merchandising na moda* é mais uma contribuição do Senac São Paulo para quem busca compreender as estratégias de venda, exposição e distribuição dos produtos de moda, visando aprofundar as reflexões sobre o importante papel que desempenha o profissional responsável pelo merchandising.

# Apresentação à edição brasileira

algumas palavras ou expressões são simplesmente impossíveis de traduzir, a exemplo de *lèche-vitrines*. A expressão francesa que, por aproximação, significa o ato de "olhar vitrinas", mais literalmente quer dizer "lamber as vitrinas *com os olhos*"... é simplesmente isso! Até para traduzir o título original deste livro já foi difícil encontrar palavras com um sentido próximo. Num artigo para a revista *dObra[s]*, no qual entrevistei Françoise Sackrider, abstraí algumas ideias: "flanar em frente das vitrinas", "ver vitrinas", "passear pelas vitrinas", "babar em frente das vitrinas", "dar uma olhada nas vitrinas", e assim por diante: uma infinidade de palavras e expressões que não substituem *lèche-vitrines*!

As ações que deram origem à expressão *lèche-vitrines* realizam-se no ato de passear, ou de *flâner*, como diziam os intelectuais franceses, os *bons vivants* de uma época passada, que viviam flanando por Paris. Flanar é o ato de andarilhar pelas ruas sem meta precisa, caminhar, ver as pessoas e sentir o que acontece pela cidade. Walter Benjamin, ao transcrever parte desse comportamento em seus textos, principalmente aqueles sobre as passagens cobertas de Paris, marca esse ato de olhar entre um café e um vinho.

Não apenas o título do livro causa hesitação, mas outros termos também. É o caso da simples palavra "butique", cuja origem é *apothêkê*, do grego ("lugar em que se depositam as coisas"), que, por razões históricas, sofre a queda do /a/ inicial, a transformação do /p/ em /b/ e a do /k/ em /g/ (*bottega*), chegando a nós como "botica" ou "butique". No que se refere ao vocabulário comercial, percebemos que os sentidos apreendidos não mudaram muito… Hoje, para o assunto que vamos tratar, o termo unânime no comércio é "visual merchandising", em inglês, e seu profissional é o "merchandiser", que se origina da palavra francesa *marchandise*. Pronúncias diferentes para cada língua, mas girando em torno de um mesmo conceito: "conceber como e onde será apresentado um produto específico, de acordo com um público visado, num espaço comercial". Embora a vitrina seja o alvo principal, o trabalho de artesão dos merchandisers abrange também o espaço da loja, o ponto de venda em sua essência, de modo que a exposição seja concebida pelas áreas de merchandising de produto e visual merchandising, ambas em estreita relação com o marketing.

Se os olhos são as janelas da alma, as vitrinas revelam a alma da loja. Elas comunicam dia e noite, numa exposição duradoura que vive até a saída do último cliente e continua noite adentro. Assim, a vitrina é certamente o elemento exterior fundamental do ponto de venda. Capital para a identificação da marca, a vitrina é o reflexo dela mesma e de seus produtos, com o intuito de reforçar o estilo da marca e focar o seu posicionamento em relação ao consumidor.

A vitrina deve obedecer a certos princípios para que sua visibilidade seja realmente clara. Ela deve ser facilmente perceptível, rapidamente legível, capturar o olhar do observador distraído ao propor um tema interessante ou divertido. Clareza… simplicidade… legibilidade! Esses são os princípios de uma boa vitrina.

Como criar essas encenações? Como iluminar as vitrinas? Como decidir se terá fundo ou não? Será que a melhor opção é a teatralização do produto num cenário? Ou sua simples exposição? Tantas questões importantes para o visual merchandiser e para a empresa!

Este livro relata como se dá o trabalho do visual merchandising e é bastante pertinente para a compreensão de como o comércio francês se desenvolveu com maestria nesse universo.

A primeira coisa que o consumidor vê numa loja é seu aspecto exterior: o local, o prédio e sua fachada. Assim como se olham numa gôndola de supermercado os produtos alinhados, e se notam as diferenças pelo packaging, as particularidades do ponto de venda serão percebidas numa rua onde se avizinham diversas lojas: a fachada é sua primeira embalagem, envolvendo a construção onde a loja se encontra. Vitrinas, fachadas, entradas, logotipia, toldos, plantas, acessos e portas entram na composição da loja. O visual merchandiser participa desde o início da instalação e, com todos esses elementos em mãos, constrói a arquitetura comercial, dando vida ao lugar e criando uma sinergia entre marca, produto e exposição.

As grandes marcas francesas, em Paris, entenderam como devem ser suas fachadas e suas vitrinas, e investem bastante em suas propostas. Baccarat, Bonpoint, Cartier, Citroën, Dior, Fauchon, Fouquet's, Galeries Lafayette, Hermès, John Galliano, La Durée, Le Bon Marché, Le Printemps, Louis Vuitton, Marc by Marc Jacobs, Peugeot, Sephora e Sonia Rykiel são alguns exemplos de marcas que possuem edifícios e vitrinas com todos os requisitos necessários para revelar seus produtos. Tais espaços são trabalhados detalhadamente para ser o reflexo de seus discursos, posteriormente assumidos por seus consumidores.

A cultura do visual merchandising busca dar sentido aos produtos de uma marca num espaço/loja, levando em conta a relação entre homens e objetos, de modo que essa relação gere uma experiência agradável, graças a uma organização muito bem pensada e cuidadosamente produzida. Como resultado, cria-se um ambiente que seduz o consumidor e que, ao mesmo tempo, o distancia da realidade cotidiana para integrá-lo numa experiência inesquecível. Este é o alvo do visual merchandising: criar uma experiência, que tenha sentido num determinado momento do passeio de um consumidor num espaço comercial e que dê um sentido especial à compra para que o objeto adquirido seja algo inesquecível.

Algumas exposições sobre vitrinas e visual merchandising pipocaram pelo mundo nos últimos anos, testemunhando sobre a importância que essa área de atuação tem adquirido. A mais recente "Le temps des boutiques", na Fondation pour L'Architecture de Bruxelas, em 2009, relatava a história das butiques e de suas vitrinas, com projetos realizados por grandes arquitetos principalmente belgas e franceses. Dois andares dessa fundação estavam repletos de projetos arquitetônicos datando desde a Idade Média até hoje, com imagens e fotos de vitrinas antigas, de ruas e produtos chegando às lojas de hoje, e das novas vitrinas da internet, como as do site eBay. Com nada menos do que 5 mil imagens, a exposição "Le temps des boutiques" tinha também algumas réplicas montadas para que o visitante pudesse sentir, *in loco*, uma loja antiga, do projeto à construção, de acordo com os requisitos da época. Podiam-se visitar o Café Turc, café parisiense de 1807, no qual foram pendurados todos os desenhos arquitetônicos de época, e a Plaque Tournante, loja de discos datando de 1929, que existiu em Paris, na avenida Kleber, montada conforme suas plantas de construção originais, e com seus produtos, discos em vinil, compartilhando espaço com as fotos do acervo.

Na Tate Galery de Liverpool, em 2002-2003, foi realizada o que se pode considerar a maior exposição de vitrinas já vista, "Shopping: a Century of Art and Consumer Culture", que ocupava três andares do museu. Num deles, havia um supermercado "perfeito": ninguém podia retirar os produtos do lugar e suas embalagens eram organizadas por formas e cores de tal modo que transformavam a loja numa exposição estética e artística de produtos de massa – uma empreitada que custou alguns milhões de libras. Pintores, escultores, artistas e vitrinistas estavam em pé de igualdade nessa exposição que mostrou a história da vitrina, seus conflitos e seus acertos, e como o consumo é uma cultura de todos os tempos, uma cultura absolutamente perdurável. As manipulações e os olhares críticos sobre esse tema, mas também a construção de encenações gigantescas, provaram que o consumo é nossa religião e, mais do que nunca, é a história do nosso tempo.

APRESENTAÇÃO À EDIÇÃO BRASILEIRA

Pesquisando épocas mais antigas, descobri que a Exposição Internacional de 1925, em Paris, foi o primeiro evento em que a arquitetura das lojas e de suas vitrinas foi considerada um *savoir-faire*. Reunidas sobre a ponte Alexandre III, numa construção sem precedentes, cinquenta butiques com vitrinas em duas frentes formaram a "Rue des Boutiques". O público podia flanar pela ponte, ver as lojas de um lado e apreciar a vista sobre o rio Sena de outro. A intenção era fazer publicidade e falar da arte do comércio: em primeiro lugar, mostrar as marcas das lojas, como os magazines Le Bon Marché, Le Printemps, a loja Sièges de manequins, e outras de peles, luvas e tecidos; em segundo, enfatizar grandes estilistas, como Jeanne Lanvin e Paul Poiret e a artista Sonia Delaunay; por fim, evocar os arquitetos responsáveis pela concepção das lojas, como Male Stevens, Guimard e Sauvage. Para isso, foram criadas vitrinas fantásticas, sendo tudo fotografado e devidamente catalogado em dezessete pastas/livros durante quase cem anos, o que resultou na edição do livro *Paris et les expositions universelles à Paris de 1855 a 1937*, organizada pela Ação Artística da Cidade de Paris em 2005.

A aventura "Vitrinas em vitrina", na Galeria Vitrine, em São Paulo, em 1995 – que reuniu escolas de vitrinismo, professores acadêmicos e lojistas para criar, montar e analisar semioticamente 26 lojas, meio jogadas às traças, dessa famosa galeria comercial na rua Augusta –, e o evento "Imagens urbanas: vitrinas em exposição", no Rio de Janeiro, em 2009, provam que o visual merchandising também tem sua importância no Brasil.

O comércio faz parte do espaço urbano e por isso, no trabalho do visual merchandising, é preciso pensar na estética do cotidiano. A exposição "A terra vista do céu" e o filme *Home*, ambos de Yann Arthus-Bertrand, ou os eventos "Parcours Saint Germain" e "Designers Day", em Paris, são fenômenos que mostram a estetização da vida cotidiana, ou seja, a instalação da estética, e evidentemente das marcas, no dia a dia, quando artistas tomam o lugar dos visual merchandisers para se expressar nas vitrinas da cidade.

O valor intrínseco de uma marca está relacionado ao universo de sua cultura, de sua comunicação e da exposição de seus produtos. Quando Jeff Koons expõe eletrodomésticos e animais numa vitrina ou no Castelo de Versailles, ou Jenny Holzer espalha palavras nos corrimões das lojas da rua Saint-Honoré em Paris, em galerias de Londres ou ainda no supermercado Kaufhof em Munique, esses artistas criam a partir do humor e da crítica ao consumo. Momentaneamente tratados como visual merchandisers, o que fazem? Criticam a arte e o consumo, com uma estesia arraigada nos trabalhos extensivos que produzem em torno da comunicação comercial.

De fato, quando inseridas nas práticas comerciais, a estética e a estesia transformam visual merchandisers em artistas, ou vice-versa, sem que eles se deem conta disso. Isso prova o crescimento do fenômeno estético no comércio e a valorização do conceito de marca em seu sentido mais amplo, isto é, no discurso do objeto e no discurso da identidade. A comunicação de marca, portanto, anda lado a lado com a estesia imposta no cotidiano do espaço comercial.

Nesse cotidiano, ao andar pelas ruas à procura "do que está na moda" ou "qual a melhor liquidação", o consumidor passa por uma experiência estética e de discernimento imbuída de afetividade. Esta, por sua vez, é determinada pelo prazer ou desprazer que a imagem da vitrina ou a arrumação da loja poderá provocar.

Esse trabalho de artesão, como dissemos anteriormente, é realizado para fisgar o consumidor pela emoção, a partir de uma experiência vivida. É, portanto, um modo de a loja se diferenciar, pela experiência do consumidor, num mundo em que tudo é cada vez mais semelhante.

Um paradigma estético formou-se no universo do consumo, permitindo afirmar que a forma é tão importante quanto a função e o conteúdo. Por exemplo: um relógio Rolex, um doce La Durée, um chocolate Godiva, uma Ferrari ou uma caneta Mont Blanc são produtos que têm valor e que são bonitos, saborosos, sedutores, podendo oferecer a sensação de liberdade, de individualidade ou de satisfação, além dos efeitos de sua funcionalidade para o usuário, mesmo se totalmente desnecessários.

Produtos ou serviços podem, contudo, ser expostos, mostrando sensações ou experiências vividas. É o caso do visual merchandising na loja da Toyota em Paris, que apresenta um ambiente que serve mais como centro de experiências do que de compra propriamente dita... Afinal, ninguém sai da avenida Champs Elysées com um carro! A estética da apresentação dos produtos tenta dar uma visibilidade significativa a cada objeto ou serviço proposto. É o caso da loja do Club Med em Paris, em que a intenção é mostrar como os serviços de *spa* ou de cuidado com as crianças trazem descanso para os pais; ou o museu dos Beatles em Liverpool, em que a intenção é expor a música de um grupo de *rock*. A estetização do visível e do invisível acontece por meio das outras dimensões sensíveis, tais como o som, o olfato e o tato. Por isso, o trabalho estético do construtor de cenografias é particularmente importante, pois grafismos, cromatismos, que são da dimensão do visível, e estilos de vida, que são da dimensão do vivido, são elementos indicadores do espaço de determinada marca, seja de um eletrodoméstico, seja de um carro ou de um perfume. Experiências sensíveis nas lojas, nas ruas ou nos museus criam uma estética na realidade urbana cuja lógica de funcionamento leva a universos de consumo por originalidade e diferenciação. O anúncio, a loja ou uma página da internet passaram da total indiferença estética na sua criação para a elaboração sofisticada. Há bem pouco tempo abrir uma loja de lingerie ou calçados, ou montar um site de e-commerce, significava simplesmente "colocar em funcionamento" um espaço de venda, sem se preocupar com a dimensão estética, estésica e sinestésica, sem a consciência de que um simples deslize nas informações visuais ou conceituais podia ser prejudicial à marca. A atual preocupação quanto ao visual visa promover uma interação total entre seus receptores e as atitudes comportamentais de seus destinatários.

Por exemplo, se visitarmos a loja da Nike, em Londres, onde há uma cenografia sofisticada com jogadores de futebol, perceberemos a estratégia da marca de criar uma tematização e uma estetização daquele universo por meio de uma forte dimensão visual. O consumidor se identifica à tematização que dá uma identidade própria à marca. É assim que as marcas comerciais exploram a segmentação do público, dirigindo-se a uma clientela exigente que procura encontrar traços de sua própria identidade no universo criado.

O consumidor busca novas tendências em tudo. Nos objetos de consumo, do copo ao computador, procura a assinatura de um designer, a originalidade, a diferença, a criatividade: qualquer coisa que justifique o consumo. As marcas se aproveitam dessa busca de formas esteticamente satisfatórias. Foram as marcas de luxo as que mais se dedicaram a atender as expectativas de sua clientela afortunada à procura de especificidades. Renovando suas formas, fortalecendo suas identidades, legitimando seus universos, elas se empenharam a intelectualizar seus produtos para confirmar sua exclusividade. Assim, a estetização dos produtos atinge desde as embalagens de cosméticos até aviões, as lojas e os eventos, as joias e os eletrodomésticos, visando todas as camadas sociais.

Antigamente a Igreja, o Estado, o partido, a escola, as grandes instituições sociais, em suma, eram responsáveis por dar os significados semânticos ao espaço e ao indivíduo. Hoje o indivíduo se renova, se atualiza, se exprime, criando sua própria semântica graças a todas as mídias, sobretudo a internet. Com efeito, desenvolveu-se no seio de diversas culturas a necessidade de temas, cenários, narrativas e imaginação nos ambientes por onde passa o consumidor em potencial. Assim as lojas se esforçam por criar espaços cuja atmosfera deve expressar mundos originais ou fantásticos, de acordo com a realidade social. Zola escreveu há mais de cem anos, no livro *O paraíso das damas*, que as lojas de departamentos eram as "novas catedrais" do consumo. Hoje mais do que nunca isso é verdade, pois nem escola nem Estado nem Igreja regem as sociedades... As marcas e o consumo são o que define os interesses das pessoas: consumir é o atual estilo de vida.

A estetização dos objetos, dos corpos, da comunicação, dos ambientes favorece a cultura do imaginário: um computador é um objeto de design, uma capa de revista é um quadro, o logo de uma marca é o símbolo de uma equipe esportiva, e a entrada do cinema pode ser a entrada para o mundo da fantasia.

Numa sociedade dominada pela abstração, pela virtualização, pela cultura dos signos, pela economia do simbólico, pelo paradigma do estético e pela cultura de massa, o consumo parece ser a única coisa terrena, palpável. A expectativa do consumidor está cada vez mais exigente: da rua à alta-costura, todos devem repensar como satisfazer os desejos do cliente na construção comercial e no espaço da cidade. Assim, lojas de departamentos e marcas de alto padrão procuram arquitetos e designers famosos para refazer seus pontos de venda. Por isso, lojas como Prada e Louis Vuitton, realizadas por Koolhaas, Herzog & De Meuron, Philipe Stark, Jean Nouvel, arquitetos internacionalmente conhecidos, encaminham seus projetos pensando em formas que resultem em experiências artísticas ou museológicas para seus clientes. Isto é, querem a transformação do espaço da loja, ora como *performance* ora como museu, criando novas experiências na exibição de seus produtos nos espaços comerciais.

Atualmente a atividade comercial invadiu todos os espaços, tomando como referência até mesmo instituições culturais e museus. É possível redefinir o território da compra. Quando uma loja como a Comme des Garçons, em Paris, cria um ambiente com paredes de concreto cinza liso e balcões vermelhos realizados com material supertecnológico, aliado a um sistema sofisticado de cubos vermelhos que se movem ao lado do espaço de compra, e tendo na sua entrada um espaço nu de produtos, comprova-se que a experiência de compra pode ser sofisticada, estética, divertida e tecnicamente muito bem pensada.

Não se trata apenas de lançar um produto e vendê-lo, mas oferecer uma experiência para o consumidor. Varejo *versus* instalação, varejo *versus* exposição e varejo *versus* evento são oposições que concretizam a diferenciação dos produtos, de sua arrumação e de suas formas sensíveis, de acordo com o consumidor, com o espaço de circulação, etc. É o visual merchandising que traz a tecnologia, a cenografia, os materiais que criam efeitos especiais e que adicionam a teatralização ao momento da compra. As compras devem provocar o mesmo prazer e entretenimento que uma ida ao teatro, uma partida de futebol ou um parque de diversões – tudo é *show*! Atmosfera, *glamour*, clima, serviço: estes são os elementos que entram em jogo para criar ambientes ideais, fazendo crer ao consumidor que ele adquire (também) a experiência.

Se o merchandising percorreu todo esse caminho, criando uma forma perfeitamente nova de encarar o ato da compra, e da venda, o que falta agora é uma cultura de merchandising mais inclusiva. O merchandising precisa trabalhar com os conhecimentos de uma equipe composta de pessoas de áreas diferentes, numa simbiose entre arquiteto de interior, vitrinista, equipe comercial, promotores de venda e compradores. A convergência das diversas áreas e uma educação em visual merchandising – como colocar na vitrina e no espaço comercial o produto, a imagem e o conceito a serem comercializados –, é isso que este livro nos ensina.

Durante a entrevista com Françoise Sackrider tive de deslocar meu ponto de vista de brasileira para adentrar no universo francês do visual merchandising e para entender o desafio desse mundo que tem leituras diferentes em cada cultura. Françoise Sackrider, Gwenola Guidé e Dominique Hervé nos dão as chaves para entender as trilhas do visual merchandising na França, destacando o fato de que esse instrumento de vendas se tornou a melhor arma das novas empreitadas comerciais.

As autoras situam os Estados Unidos como um dos mais emblemáticos países em termos de cultura comercial e dizem que foi o país que melhor desenvolveu as técnicas do visual merchandising com as marcas, na construção dos atores, tendo sempre em mente o produto. A França foi sempre especial no mundo da alta-costura e foi pioneira na exposição do mass market, com o Carrefour, por exemplo, que deixou as primeiras pegadas. Vemos no livro como a Gap, a Zara e a H&M, quando chegaram à França, na década de 1980, trouxeram sua assinatura e mostraram sua preocupação com o visual merchandising, e como essa evolução da exposição dos produtos foi determinante e influenciou as marcas francesas populares, como Etam, Pinki, Camaieu, Promod, mas também as do setor de luxo, como Chanel, Dior, Givenchy e Hermès.

As autoras oferecem sua visão quanto ao valor do produto de moda, e procuram mostrar como dar unicidade à exposição, equilíbrio e sobriedade à construção das cenografias e como as técnicas de exposição foram se desenvolvendo a partir do geral, existente nos supermercados, para o único, necessário na moda.

O importante é compreender que não basta estar no mundo, pois é a comunicação crítica e sensível que torna o viver uma experiência especial! Expor uma bolsa, expor um vestido ou expor uma joia são maneiras de fazer com que um produto seja visto, são maneiras de dar-lhe vida. E é isso que o visual merchandising faz: conta histórias de produtos por trás das quais estão grandes astúcias.

Sylvia Demetresco
Professora na École Supérieure de Visual Merchandising, Suíça. Editora da revista internacional de visual merchandising *Inspiration*.

# Agradecimentos

As autoras gostariam de agradecer aos profissionais e às empresas que aceitaram partilhar com elas sua experiência em relação ao visual merchandising:

Rachel Arnold, Corinne Cavallin, Evelyne Chaballier, Claire Cohen, Jean-Christophe Cribelier, Charlotte Delassus, Cécile Doire, Jean-Michel Dracius, Elise Dumas, Laurent Froissart, Marc Gobé, Giorgio Guidotti, Florence Hugony, Yaël Ifrah, Hélène Lafourcade, Christine Laroche, Jean-Pierre Lefèvre, Roland de Leu, Agnès Liély, Geoffrey Mc Nally, Arnaud Martin, Brigitte Masson, Alex de Martharel, Boï-Dinh On, Martin M. Pegler, Jean-Jacques Picart, Sophie Pick, Karine Piotraut, Véronique Prieur Laurent, Barbara Putnam, François Rambié, Laurent Raoul, Caroline Rousseau, Marie Trotignon, Catherine Urban, Lara Van Klimt, Agnès Vigneron, Catherine Winter d'Arch.

Ax'O Studio, Bloomingdale's, Cacharel, Carré Noir, Celio, Chanel, Christian Lacroix, Desgrippes Gobé, Dragon Rouge, Fashion Institute of Technology, France Printemps, FRCH New York, Galeries Lafayette, Gap, Gérard Pasquier, Henri Bendel, Kiabi, Le Bon Marché, Louis Vuitton, Marine Rinaldi, Max Mara, Monoprix, O'Design, Yves Saint Laurent.

# Introdução

primeiro do gênero na França dedicado às especificidades do merchandising e da distribuição dos produtos de moda, este livro esgotou-se rapidamente e sua reedição foi requerida. Além disso, por esse setor apresentar uma rápida evolução, a obra exigia também ser revista e atualizada, aprofundando a análise da paisagem da distribuição e as reflexões sobre a evolução de uma das atividades que mais se desenvolvem e mudam no setor da moda.

Desde a primeira edição, o visual merchandising dos produtos de moda assumiu um lugar essencial num setor no qual a noção de sazonalidade foi afastada em troca de uma permanente atualização e renovação dos produtos, e no qual o poder do ponto de venda como elo de ligação com o cliente está sendo cada vez mais evidenciado. Daí o desenvolvimento de múltiplas estratégias de merchandising e distribuição, indissociáveis da evolução da demanda. Esta obra retrata isso sob diferentes dimensões, que podem perfeitamente ser apreendidas separadamente. Ela se compõe de três partes.

A primeira coloca as evoluções recentes do merchandising no contexto mais global da evolução da distribuição, quer se trate dos hipermercados, das cadeias especializadas, das lojas de departamentos, das lojas populares ou das butiques de criadores e de marcas de luxo. Analisa os conceitos de distribuição e sua evolução, da megastore à concept store, até a questão do merchandising na internet, questionando sempre sua relação com as diferentes facetas do visual merchandising.

A segunda parte, mais técnica, se propõe a destacar um certo número de práticas em matéria de abertura, de instalação e design de pontos de venda. Analisa, de maneira didática, as técnicas e elementos de base do visual merchandising, desde a identidade e o posicionamento da marca até os instrumentos e as técnicas do display. Aborda particularmente os componentes técnicos da implementação de uma estratégia de merchandising, desde a elaboração de um conceito até a animação do ponto de venda, passando pela segmentação, pela implantação e, principalmente, pela gestão da variedade.

A terceira parte, mais curta, é dedicada às definições da função do merchandising. Discute seu recente aumento de poder no âmbito das empresas, o caráter heterogêneo das definições de cargos que essa denominação abrange atualmente de uma marca a outra e a abertura para novas profissões que seu desenvolvimento provoca.

A primeira parte se dirige sobretudo a quem busca estabelecer uma perspectiva das estratégias de merchandising em relação à evolução da distribuição. O leitor que desejar encontrar regras de base simples e concretas ligadas às práticas do merchandising poderá se reportar diretamente à segunda parte. A terceira, enfim, mais ligada a uma abordagem de recursos humanos, permitirá aos que praticam e/ou querem implantar essa função em sua empresa uma reflexão sobre as diferentes acepções e papéis do responsável pelo merchandising.

Primeira parte
# A evolução da distribuição

# I. As razões do surgimento do merchandising

Seria talvez possível, lembrando os saltimbancos das feiras da Idade Média ou os grandes mercadores do Renascimento, basear em algumas práticas inatas de valorização de seus produtos as premissas do merchandising atual, participando assim da identificação de um "inconsciente coletivo do consumo". Mas, além de uma genealogia um pouco literária, é forçoso constatar que as formas de apresentação dos produtos conheceram, no decorrer dos séculos, uma crescente sofisticação, apesar de as técnicas daquilo que compreende hoje a expressão visual merchandising terem surgido recentemente. Quase inexistente na França até os anos 1970, sua implantação desenvolveu-se por intermédio de algumas empresas multinacionais que o praticavam desde os anos 1960, principalmente nos Estados Unidos. Quais são as razões desse surgimento num momento importante da evolução do comércio e do consumo, que problemáticas o nortearam, que procedimentos conduziram as empresas a estabelecer uma verdadeira política de merchandising? Quatro elementos têm um lugar preponderante na resposta a essas perguntas: a evolução da distribuição, as modificações do comportamento do consumidor, a banalização dos produtos e o crescimento da concorrência.

No que se refere aos dois primeiros pontos, isto é, à evolução da distribuição e ao comportamento do consumidor, nota-se uma interdependência que dá margem a intermináveis discussões. Será que é o consumidor, não obedecendo mais às mesmas motivações, decidindo sua compra de forma diferente e fazendo sua escolha por um outro produto, que incita a distribuição a escutá-lo e a operar mudanças vitais? Ou será que, ao contrário, o consumidor, diante das ofertas de um mercado cada vez mais abundante e sofisticado, adapta seu comportamento e adota novas maneiras de comprar?

## As diferentes fases da evolução da distribuição e do comportamento do consumidor

Entre o consumo do início dos anos 1950 e o superconsumo dos anos 2000, sucederam-se três fases. A primeira começou no pós-guerra, com base na recuperação dos mecanismos de produção e de investimentos nas infraestruturas, e prosseguiu até meados dos anos 1970. A partir do fim dos anos 1950, a evolução do contexto socioeconômico foi rápida. Ela está ligada a três fatores: o aumento do padrão de vida, regular e significativo, sobretudo a partir de 1953 (entre 1950 e 1968, o padrão de vida das famílias francesas dobrou); a explosão da natalidade (de 1950 a 1968, a população francesa passou de 41,7 milhões para 49,8 milhões); o desenvolvimento do trabalho feminino e suas consequências sobre a progressão do poder aquisitivo e do consumo. Assim, ao longo desse período, o país passou gradualmente de uma economia de penúria a uma visão do consumo baseada na abundância. A fabricação em massa de produtos de grande consumo tornou-se uma prioridade e permitiu o nascimento da "sociedade de consumo", segundo a expressão utilizada pela primeira vez por Jean-Marie Domenach em 1957, na revista *Esprit*. Desde então, toda a população se lança num processo de consumo, símbolo de acesso, para a maioria, a uma qualidade de vida até então desconhecida.

Mas as estruturas de um comércio tradicional esclerosado, pouco produtivo e com margens elevadas eram impróprias para escoar crescentes fluxos de produtos. Progressivamente, elas abriram espaço a uma forma inovadora de distribuição: o varejo de grande extensão de autosserviço, que trouxe como consequência o desenvolvimento de produtos padronizados, necessariamente pré-embalados, e a importância crescente da marca, auxiliada pela publicidade, que surgiu nas grandes mídias modernas, o rádio e a televisão. O pequeno comércio tradicional foi substituído pela grande distribuição moderna, com o desenvolvimento, nos anos 1950, dos supermercados e, dez anos depois, dos hipermercados, uma evolução que abriu as portas à distribuição em massa. O consumidor, que, no âmbito do comércio tradicional, era ajudado no ato da compra pelo vendedor, encontrou-se, no contexto dessa proposta inovadora, entregue a si mesmo e à sua livre escolha, sem intervenção "humana". Simbolicamente, o princípio do autosserviço evoca um retorno atávico ao "instinto de colheita, ao mito do Jardim do Éden",[1] uma vez que o carrinho de compras permite apropriar-se da colheita à vontade, independentemente de seu volume, e suprimir o incômodo físico de carregar os produtos. Estimulado pela onda de crescimento econômico e dopado por um aumento de seu poder aquisitivo, o consumidor descobriu a despreocupação e a civilização do grande consumo.[2]

A segunda fase da evolução da distribuição situou-se na virada dos anos 1980. A partir de 1973 e da primeira crise do petróleo, o crescimento tinha diminuído, mas esse fenômeno não repercutiu sobre o consumo, que permaneceu dinâmico até 1979. Nesse mesmo ano ocorreu a segunda crise do petróleo, com consequências mais imediatas sobre o consumo e o poder aquisitivo. Durante a década de 1980, seu crescimento prossegue, mas irregular, e a

---

[1] Alain Wellhoff & Jean-Emile Masson, *Le merchandising: bases techniques, nouvelles tendances* (Paris: Dunod, 2005).

[2] Mesmo que esses trinta anos não sejam, quando nos lembramos do comportamento do consumidor, anos lineares. O período contestatório do fim dos anos 1960 vai associar ao consumo valores não de liberação, mas de alienação, na lógica de valores para os quais o "ser" se sobrepõe ao "ter".

tendência dos modos de consumo das diferentes categorias socioprofissionais é de se uniformizar. As classes sociais que tinham modos de consumo mais específicos, ou seja, os camponeses e os operários, tornaram-se menos importantes em número, e as classes médias e superiores, ao contrário, aumentaram. Em termos de consumo e de produção, essas evoluções se traduziram por um "querer comprar" que se sobrepôs ao "poder comprar",[3] modo de análise de marketing que levaria ao surgimento – e depois à supremacia – do conceito de estilo de vida, instrumento de segmentação fundamentado nas afinidades em termos de consumo e que se mostraria, entretanto, de uma eficácia relativa.

Essa década viu, assim, a identificação pelo marketing de uma abordagem mais individualista do consumo. O que hoje é descrito como um "hedonismo triunfante" torna-se o motor de um consumo representado pelo marketing daqueles anos como o meio de expressão e de satisfação por excelência das motivações narcisistas de cada um, enquanto isso o varejo de grande extensão atinge todas as camadas da população, principalmente os consumidores mais exigentes, sobretudo no que se refere à qualidade. A preocupação com o preço permanece, contudo, presente, e a distribuição, para satisfazer o caráter ostentatório tomado pelo consumo, teve de conciliar dados até então contraditórios: segmentar os mercados de maneira cada vez mais complexa, até a sofisticação, levando os produtos para as classes mais baixas; aumentar o grau de qualidade dos produtos; melhorar o ambiente das lojas (atratividade, limpeza, estética), aumentando sua praticidade (rapidez de passagem pelos caixas, fácil identificação nas prateleiras), sem perder de vista a importância do preço.

Essa situação complexa refere-se em primeiro lugar às marcas alimentares, mas também ao que se começou a designar na época com a expressão loja especializada de grande extensão. Surgida nos anos 1960 nos mercados de móveis (Conforama) ou de eletrodomésticos (Darty), foi nos anos 1970 e 1980 que se viu a adoção desse formato no setor do vestuário, por meio de marcas como Kiabi, La Halle aux Vêtements, etc., graças à multiplicação das zonas

---

[3] Dominique Mouton, *Merchandising stratégique* (Paris: Éditions d'Organisation, 1989).

comerciais de periferia que acompanhou o desenvolvimento dos grandes subúrbios dos anos 1970. Paralelamente a esse movimento periurbano, e sob o impulso das comunidades locais, a vocação comercial das áreas centrais das cidades se reafirmou, primeiramente devido ao desenvolvimento do sistema de franquia nos anos 1970 (Benetton, Manoukian, Caroll, Rodier, Devernois, etc.), depois graças ao desenvolvimento das lojas com filiais nos anos 1980 (C&A, Etam, Promod, Camaïeu, etc.) e 1990 (Gap, Zara, H&M, etc.). Durante esse "retorno" do comércio aos centros, cada marca se esforçou para constituir, principalmente nas ruas para pedestres ou nas galerias comerciais – que geram grande tráfego –, abertas tanto nos centros das cidades quanto nas periferias, um portfólio dos melhores pontos. Foi evidentemente esse aumento do poder da distribuição organizada e especializada nos anos 1970 e 1980 que originou o desenvolvimento das técnicas de visual merchandising – mesmo que este tenha sido lento e às vezes irregular – e de sua aplicação maciça no setor do vestuário.

A terceira fase se manifestou na virada dos anos 1990, sob a dupla influência de um universo de consumo que conseguia, pouco a pouco, saturar o consumidor, perante uma massa de ofertas cada vez mais numerosas e mais consensuais, e de uma fase de retração do consumo devida, sobretudo, à crise do Golfo e aos efeitos de "cristalização" que ela provocou, aumentando o sentimento de preocupação do consumidor. Diante de um consumo de massa que se tornava excessivamente sem diferencial, essa brusca desaceleração permitiu o afloramento, pelas análises de marketing, de uma necessidade já latente do consumidor, mas que, nesse contexto de crise de consumo, tomou uma outra dimensão: racionalizar o ato de compra, torná-lo mais "maduro", ao menos em aparência, buscando ao mesmo tempo imbuí-lo o máximo possível de significado. Assim apareceu o que foi descrito mais tarde como uma reorientação radical entre duas atitudes de consumo, da euforia hedonista dos anos 1980 ao consumo consciente dos anos 1990. Mesmo que a evolução tenha sido menos brutal, e que as características comportamentais que revestiram essas diferentes atitudes tenham estado, e estejam ainda, mais ou menos presentes de uma forma misturada, a virada dos anos 1990 marcou, para os profissionais do marketing, a passagem de uma representação "gratuita" e irracional do consumo a um "marketing consciente".

Essa racionalização do ato de compra refletiu num certo número de comportamentos: adiamento persistente da compra de certos bens duráveis, mudança sazonal das compras de roupas a fim de beneficiar-se de melhores preços, aumento das quotas de liquidações no orçamento familiar, desapego relativo às marcas, adiamento da compra de produtos básicos de longa validade, etc. Porém, ela favoreceu igualmente a busca de um "outro" valor agregado ao consumo, alinhado aos valores socioculturais de busca de autenticidade, de revalorização do humano ou de conscientização ecológica. Essa dupla direção da racionalização do ato de compra (o melhor produto ao melhor preço ou o produto "justo", "verdadeiro", "autêntico", etc.) favoreceu o desenvolvimento de dois tipos de empresas: de um lado, as lojas com ofertas muito competitivas em matéria de preço, e entre elas os outlets (*hard-discounters*) e as lojas especializadas de grande extensão; de outro lado, as marcas que desenvolveram conceitos temáticos em torno de seus produtos, em adequação aos valores propagados pelo nome da marca (Patagonia, Nature & Découvertes, The Body Shop, etc.).

Começam então os grandes anos do marketing temático, que verão as empresas multiplicar os dispositivos narrativos destinados a seduzir e, ao mesmo tempo, tranquilizar o consumidor: seduzi-lo para atraí-lo e fazê-lo retornar, num momento em que a infidelidade às marcas era crescente; tranquilizá-lo sobre o "valor" do produto (autenticidade, qualidade, modernidade) para dar-lhe segurança no seu ato de compra. Diante da pulverização das tendências e da obrigação crescente, para o consumidor, de compor "sua" própria moda, o ponto de venda – do mesmo modo que a comunicação e o próprio produto – torna-se um dos pontos essenciais de que a marca dispõe para convencer seu consumidor de que é "aqui e agora" que ele vai encontrar aquilo de que precisa (ou poderia ter vontade). Para tanto, todos os meios são bons: a arquitetura e a decoração, a atmosfera e o serviço, a vitrina e a recepção, o display e a iluminação, a animação e os eventos. Esse conjunto de elementos visuais, sensoriais e de comunicação torna-se pouco a pouco o que define atualmente o visual merchandising tal como ele nos interessa aqui: o conjunto dos elementos ligados ao ponto de venda que confere ao produto seu valor agregado.

Um dos maiores traços da evolução da distribuição ao longo dos anos 1990, constitutivo da atual noção de visual merchandising, foi, segundo a ideia americana do *trading up*, a tendência das lojas de privilegiar a qualidade, os serviços, o valor agregado e, de uma maneira geral, o aumento do número de benefícios oferecidos aos clientes, maneira também de fidelizar o cliente que se tornou mais eclético na escolha de seus locais de compra num ambiente em que a concorrência é cada dia maior. Num contexto comercial cada vez mais competitivo, a marca e a empresa devem elaborar um conceito que lhes permitirá diferenciar-se e fidelizar sua clientela. Compreende-se facilmente, assim, a multiplicação das reflexões sobre a maneira de atrair o consumidor, de informá-lo, de permitir-lhe que se aproxime do produto e que compre tudo livremente, reforçando e alimentando ao mesmo tempo a imagem da marca. O ponto de venda é o primeiro suporte de comunicação entre uma empresa e seu cliente. Ele agrupa seus vetores de identificação. A diferenciação dos pontos de venda torna-se crucial. O recurso a uma verdadeira política de merchandising mostra-se indispensável.

# 2. Que práticas de merchandising para que tipo de distribuição?

Este capítulo se propõe a analisar as estratégias de merchandising das marcas e das empresas sob o ângulo da distribuição da moda. Examinaremos mais detidamente certos formatos de distribuição, de acordo com seus respectivos pesos no mercado ou seu grau de inovação em matéria de conceitos. No próximo capítulo, estabeleceremos uma tipologia desses conceitos segundo sua fonte de inspiração.

Na distribuição dos produtos de moda, é atualmente vital para as empresas que o vínculo entre a construção da variedade e a execução do merchandising no local de venda seja forte, permanente e vivo. Definir uma lógica global e trabalhar integrando as dificuldades e as dinâmicas de cada serviço permite atingir objetivos comuns numa lógica de coerência: favorecer a venda e afirmar a identidade da marca, da qual o ponto de venda é o primeiro suporte de comunicação. Cada elemento da arquitetura, do display, do ambiente (letreiro, logo, mobiliário, publicidade no ponto de venda, decoração, etiquetas, embalagens, etc.) e da oferta do produto tem um papel na história contada à clientela. Esses diferentes vetores de comunicação são ao mesmo tempo suportes da identificação visual da loja e parte importante da imagem global da marca. Esta se cria não apenas por elementos de forma, mas também de conteúdo. Uma vez que a marca dura, ao passo que o produto muda, convém tentar construir um território de comunicação – um código de marca – constante na sua forma de expressão. De uma ação de comunicação a outra, de uma publicidade a outra, de um visual a outro, o consumidor pode então mais facilmente reconhecer o emissor, a marca que enuncia o produto. Todos os canais de comunicação devem contar a mesma história, sem fazer de seu próprio procedimento um fim em si mesmo, e convergir para o reforço da identidade da marca.

Se tomar posição em diversos segmentos ao mesmo tempo, a marca deverá levar em conta, evidentemente, o fato de que a estrutura do consumo dos segmentos masculino, feminino e infantil tem significados diferentes. Em 2006, as despesas voltadas para o vestuário feminino representavam mais de 55%, na Europa, e cerca de 54%, nos Estados Unidos, das despesas totais com vestuário. Quanto ao vestuário masculino, esse segmento compreendia então 31% das despesas totais para a Europa e 29% para os Estados Unidos. Enfim, tratando-se de roupa infantil, a quota deste último segmento ultrapassava 13% na Europa e 17% nos Estados Unidos.[1] Educado, exigente, imprevisível, o consumidor tornou-se inconstante. Cada vez menos fiel a uma marca, ele passa de um hipermercado a outro, de uma cadeia especializada a outra, de uma loja de departamentos a outra. E, sobretudo, passa facilmente de um formato de distribuição a outro, em função de suas expectativas e de suas necessidades, com algumas incursões ocasionais em um setor de luxo que não lhe parece mais tão intimidador como alguns anos antes. Por isso, os distribuidores, cuja tarefa ficou mais complexa, concordam em reconhecer que a concorrência está em toda parte, que ela não se expressa mais unicamente pela voz daqueles que

---

[1] Fonte: Eurostat e estimativa IFM para a Europa; NPD Panel Groups e estimativa IFM para os Estados Unidos.

exercem a mesma função que eles. Um hipermercado não é, entretanto, uma loja de departamentos ou uma cadeia de filiais; mesmo quando utiliza nos seus pontos de venda os códigos das grandes grifes, não é uma butique de luxo. No interior de determinado formato de distribuição, a definição e a implantação de uma política de merchandising digna desse nome, cujo caráter indispensável e estratégico não é discutido, não são necessariamente homogêneas, como demonstra o estudo de cada um desses circuitos de distribuição. O próximo capítulo pretende assim analisar sucessivamente as práticas de merchandising dos hipermercados, das lojas e cadeias especializadas, das lojas de departamentos, das lojas populares, dos designers e marcas de luxo e das multimarcas.

## Os hipermercados

Se as lojas do grande varejo alimentar representam um dos formatos de distribuição mais fracos da União Europeia para o setor de vestuário (7% em 2006), a França, com uma quota de mercado que se aproxima dos 14% em 2006, é exceção à regra. Trata-se de uma particularidade ligada à história das grandes redes de origem francesa, que, a exemplo do Carrefour, desenvolveram-se em todo o país em uma época em que a distribuição do têxtil-vestuário, majoritariamente nas mãos dos varejistas autônomos, não tinha registrado ainda a chegada das cadeias especializadas. No mercado francês, com a crescente concentração da distribuição e o aumento do poder das cadeias especializadas, os varejistas alimentares viram suas quotas de mercado de vestuário passarem de 17% em 1996 para 14% em 2006, ou seja, uma perda de três pontos em dez anos. Como as cadeias especializadas, mas com um certo atraso, os hipermercados compreenderam que era indispensável reorganizar suas compras, cercando-se notadamente de profissionais do setor de vestuário, mas também repensar seu merchandising para esses setores. Assim, redes como Auchan, Carrefour, Casino e Leclerc se atualizaram, não desprezando uma moda que se inseria um pouco mais na tendência. Mas o fato é que são os básicos e as peças permanentes (lingerie, roupa de baixo e calçados), geradores de volume, que fazem a força das empresas de grande distribuição. Os ritmos da moda – em termos de renovação da oferta, do tamanho das séries, etc. – dificilmente são compatíveis com o funcionamento de um hipermercado. Na verdade, as restrições inerentes ao hipermercado (volumes, peso da infraestrutura) constituem uma desvantagem importante na corrida para a atualização da oferta durante cada estação. As redes de grande distribuição, das quais a moda não é o negócio principal, são também desdenhadas por marcas que, preocupadas com sua imagem, não desejam ser distribuídas num ambiente que julgam de pouca qualidade. Na França, exceto em matéria de lingerie, roupas de baixo e sapatos, em que as marcas estão fortemente presentes, nos outros setores têxteis as marcas de prêt-à-porter são quase ausentes. E mesmo que a maioria dos protagonistas da grande distribuição alimentar tenham passado a dar uma atenção particular ao merchandising têxtil, tanto no que diz respeito à iluminação quanto ao mobiliário, ou simplesmente à coerência ou ao conforto durante a compra e os serviços, a imagem de baixo padrão e de pouco "glamour" que lhes está associada mantém-se às vezes forte no espírito do consumidor.

Para sair da oferta sem marca e com uma preocupação de rentabilidade e de diferenciação, as grandes redes começam a desenvolver, a partir do início dos anos 1990, marcas próprias.[2] Tex (Carrefour), Tissaïa (Leclerc), Tout Simplement (Casino) representam atualmente para essas empresas uma oportunidade a mais de atestar o seu *savoir-faire* em matéria de moda e de adquirir legitimidade perante os consumidores e também perante as marcas que desejariam distribuir. Habituadas, como seus concorrentes, à disputa e à comunicação baseada nos preços, os grandes varejistas alimentares perceberam a evolução das expectativas dos consumidores em matéria de moda. Sem questionar a oferta de produtos a preço baixo, numerosos distribuidores devem atualmente resolver desafios que estão mais concentrados nos aspectos qualitativos de sua oferta e em tudo o que constitui o ambiente e a valorização dessa oferta. No que diz respeito à oferta de produtos, uma rede como o Carrefour lançou, na temporada outono-inverno 2007-2008, uma nova linha de prêt-

---

[2] As marcas próprias também são chamadas marcas de distribuidor ou MDD.

-à-porter feminino, em parceria com Max Azria, fundador do grupo norte--americano BCBG.[3] Esse procedimento teve como objetivo inscrever as marcas dos hipermercados em um universo de produtos alinhados às tendências do momento, e a escolha de um designer de moda internacionalmente famoso contribuiu bastante para isso. Enfim, a crescente aspiração ao prazer de comprar engendrada no consumidor e sem o cansaço provocado pelas compras, que não seriam mais vistas como um "fardo" do qual ele deseja se livrar o mais rápido possível, levou os hipermercados a repensar seus pontos de venda. Toda a dificuldade consistiu, para as redes do ramo alimentar, em valorizar sua variedade de vestuário sem com isso descartar sua história e sua profunda personalidade. "Plantar" artificialmente num ambiente de hipermercado uma "butique de moda" poderia confundir o consumidor.

A esse desafio acrescentaram-se fortes restrições técnicas: o cliente deve poder perambular facilmente com o seu carrinho de compras, e o custo do equipamento do setor de vestuário deve permanecer razoável, tanto em matéria de mobiliário quanto de iluminação, sobretudo por ser um setor que não pertence ao negócio central das redes alimentares. Com efeito, muito mais do que em outros circuitos de distribuição, os hipermercados devem permanecer atentos aos custos de exposição de produto. Por um lado porque um conceito custoso demais teria repercussões danosas sobre o preço de venda dos produtos ou sobre a margem gerada pela seção. Por outro lado porque o consumidor, acostumado a uma estrutura de distribuição ancorada em preços baixos, mantém-se preso a ela. Ignorando o paradoxo, ele espera que suas aspirações ao conforto e ao prazer da compra sejam consideradas, principalmente porque a concorrência, e particularmente as cadeias especializadas, de centro ou de periferia, investe muito nesses aspectos para ganhar participação no mercado.

A procura de uma solução para esse problema aparentemente insolúvel levou grandes redes, como Auchan ou Carrefour, a raciocinar em termos de universo

---

[3] O grupo norte-americano BCBG, dirigido por seu fundador, Max Azria, conta com dezessete marcas, entre as quais Alain Manoukian, na França, e Don Algodon, na Espanha. As diferentes marcas do grupo propõem uma oferta essencialmente destinada a uma clientela feminina. Elas ocupam diferentes categorias, que vão do médio ao alto padrão.

de consumo, colocando, por exemplo, as toalhas de banho na seção de utensílios de banheiro. Para cultivar a imagem de multiespecialista, diversas seções são tratadas como "salas íntimas" ou como "butiques". Os produtos eletrônicos para o grande público, o universo da casa, o espaço cultural e o têxtil, por exemplo, são seções que se tornaram objeto de uma atenção especial por parte dos hipermercados, principalmente em termos de visual merchandising. Para criar uma atmosfera de ruptura com as outras seções, é cada vez mais frequente que esses universos sejam tratados como shop in shop, dotados de ambientações específicas, com uma qualidade maior do que a da loja dentro da qual elas foram instaladas. Segundo as lojas, essas ambientações podem se traduzir numa escolha de revestimentos específicos para o piso, na presença de tetos rebaixados, numa iluminação que valorize mais o produto e crie uma atmosfera mais intimista, num mobiliário mais baixo, disposto em pequenas ilhas que rompem com o aspecto retilíneo das gôndolas das lojas. Tais universos dão à apresentação da oferta de produtos uma impressão de maior qualidade e facilitam sua identificação. Além disso, as empresas admitem cada vez mais que um display baseado numa oferta superabundante não gera sistematicamente um crescimento do faturamento, muito pelo contrário. É por isso que o número de produtos por referência apresentado nas seções tende a se tornar menor. Essa valorização da oferta se traduz também pelo uso de manequins, que associam roupas e acessórios, prática emprestada da distribuição especializada. Todavia, essas evoluções do merchandising devem, para funcionar de forma ideal, ser administradas por uma equipe cuja missão é tanto gerir a colocação dos produtos na seção quanto ocupar-se da valorização da oferta. Enfim, o sucesso desses novos universos depende também da implantação de serviços ligados às seções: os provadores devem ser em número suficiente, de fácil acesso e bem espaçosos. A importância de um serviço de consertos também é incontestável.

Entretanto, quaisquer que sejam a vontade e o talento que as empresas mostrem em matéria de inovação, a duplicação desses conceitos e sua generalização na totalidade da rede deparam às vezes com inúmeras dificuldades, em primeiro lugar ligadas ao custo. A introdução de revestimentos de piso de melhor qualidade não ocorre sistematicamente, e permanece como função de cada loja e da área de influência do mercado. O que teria pouca incidência se uma solução menos onerosa, mas mais adaptada, fosse implantada – embora a multiplicação das adaptações seja mais do que contestável no que diz respeito à imagem global das empresas nos parques comerciais frequentemente heterogêneos. Entretanto, deve-se constatar que certas escolhas podem se revelar catastróficas quando se tenta, assim como praticam algumas lojas, dar uma aparência de qualidade por meio de materiais baratos: o mais sóbrio dos pisos de plástico terá sempre melhor efeito que um falso piso de madeira laminada de má qualidade. Mas o custo de ambientação por metro quadrado não é tudo: convém também pensar na "vida" do conceito e nas despesas com pessoal que ele pode produzir. Além disso, o processo de elaboração de um conceito é acompanhado necessariamente de um questionamento do que se está vendendo, e não poderia se limitar a algumas alterações puramente decorativas. É indispensável trabalhar a natureza da oferta e a segmentação da seção.

No momento em que a lei Raffarin veio paralisar, de maneira energética, a expansão dos hipermercados,* Gérard Barrau, arquiteto e designer, propôs um desenvolvimento possível:

> Para recuperar espaços de venda, os hipermercados e os grandes supermercados, que não teriam mais a possibilidade de ampliar sua metragem, vão levar para fora da loja seus espaços especializados – hoje a cultura, a saúde, a ótica, amanhã a informática, o vestuário de alto padrão? –, o que dará maior credibilidade a esses espaços cada vez mais bem concebidos, arrumados e que oferecem sempre mais serviços.[4]

Possível para uma parte específica da coleção têxtil, essa alternativa quase não pode ser aplicada aos produtos mais básicos, entre os quais os itens permanentes. O fato de Leclerc ou do Intermarché explorarem há muitos anos conceitos

---

\* Lei Raffarin, lei francesa, de 5 de julho de 1996, que exige uma autorização administrativa para a implantação de super ou hipermercados com área acima de 300 m².

[4] Em *Points de Vente*, nº 66, 6-11-1996.

similares aos das lojas especializadas de grande extensão (sob os nomes de Leclerc Vêtements ou Vêtimarché) não acarretou, aliás, o desaparecimento de suas seções de vestuário propriamente ditas, tanto que a noção de "tudo sob o mesmo teto" permanece cara aos grandes varejistas alimentares e à sua clientela. Com a condição de evitar toda vizinhança inconveniente – entre duas seções de proximidade *a priori* pouco compatíveis –, instalar shop in shop que dispõem de seu próprio sistema de cobrança, a exemplo das farmácias do Carrefour, poderia ser, por outro lado, levado em conta para as seções de moda dessas grandes lojas. Em perto de meio século de existência, os hipermercados souberam fazer evoluir seu conceito, permanecer alinhados com as expectativas de sua época e, às vezes, correr riscos. Os Manèges à Bijoux de Leclerc, hoje florescentes (Leclerc é o primeiro vendedor de ouro na França), demonstraram que um produto de alto padrão e carregado de uma simbologia afetiva, como o ouro, podia encontrar seu público na grande distribuição, com a condição de detectar o momento exato em que o mercado estivesse pronto para isso. O mesmo aconteceu com a parafarmácia, os produtos culturais, etc. Vender moda de maneira atraente é o novo desafio que os hipermercados começam a enfrentar.

## As cadeias especializadas

De maneira comparável à evolução do comércio registrada nos Estados Unidos, a Europa conheceu um movimento de concentração da distribuição que prossegue, principalmente nos países do Sul, com a internacionalização das grandes redes e o aumento dos preços do imóvel comercial.[5] A taxa de concentração para a distribuição de produtos de moda na Europa foi de 69% em 2006, bem atrás da taxa americana, que foi superior a 95%. Na Europa, a situação permanece, entretanto, díspar. Alguns países conhecem uma taxa de

---

[5] "Atingir um tamanho crítico tornou-se [...] o maior desafio do comércio organizado. Só [as lojas] que dispõem de um bom apoio financeiro podem obter as localizações de número um, hoje muito cobiçadas nas grandes aglomerações." Cf. *Journal du Textile*, nº 1898, 4-11 de dezembro de 2006.

concentração mais elevada de sua distribuição de prêt-à-porter (respectivamente 89%, 77% e 74% para o Reino Unido, a França e a Alemanha em 2006), quando, para outros, essa taxa permanece mais fraca em razão de um comércio tradicional independente que ainda subsiste (durante o mesmo período a taxa de concentração na Itália era de 46%).[6] Nesse contexto, as cadeias especializadas (formato que reuniu ao mesmo tempo filiais, franquias, franquia de gestão compartilhada e grupos de compra)[7] conheceram forte progresso, com uma participação no mercado que se elevou para 32% em 2006 na União Europeia e 30,4% nos Estados Unidos. Na França, no Reino Unido e na Alemanha, as cadeias especializadas constituem, em valor, o primeiro formato de distribuição de produtos de moda. Na França, por exemplo, seu peso na distribuição de artigos de vestuário passou de 14,5% em 1986 para 46% em 2006.[8] Na categoria das "cadeias especializadas", são as cadeias de filiais – isto é, aquelas que são proprietárias de seus pontos de venda – que ocupam uma posição dominante

---

[6] Fonte: IFM para o conjunto de dados sobre a taxa de concentração da distribuição de produtos de moda.
[7] As cadeias especializadas são constituídas de quatro tipos de estruturas comerciais:
- Filial: as lojas filiais são diretamente ligadas à empresa matriz. São estabelecimentos sem personalidade jurídica, geridos por empregados vinculados à sede.
- Franquia: estabelecimento regido por um contrato pelo qual uma empresa – o franqueador – concede, mediante remuneração mensal a título de *royalties* e taxa de adesão, a uma outra empresa – o franqueado – o direito de explorar sua marca ou sua denominação comercial, comprometendo-se em geral a lhe fornecer assistência. Os franqueados beneficiam-se da notoriedade da marca ou da denominação comercial e, em contrapartida, respeitam a política do franqueador e suas cotas de provisão. O franqueado escolhe e compra os produtos na coleção do franqueador e obtém sua margem sobre a revenda desse estoque.
- Franquia de gestão compartilhada: formato recente derivado da franquia. O filiado não escolhe nem compra seu estoque. É o franqueador que monta, financia e gerencia o estoque do filiado, que recebe uma comissão sobre as vendas. A franquia de gestão compartilhada permite, portanto, que o franqueador – ou seja, a marca ou a denominação comercial – permaneça proprietário de seu estoque. A rede torna-se assim tão ágil quanto a de uma cadeia de filiais, graças à possibilidade de gerir seus estoques diretamente e em tempo real.
- Grupo de compra: nasce da associação de vários varejistas autônomos, na qual cada membro conserva sua personalidade jurídica e dispõe de uma autonomia significativa. Esses comerciantes se reúnem a fim de aumentar seu peso econômico e beneficiar-se de condições de compra mais vantajosas, graças à centralização de suas compras. De acordo com o tipo de associação, são desenvolvidas políticas mais ou menos integradas em matéria de gestão de estoques, comunicação, marketing, etc. Os grupos de compra são compostos exclusivamente de associados.
[8] Fonte: IFM, para as quotas de mercado da França. Panels, para as quotas de mercados dos outros países.

em termos de participação no mercado,[9] à frente das cadeias de franquia ou de franquia de gestão compartilhada. Entretanto, a franquia, que conheceu um certo ostracismo na década de 1990, após ter sido a fórmula modelo dos anos 1980, desfruta, a partir do início dos anos 2000, de uma retomada de interesse por parte das empresas que veem essa fórmula como um meio de desenvolver sua rede, reduzindo, ao mesmo tempo, os investimentos. Formato próximo ao da franquia, a franquia de gestão compartilhada[10] se desenvolve e reforça o futuro das associações entre franqueadores e franqueados, principalmente porque, graças ao domínio da gestão do estoque que fica nas mãos dos franqueadores, essa forma permite às empresas, como no caso das filiais, conservar o controle de sua imagem e de seu merchandising.

O desenvolvimento de uma rede de butiques com filiais (integradas) ou em franquias (não integradas) responde a ambições e a meios financeiros diferentes. Constituir uma rede de butiques próprias requer importantes investimentos iniciais e tempo, mas permite ter um controle forte do estoque e da administração dos pontos de venda. Instalações, remanejamentos, atualizações, disposição dos produtos, renovação de vitrina acontecem no ritmo previsto e planejado pela empresa, e seus conteúdos são também de sua competência. Quanto mais uma rede controla suas lojas e age de maneira centralizada, mais ela pode impor mudanças e mais os prazos de execução são curtos. A coerência global entre produtos, merchandising e imagem terá todas as oportunidades de estar garantida, e a identidade da marca será reforçada.

Desenvolver uma rede de franquia permite um crescimento mais rápido, porém implica determinar a fórmula de contrato adequada e compreende um fator desconhecido: a maneira como os franqueados responderão às solicita-

---

[9] Em 2006, na França, 73% das redes de cadeias especializadas eram constituídas, na maioria, de filiais, 15% eram constituídas na maioria de franquias, 7% de filiações e 4% de grupos de compra. Estimativas realizadas a partir do *Annuaire de la distribution spécialisée mode* (Paris: IFM, 2007).

[10] "A franchise permite uma aceleração na abertura de novas lojas, em cadeias recentes e/ou sem apoio financeiro, mantendo ao mesmo tempo o controle do estoque. Paralelamente, ela permite que lojistas independentes integrem uma rede de forma mais segura. A franchise pode também ser utilizada internacionalmente." Cf. *Annuaire de la distribution spécialisée mode*, cit.

ções da empresa. De qualquer maneira, a "pilotagem" da marca, de sua imagem e de sua identidade por intermédio do estoque e dos pontos de venda é menos fácil. Entretanto, é frequente que a rede de pontos de venda de uma mesma empresa seja constituída ao mesmo tempo de filiais e de pontos de venda em franquia ou em sistema de franquia de gestão compartilhada. Essa prática tende a se desenvolver com o crescimento inelutável do tamanho das redes, ligado à internacionalização das empresas, e também em razão dos custos imobiliários, que não param de aumentar, qualquer que seja a localização. Assim estruturada, a rede de uma marca pode crescer mais rapidamente, ao mesmo tempo que se limitam os riscos em certos países, como, por exemplo, na Rússia, onde uma primeira implantação na forma de franquia permite à empresa testar seu conceito com baixo risco, deixando para lançar mais tarde um desenvolvimento próprio se o potencial da marca for promissor na zona geográfica em questão. Acontece também que o recurso à franquia pode ser inevitável, como é o caso em alguns países da Ásia ou do Oriente Médio, onde o recurso a um parceiro local é obrigatório.

Quer seja dentro do sistema de filiais, de franquias, de franquia de gestão compartilhada ou misto, o tamanho de cada rede é muito variável. Para estabelecer suas estatísticas em matéria de distribuição de vestuário, o centro de pesquisas e consultoria do Instituto Francês da Moda (IFM) leva em conta as redes a partir de quatro pontos de venda. As marcas americanas dispõem em média de uma rede de 500 pontos de venda. Gap se situa muito além, uma vez que a marca contava, em 2007, com mais de 1.500 lojas no mundo. Gap Inc. – isto é, a empresa que detém as marcas Gap, Banana Republic e Old Navy – totalizava cerca de 3.200 pontos de venda pelo mundo no fim de 2007. Na Europa, redes constituídas de 200 pontos de venda já são redes importantes. Max Mara conta com cerca de 500 butiques no mundo e foi uma das primeiras marcas a desenvolver uma rede de franquia. Essas franquias representavam, com efeito, cerca de 80% dos pontos de venda de toda a rede Max Mara em 2006. A coesão das redes de tamanho significativo necessita uma maturidade acentuada dos procedimentos e sólidas estruturas para o merchandising. Assim, na Max Mara, o forte desenvolvimento da marca foi atribuído, em parte, ao domínio do instrumento de distribuição. A rede é composta de butiques próprias e de numerosas franqueadas. A gestão cotidiana das lojas que pertencem à marca se faz através das sofisticadas ferramentas de informática que permitem conhecer no dia a dia os resultados de cada ponto de venda, no mundo inteiro. Os franqueados da marca se beneficiam de uma prestação de serviço de muita qualidade, amparada em um desejo de enquadramento e numa profunda relação de fidelidade e de confiança. Merchandising das butiques, formação do pessoal, serviço, recepção, preocupação com as necessidades da clientela são prioridades. O tempo de reação necessário para responder às informações recebidas é tão rápido quanto no âmbito de uma rede pequena. Em compensação, o tempo de latência é mais longo quando se trata de realizar investimentos nas butiques. A combinação de franquias e filiais pode às vezes ser um elemento de descontinuidade na execução do merchandising. Os gerentes das lojas franqueadas podem, com efeito, ter a tendência a "dar palpite" nas propostas da marca, seja em matéria de estoque ou das instalações e do design da loja. Eles se mostram geralmente reticentes diante de mudanças frequentes no conceito de butique, uma vez que os prazos de amortização dos materiais utilizados são longos. Suas ações são também mais centradas no curto prazo – reagindo à meteorologia, por exemplo – do que em função de um planejamento de sucessivas ações de médio ou longo prazo. Quando a marca emprega profissionais encarregados de realizar o design das vitrinas de acordo com um calendário estabelecido, pode acontecer de sua intervenção em um franqueado estar completamente na contramão da apresentação geral da butique nesse período. Uma rede de distribuição heterogênea pode ser fruto de uma expansão feita circunstancialmente. Se o tamanho atingido por essa rede garante uma certa base comercial à marca, o caráter heterogêneo pode, entretanto, constituir uma real desvantagem para a construção de uma identidade única, forte e facilmente reconhecível.

No universo da moda, as cadeias especializadas se caracterizam ao mesmo tempo pelo importante número de protagonistas presentes no mercado[11] e por sua extrema diversidade, quer seja em termos de área dos pontos de venda, de padrões de qualidade ou de oferta. No que diz respeito à superfície dos pontos de venda, sua área média pode variar muito de uma marca a outra. Na França, por exemplo, mais da metade das cadeias especializadas tem pontos de venda cuja área está compreendida entre 70 m² e 199 m²; certas empresas se desenvolvem em formatos inferiores a 50 m² – é o caso, principalmente, das cadeias centradas em acessórios, como Lollipops ou Wolford –, e outras, como H&M, La Halle ou Décathlon, em formatos cuja área dos pontos de venda é superior a 800 m².[12] A diversidade dos padrões de qualidade é também uma característica notável das cadeias, que agrupam tanto marcas de mass market quanto marcas de alto padrão e de luxo. Na verdade, no que diz respeito ao segmento do luxo e, mais amplamente, ao do alto padrão, trata-se de um fenômeno relativamente recente, que viu suas marcas desenvolverem redes de distribuição a um ritmo desenfreado em escala internacional. Enfim, a oferta varia também segundo as empresas: se há poucos anos as marcas tinham como característica oferecer apenas um tipo de produto, hoje são numerosas as marcas de vestuário que ampliaram sua oferta de acessórios – bolsas, sapatos, bijuterias, etc. – e até mesmo de cosméticos, como é o caso de H&M. Convém também ressaltar a força das marcas multiespecialistas de vestuário que oferecem diversas seções – feminina, masculina, infantil – sob um mesmo teto, a exemplo da Zara, H&M ou Gap. É de notar que essas três marcas – ou os grupos dos quais fazem parte – estão entre os líderes mundiais da distribuição especializada de produtos

---

[11] Em 2006, no mercado francês, enumeravam-se cerca de 500 denominações de cadeias especializadas no universo de produtos pessoais – vestuário, calçados e acessórios. Essas empresas contavam, no total, com mais de 24.250 pontos de venda, ou seja, uma área total de venda de mais de 7,6 milhões de metros quadrados. Cf. *Annuaire de la distribution spécialisée mode*, cit.

[12] Na França, a repartição de acordo com a área de venda média por loja para as cadeias especializadas do setor de vestuário e esporte em 2006 era a seguinte: mais de 800 m²: 7%; de 400 m² a 799 m²: 10%; de 200 m² a 399 m²: 12%; de 100 m² a 199 m²: 32%; de 70 m² a 99 m²: 20%; de 50 m² a 69 m²: 13%; de menos de 50 m²: 6%. *Ibidem*.

de moda.[13] Assim, o dinamismo das cadeias que ocupavam um espaço muito pequeno no seu mercado nacional se traduziu por uma internacionalização que levou, a partir dos anos 1990, ao aparecimento de novos protagonistas nos diferentes mercados europeus, quer fossem originários do Sul da Europa (as marcas do grupo Inditex, principalmente Zara, mas também Mango) ou do Norte (H&M). Numerosas empresas de origem francesa também empreenderam um desenvolvimento internacional, a exemplo da Etam, Pimkie, Promod ou Naf Naf. A porcentagem de lojas implantadas no estrangeiro no total das cadeias francesas passou de 45% em 2001 para 54% em 2006.[14]

Convém, entretanto, distinguir dois tipos de empresas no interior do universo das cadeias especializadas: de um lado, as majors, e de outro, as cadeias locais. As majors são as redes internacionais, ou grupos que dispõem de uma carteira de bandeiras ou de marcas como Inditex ou LVMH. Implantadas em grandes áreas de venda, caracterizam-se pelo peso de seus volumes de venda, mas também por seus importantes investimentos comerciais – principalmente para as instalações e a animação de seus pontos de venda – e suas agressivas políticas de comunicação. Quanto às cadeias locais, elas não se beneficiam de uma forte presença internacional. Em compensação, sua força reside em uma malha extremamente densa em seu mercado de origem, que lhes garante uma grande notoriedade no nível local. Bandeiras francesas como Jennyfer, Celio ou Cache-Cache são representativas desse segundo grupo. Qualquer que seja seu tamanho, as cadeias especializadas têm em comum apresentar uma oferta que lhes é específica, apoiando-se na criação de uma ou várias marcas próprias que podem ter ou não o mesmo nome que a bandeira.

---

[13] Segundo o relatório da Deloitte "Les champions de la distribution", edição 2008, a Gap está na 4ª posição mundial da distribuição especializada dos produtos de moda – atrás de Federated Department Stores, JC Penney e TJX. LVMH ocupa a 8ª posição na classificação, seguida diretamente pelo grupo Limited Brands – cujas principais marcas são Limited e Express –, que ocupa a 9ª posição. O grupo Inditex ocupa o 10º lugar dentro da classificação. Ele destronou a H&M, que ocupava esse mesmo lugar na classificação anterior da Deloitte. H&M ocupa agora o 11º lugar.
[14] Fonte: IFM.

Tendo conquistado poder por volta do fim dos anos 1970, as cadeias especializadas em vestuário foram criadas para responder às expectativas de um consumidor seduzido pelas novas formas de consumo propostas pelos hipermercados – principalmente na área alimentar – e particularmente sensível ao fator preço. Rompendo com o tradicional comércio varejista autônomo até então dominante, essas cadeias se instalaram em parte na periferia das cidades, geralmente próximas aos hipermercados, mas também nos centros das cidades. Inscritas no contexto de um ambiente comercial e urbano "repensado", seu conceito parecia extremamente inovador, rompendo com as práticas comerciais habituais na área da moda. O conceito está baseado numa oferta de produtos de moda acessíveis – tanto por seu estilo quanto por seu preço –, apresentada no formato de autosserviço, em lojas pouco elaboradas que, em muitos casos, lembram galpões. Graças ao controle direto de seus produtos e de seus pontos de venda e à implantação de ferramentas de gestão que permitem um acompanhamento preciso das vendas e um domínio da gestão do fluxo do estoque, essas cadeias especializadas também perturbaram o esquema clássico dos ritmos desse setor: além de uma única renovação semestral, primavera-verão e outono-inverno, os estoques passaram a ter uma alta rotatividade e uma cadência constante de novos produtos durante a estação. Essas novas ofertas são feitas num ritmo mensal ou semanal, de acordo com as marcas e os produtos. De fato, a renovação permanente de uma parte da oferta incita a clientela a frequentar regularmente os pontos de venda a fim de descobrir as últimas novidades que são propostas em pequenas quantidades. Além da garantia de criar um fluxo constante regular na loja ao longo da estação, a inclusão de minicoleções favorece também o crescimento da taxa de transformação. Efetivamente, a compra imediata do novo produto se impõe sob o risco de não mais encontrá-lo se sua aquisição for adiada. Além do fato de a maioria dos protagonistas da moda, quer se trate de empresas ou de marcas, tender a integrar esse esquema de renovação – frequentemente em graus diversos –, essa prática, iniciada pela distribuição especializada, teve igualmente como consequência fazer evoluir os comportamentos de consumo perante os produtos de moda.

A execução de tais práticas pelas cadeias especializadas implica uma estrutura apropriada, dedicada à construção da oferta, à sua instalação nos pontos de venda e à gestão, principalmente dos fluxos de produtos. Em relação à construção da oferta, esta implica, ao mesmo tempo, ter designers, gerentes de produto e compradores/pesquisadores. É preciso, entretanto, sublinhar que a presença de designers nas cadeias é uma realidade ainda recente para muitas redes. Na verdade, boa parte das cadeias – francesas principalmente – confiou durante muito tempo a concepção de suas coleções, isto é, a estrutura das coleções, mas também a escolha e/ou o design dos produtos, a gerentes de produtos, homens e mulheres de marketing. Não dispondo geralmente de designers integrados à empresa, os gerentes de produtos recorreram durante muito tempo unicamente aos serviços de escritórios de estilo, por meio de seus relatórios de tendências, e, em certos casos, a designers externos encarregados de informá-los sobre as tendências do momento. A chegada progressiva a diferentes mercados europeus de redes como Zara e H&M e seu incontestável sucesso originaram profundos questionamentos em relação a certas práticas próprias à maioria das cadeias especializadas. Entre as práticas que estão na origem do sucesso de Zara e H&M, duas são exemplares: a primeira diz respeito ao produto; a segunda, ao ponto de venda.

No que se refere ao produto, essas duas redes sempre o consideraram como o elemento-chave de seu sucesso e o colocaram no centro de sua estratégia. Elas escolheram privilegiar a criação e, para tal, dar poder às equipes de estilo, um pouco à maneira do que ocorreu aos criadores ou no setor do luxo. Isso se traduziu pela presença de um número muito importante de designers de perfil internacional, associados a um diretor de estilo. H&M, por exemplo, emprega uma centena de designers – numa política de integração que é atualmente a política da maioria das redes. As equipes de estilo trabalham em estreita relação com os compradores, assim como com os diretores de coleção e de estoque, mas podem também apoiar-se em técnicos (modelistas e figurinistas) que garantem a qualidade e o bom andamento dos produtos enquanto estão sendo fabricados nos quatro cantos do mundo, uma vez que essas redes não possuem ferramentas de produção.[15] Esse dispositivo permite oferecer produtos com a melhor relação estilo-qualidade-preço. Quanto ao ponto de venda, o cuidado que a Zara sempre deu à escolha de seus locais, às suas amplas superfícies de venda, à arquitetura interna e externa de suas lojas, às suas vitrinas, à valorização da exposição do produto, à estruturação da oferta por "armários" é emblemático de uma política exatamente oposta àquela praticada pela maioria das cadeias no fim dos anos 1980. Como a estratégia destas era limitar ao máximo os custos ligados aos pontos de venda, estes tinham se inspirado amplamente nas práticas em vigor nos supermercados e hipermercados: materiais, mobiliário e iluminação de pouca qualidade e pouco diferenciada, organização da oferta por família de produtos, forte taxa de saturação do espaço, etc.

Esses dois grandes eixos estratégicos mostraram que as duas marcas souberam muito cedo se dotar de uma cultura de produto muito mais forte do que suas concorrentes. Assim, La Halle, Kiabi, C&A ou Marks & Spencer[16] quase não sentiram necessidade de se questionar antes da metade dos anos 1990, no melhor dos casos. Os produtos de consumo de massa que essas marcas distribuíam, num ambiente pouco valorizado e pouco diferenciado, encontraram sem dificuldade seu público até aquela data. O aparecimento de novos protagonistas, como Zara ou H&M, com conceitos que apostavam nas tendências da moda, tanto na sua oferta de produtos quanto na arquitetura de suas lojas, aliado ao ganho comercial dos centros urbanos, acabou por incitar essas cadeias a repensar sua oferta, embora já fosse tarde demais para algumas delas. O anúncio brutal do fechamento de suas lojas da Europa continental, feito em março de 2001 pela britânica Marks & Spencer, forçada a concentrar esforços somente em seu território de origem, colocou em evidência o caráter vital de uma modernização tardiamente decidida. O endereço francês mais importan-

---

[15] O grupo Inditex é uma exceção, uma vez que possui algumas unidades de corte e de confecção. Além disso, ele soube desenvolver estreitas parcerias com confeccionistas, o que lhe deu uma certa vantagem em termos de flexibilidade e de tempo de reação, principalmente em relação a seus concorrentes.

[16] Em termos estatísticos, Marks & Spencer é considerada pelos institutos de amostras (painéis) e estudos britânicos como uma loja popular, enquanto na França, quando a marca ainda possuía lojas, ela era assimilada a uma grande loja especializada.

te dessa marca, situado no boulevard Haussmann em Paris, já estava em meio a grandes reformas quando a decisão foi tomada. Em junho de 2000, a C&A tinha tomado também a decisão de fechar suas centenas de pontos de venda britânicos. Nos dois casos, essas empresas "pioneiras" se internacionalizaram sem modificar seu conceito e sem fazê-lo evoluir verdadeiramente, a despeito do desenvolvimento de uma concorrência que propôs simultaneamente uma oferta e um ambiente comercial mais valorizados do que os seus.

Decisões administrativas tão radicais quanto as tomadas pela C&A ou pela Marks & Spencer, mesmo que reflitam as graves dificuldades confrontadas por essas empresas na maioria dos mercados europeus, não são, entretanto, consequência de uma mudança brutal de conjuntura, mas sim de uma lenta evolução, cujo alcance não souberam antecipar. Já em 1998, Georges Olivereau, diretor geral da agência Dragon Rouge Archi, destacava que

> nos centros comerciais, assim como nos centros das cidades, as coisas não mudam brutalmente. É certo que o comportamento do consumidor se modifica. Seu tempo é precioso, o melhor preço é uma conquista. No entanto, é preciso parar de lhe dizer: "Você não tem dinheiro". Na arquitetura interior de suas butiques, a Zara compreendeu bem isso. Seu sucesso se deve a uma decoração feita para adular uma população que não pode gastar mais. Porém, mais que pela pressão do consumidor, é sobretudo pela influência do conjunto dos comerciantes que uma marca pequena ou grande percebe, um dia, que nada mais funciona. A concorrência colocou-a fora de moda, seu conceito cansou, o público-alvo não é mais adequado, ou as tendências estéticas não estão mais de acordo com a época.[17]

Enfrentando a partir de 1998 graves dificuldades, o grupo Marks & Spencer voltou para sua terra de origem, a Grã-Bretanha, onde cuidou de diversificar a oferta e a segmentação em função da localização de seus pontos de venda, lançando, em especial, uma linha criativa de alto padrão, batizada Autograph, confiada a designers britânicos de renome, como Hussein Chalayan ou Ka-

---

[17] Em *Points de Vente*, nº 729, 10-6-1998.

tharine Hamnett, e linhas mais acessíveis, entre as quais Per Una, concebida por George Davies. Alguns anos após sua implantação, a nova estratégia de Marks & Spencer pareceu dar frutos. Uma conscientização que parece ter sido salutar para a perenidade dessa "instituição" britânica. Se as cadeias especializadas continuam a registrar progressos significativos em termos de participação no mercado, as situações individuais não são menos contrastantes entre uma empresa e outra. Assim, nomes que foram símbolos de sucesso ontem enfrentam às vezes impasses difíceis, principalmente no meio tão disputado e cheio de concorrentes do vestuário feminino.

## As lojas populares

Criado nos Estados Unidos no fim do século XIX, com a Woolworth, esse formato foi implantado na Europa entre 1910 e 1930, dependendo do país.[18] Na França, as lojas populares apareceram nos anos 1930, em um contexto de crise econômica e de evasão da população do campo. Originalmente, o conceito de lojas populares compreendia uma oferta de produtos com preços únicos – como provam o Prisunic e o Monoprix, duas marcas francesas com nomes bem significativos. Elas surgiram das lojas de departamentos (o Prisunic foi criado em 1931, por iniciativa do Printemps, e o Monoprix em 1932, por iniciativa das Galeries Lafayette), que procuravam durante esses anos de recessão atrair uma clientela modesta que as lojas de departamentos, com preços muito elevados, não atingiam. Desde a sua criação, as lojas populares se apoiaram nas mesmas regras de distribuição moderna que as lojas de departamentos.[19] Caracterizando-se de imediato por uma variedade com preços módicos e redondos, mas também por um preço único de acordo com os tipos de produtos,

---

[18] "Na Europa, a fórmula importada dos Estados Unidos se desenvolveu a partir da Grã-Bretanha (abertura em 1909 da primeira loja Woolworth) e da Alemanha (Ehape, 1925). Na França, esse tipo de loja apareceu nos anos 1930, sob o impulso das lojas de departamentos." Jeanne Dancette & Cristophe Réthoré (orgs.), *Dictionnaire analytique de la distribution* (Montreal: Les Presses de l'Université de Montréal, 2000).

[19] Ver, mais adiante, "As lojas de departamentos".

elas se posicionaram em uma diversidade de nichos de mercado que incluíam alimentação, moda e casa. Ofereciam uma série de produtos com margens de lucro baixas e taxas de rotação elevadas, e um número de referências limitado em relação às lojas de departamentos. Interrompido pela guerra, o crescimento das lojas populares conheceu um formidável impulso nos anos 1950, até que a chegada dos hipermercados e das grandes lojas especializadas, ligada à ideologia dos anos 1970, que defendia um hábitat "moderno" na periferia dos centros das cidades, torna o conceito fora de moda.

O crescimento, nos anos 1980, de uma população de jovens solteiros urbanos ligados ao hábitat do centro da cidade, dispondo de um poder aquisitivo considerável pela ausência de encargos com a família, ou mesmo com um automóvel, levou o Prisunic e o Monoprix a reverem sua oferta a partir do fim da década. Assim, eles jogaram com uma política de serviços em relação à clientela urbana, sendo a proximidade o primeiro desses serviços. Um posicionamento com relação à moda foi também implementado graças a colaborações pontuais com designers. Além de um ganho de qualidade na imagem e no estilo, as linhas assinadas por Corinne Cobson, Lolita Lempicka, Dominique Morlotti ou, mais recentemente, Bensimon e Ba&sh, para a moda, ou Terence Conran e Robert le Héros, para os artigos de casa, permitem estabelecer preços 10% a 15% superiores. Trabalhar com grandes nomes da moda ou do design não era, entretanto, uma novidade: desde os anos 1960, o processo inovador de Denise Fayolle, diretora de estilo e de publicidade e pregadora do "belo e barato", tinha levado o Prisunic a criar suas próprias marcas e a trabalhar com designers como Andrée Putman. Dessa colaboração nasceu uma série de móveis contemporâneos e objetos de decoração a preços acessíveis para as massas. A reformulação da arquitetura interior do conjunto de lojas não ocorreu antes de meados dos anos 1990.

O fenômeno de concentração ao qual a distribuição de moda foi submetida desencadeou em 1997 a aproximação de duas marcas, Prisunic e Monoprix, até sua fusão, concluída durante o ano de 2001. Herdeira do *savoir-faire* das duas cadeias, apenas a marca Monoprix – de cujo capital as Galeries Lafayette e Casino detêm a metade – subsistiu na França, sob o conceito de loja de proximidade, situada na maioria das vezes no centro da cidade. Os solteiros (lares individuais), os casais trabalhadores sem filhos e os idosos são três tipos de clientela sobre os quais o desenvolvimento do Monoprix se firma. Oferecer serviços de proximidade (entrega de compras, horários de abertura diferentes, etc.) é um dos pontos-chave de uma estratégia que tem, além disso, a ambição de trazer a "moda" e as novidades de todos os setores – incluindo o alimentar –, de investir nos movimentos em voga, como o desenvolvimento sustentável, e de antecipar novos hábitos de consumo. Uma necessidade tanto mais forte à medida que os consumidores de alto poder aquisitivo frequentam assiduamente a loja. O posicionamento urbano do Monoprix levou-o logicamente a integrar a preocupação com a qualidade de vida, com o meio ambiente e com o serviço na sua argumentação publicitária. Desejosa de levar em conta novos estilos de vida e de consumo, a empresa concede uma grande atenção às aspirações de uma clientela ativa e exigente diante da oferta que lhe é proposta, mas também do ambiente no qual ela é apresentada.

Assim, essas empresas tiveram de fazer um profundo autoexame após terem perdido importante participação no mercado em razão do progresso dos hipermercados e supermercados, no setor alimentar, e das cadeias especializadas, no vestuário. As lojas populares reagiram reavaliando seu posicionamento. Isso se traduziu, num primeiro momento, numa evolução de sua oferta – principalmente aquela proposta por meio de suas marcas próprias, com produtos de maior qualidade e mais inseridos na época atual. Quanto à transformação dos pontos de venda, ela ocorreu num segundo tempo, com a implantação de um conceito renovado – iluminação e mobiliário de maior qualidade, ambiente claro e arejado com predominância do branco –, baseado, por um lado, na valorização de uma oferta inserida na época atual e, por outro, nas expectativas de uma clientela abandonada em busca de uma experiência de compra valorizadora.

Na escala europeia, as lojas populares – como Marks & Spencer, primeiro distribuidor de prêt-à-porter em faturamento no Reino Unido, com 13% da participação no mercado em 2006, ou Upim, na Itália – conheceram uma evolução de sua oferta e de seus pontos de venda similar àquela implantada pelo Monoprix. No mercado norte-americano, a Target – que se define como uma "grande loja de descontos" – está fundamentada num conceito próximo ao das lojas populares europeias atuais, por uma oferta de qualidade – em particular por seu design – de produtos que se inserem na tendência e são acessíveis pelo preço. A Target também reviu sua oferta e seu visual merchandising, reposicionando ambos num padrão altamente superior após ter sido atacada pelo Walmart e seu conceito de preço extremamente baixo – "*Every day low price*" –, em uma época em que a oferta e o ambiente comercial da primeira tinham perdido em atratividade, e seus preços eram menos competitivos do que os do segundo. Entretanto, em vez de lançar-se em uma guerra de preços, perdida antecipadamente diante de um concorrente tão poderoso quanto o Walmart, a Target preferiu conservar sua posição de origem apostando em uma estratégia de recuperação de qualidade, tanto para sua oferta de produtos quanto para seu ambiente comercial. Como no caso das lojas populares francesas, a Target se apoiou em renomados designers de moda e de objetos para casa, entre os quais Isaac Mizrahi e Michael Graves, que contribuíram para fazer evoluir sua imagem, promovendo essa marca a um padrão de qualidade superior, com produtos de forte valor criativo agregado.

Recentemente a Target lançou Go International, uma linha de produtos de ponta cuja direção artística é dada, a cada temporada, a um designer que tem como missão conceber uma coleção produzida em série limitada e de relativamente breve duração. Assim, Paul & Joe ou Tara Jarmon foram convidados para trabalhar pontualmente nessa linha de roupas e acessórios. A escolha de designers famosos permitiu também à rede seduzir a imprensa de moda e de decoração, o que constitui uma força em termos de comunicação e imagem. Preocupada com a coerência e para que esse autoexame desse frutos, o reposicionamento da marca foi estendido aos serviços e ao remanejamento dos pontos de venda, caracterizados atualmente por uma maior valorização da oferta, por tetos baixos e por corredores mais amplos que os de seu concorrente, Walmart.

Essa evolução permitiu à Target ocupar a posição de quarto distribuidor nos Estados Unidos,[20] fidelizando uma clientela mais abastada, que privilegia antes o design, a qualidade dos produtos e do espaço de venda que os preços.

## As lojas de departamentos

Nascidas, em sua maioria, na Europa e nos Estados Unidos durante a segunda metade do século XIX, as lojas de departamentos, imortalizadas por Émile Zola em seu romance *O paraíso das damas*, beneficiaram-se das inovações que viriam revolucionar a sociedade da época, tanto em matéria de transportes quanto de urbanismo ou de produção industrial. Fundador do Bon Marché em 1852, a primeira das lojas de departamentos parisienses, Aristide Boucicaut lançou as bases do comércio moderno, ainda hoje em vigor. Distinguindo-se do pequeno comércio varejista que reinava até então sozinho, e no qual os preços eram determinados "à frente do cliente", o Bon Marché, com seus preços fixos e afixados, sua entrada livre, suas possibilidades de troca em caso de a mercadoria não convir e seu senso de oportunidade, pareceu revolucionário aos olhos dos parisienses da época. Depois, quando da criação do Bazar de l'Hôtel de Ville (BHV), em 1856, do Printemps, em 1865, e das Galeries Lafayette, em 1912 – para citar apenas as marcas francesas ainda presentes –, a inovação e a ênfase na moda e na atualidade continuaram a ser valorizadas. A construção de prédios dedicados a essa nova forma de comércio, pelos arquitetos inovadores das décadas da *art nouveau* e depois da *art déco*, dota hoje essas lojas de um patrimônio imobiliário inestimável. Às vezes mal conduzidos durante o período do pós-guerra,[21] os carros-chefe do boulevard Haussmann

---

[20] Deloitte, *Global Powers of Retailing*, 2007.
[21] Assim, a comparação dos documentos fotográficos apresentados por Jean-Paul Caracalla, na sua obra *Le roman du Printemps*, se revela edificante. Destruído duas vezes num espaço de quarenta anos por incêndios, o Printemps Haussmann foi reconstruído em 1921 seguindo o mesmo projeto do edifício construído depois do sinistro de 1881. No início dos anos 1960, no telhado do prédio foram construídos novos andares, negligenciando a harmonia com o prédio original. Se essa ampliação foi indispensável, é evidente que atualmente não seria considerada com a mesma desenvoltura que prevalecia há quarenta anos. A fachada e a cúpula do Printemps Haussmann foram inscritas no rol dos monumentos históricos em 1975.

– Galeries Lafayette e Printemps – ou da rua de Rivoli – BHV – são hoje objeto de cuidados atentos, visando modernizar essas "catedrais do comércio", como as nomeava Émile Zola, dando destaque para o patrimônio arquitetônico original dessas grandes lojas concebidas por arquitetos e engenheiros famosos (como Gustave Eiffel para o Bon Marché), que empregaram na concepção de seus prédios as técnicas mais inovadoras de sua época. Testemunhas disso são as obras de renovação das Galeries Lafayette, que souberam revalorizar uma cúpula escondida durante anos em função de sucessivas reformas.

No capítulo da constituição de sua variedade, as lojas de departamentos souberam de imediato se apoiar sobre o desenvolvimento da sociedade industrial e de seus meios de produção para oferecer, por um custo menor, artigos de moda que permitiam às mulheres da classe média rivalizar com a burguesia. Ao mesmo tempo, elas cuidaram de se tornar conhecidas utilizando os meios oferecidos pelo progresso das técnicas de reprodução e impressão, multiplicando os catálogos (uma importante atividade de venda por correspondência desde o século XIX) e a publicidade. Preocupadas em preservar sua reputação de árbitros da elegância nas áreas da moda e da decoração da casa, as lojas de departamentos souberam também construir uma imagem de alto padrão associando-se a costureiros de prestígio[22] e representando um papel de mecenas, numa época em que as artes decorativas, e o mundo da arte em geral, estavam em plena mutação. Essa abertura para as artes e a cultura, essencial em termos de imagem, permanece atual. Assim, além de grandes exposições com dupla vocação comercial e cultural, dedicadas durante muito tempo a um país mais afastado, as temáticas escolhidas hoje para esses eventos dão prova de um grande ecletismo. Dessa forma, essas manifestações vão de temas "puramente de moda" a temas "puramente artísticos" – qualquer que seja a marca considerada. Além disso, algumas desenvolvem uma política ativa de compra e/ou de exposição de obras de

---

[22] Paul Poiret foi assim, em 1933, o primeiro costureiro a criar uma linha específica para o Printemps. L. Kamitsis & B. Remaury (orgs.), *Dictionnaire international de la mode* (Paris: Regard, 2004).

arte – a exemplo do Bon Marché ou das Galeries Lafayette, através da Galerie des Galeries.

As mudanças no panorama da distribuição nos últimos quarenta anos (o aumento do poder dos hipermercados e das cadeias especializadas, para não falar da crise do petróleo de 1973 e das crises econômicas que a sucederam, transformando profunda e duravelmente os hábitos de consumo) alteraram o jogo e ameaçaram o futuro da loja de departamentos, considerada no fim dos anos 1980 como uma espécie de "dinossauro", testemunha de uma forma de comércio ultrapassada. Na verdade, foi a partir dos anos 1980 que as marcas especializadas – quer no universo da moda, quer no da casa – conheceram um desenvolvimento espetacular, que se produziu em detrimento das lojas de departamentos, então bastante presentes nesses dois grandes mercados. Tendo buscado, num primeiro momento, lutar contra esses novatos por meio de uma política agressiva de preços, as lojas de departamentos perceberam que essa estratégia não estava adaptada a seu formato de distribuição.

Desde então, a maioria das lojas de departamentos abandonou a batalha dos preços em proveito de estratégias que visavam operar uma melhora no padrão de qualidade. De fato, as lojas de departamentos da Europa e da América do Norte optaram por essa estratégia, com algumas diferenças, porém, dependendo das marcas. Algumas, como Harrod's ou Saks Fifth Avenue, que já ocupavam há muito tempo uma posição de alto padrão, conservaram-na. Sua ação se traduziu essencialmente por uma modernização da oferta e dos pontos de venda, a fim de atingir uma clientela mais jovem, constituída das novas fortunas oriundas do mundo internacional das finanças. O Bon Marché – loja única que com o passar dos anos tinha se tornado uma loja de bairro com uma clientela envelhecida – apostou na sua unicidade, na sua localização elitista na Rive Gauche e em seu pequeno tamanho para afirmar claramente uma posição de luxo e focar uma clientela internacional e abonada. A Selfridge's e o Printemps, cujo posicionamento ou cuja localização geográfica não tinham tanto prestígio quanto o das empresas citadas antes, apostaram nas tendências da moda e ao mesmo tempo numa elevação do padrão para basear sua mudança. Esse posicionamento permitiu-lhes oferecer ao mesmo tempo marcas de luxo e marcas criativas cujos níveis de preço permanecem relativamente acessíveis. Enfim, outras lojas de departamentos, como as Galeries Lafayette ou a Bloomingdale's, melhoraram a qualidade sem todavia deixar de oferecer uma moda acessível, na qual a profusão não cedeu à oferta mais parcimoniosa proposta pelo Printemps. Recentemente, outras lojas de departamentos, como La Rinascente e Coin, na Itália, ou ainda suas correspondentes alemãs, também decidiram aumentar a qualidade tanto através das marcas presentes quanto da escolha de seus produtos, de sua política de serviços e do ambiente arquitetônico e de merchandising. Assim cada empresa tenta desenvolver um posicionamento e uma imagem que lhe são próprios e lhe permitem diferenciar-se em um mercado no qual a concorrência é acirrada. Hoje essas orientações estratégicas se revelam globalmente compensadoras para empresas que viram seu crescimento reacelerar após um longo período de declínio.

Essa estratégia de elevação do padrão de qualidade e de afirmação da própria identidade se efetivou em quatro eixos de evolução principais: a renovação das lojas, a reformulação da oferta de produtos aliada à revisão da segmentação dessa oferta, o desenvolvimento de uma verdadeira política de serviços e a dinamização da política de eventos, indissociável e emblemática da imagem das lojas de departamentos desde a sua origem.

- A renovação das lojas de departamentos tornou-se possível porque muitas delas são sustentadas por grupos que dispõem de capital suficiente: o grupo LVMH, para o Bon Marché e La Samaritaine, antes do encerramento das atividades desta última por razões de segurança; o grupo PPR e, a partir de 2006, o italiano Maurizio Borletti[23] e o Deutsche Bank, para o Printemps; o grupo Galeries Lafayette, para as Nouvelles Galeries[24] e o BHV. A partir dos anos 1980 e durante as duas décadas

---

[23] Maurizio Borletti também é proprietário das lojas de departamentos italianas Rinascente.
[24] Uma parte das lojas da antiga rede das Nouvelles Galeries foi transformada na marca Galeries Lafayette; as outras lojas dessa rede foram vendidas ou fechadas.

seguintes, as lojas de departamentos americanas conheceram movimentos de concentração intensos, dos quais emergiram dois grandes grupos, Federated e May Departament Stores, que se fundiram em seguida para formar um só grupo em 2005: o primeiro absorveu o segundo para se tornar Macy's Inc., que, após numerosas vendas e fechamentos de lojas e de pontos de venda, conta agora com apenas duas lojas de departamentos: Macy's e Bloomingdale's. No Japão, as fusões entre as lojas de departamentos também se aceleraram com, de um lado, a aproximação de Mitsukoshi e Isetan e, de outro, a de Matsuzakaya e Daimaru.

Assim, numa guinada vital, as marcas que se tornaram os elementos mais dinâmicos de poderosos grupos econômicos e/ou fundos de investimento internacionais se lançaram sucessivamente, no decorrer dos anos 1990 (apesar de a conjuntura não lhes ser favorável),[25] em longas, pesadas, mas indispensáveis obras de reestruturação, que prosseguem ainda hoje em algumas delas. Uma política que dá frutos e permite às lojas de departamentos estabilizar sua participação no mercado de vestuário: de 7%, em 2006, na França, de 13%, na Europa,[26] e de 16%, nos Estados Unidos.[27] Parece, aliás, que uma nova era começa hoje para as lojas de departamentos por meio de estratégias de internacionalização muito ambiciosas, principalmente na Ásia e no Oriente Médio:

---

[25] "Em 1990, a Guerra do Golfo explodiu, e o consumo afundou. Uma crise duradoura que atingiu em cheio as lojas de departamentos. Os turistas – americanos e japoneses principalmente – desertaram a Europa. Um golpe duro para os carros-chefe dos grandes boulevards, cuja clientela estrangeira representava 25% a 35% da frequência. Mas a guerra acarretou uma queda moral; todos os indicadores ficaram no vermelho. Foi nessa época que floresceram os outlets e que ressurgiu o medo da deflação. 'Em 1993, e pela primeira vez desde a Segunda Guerra Mundial, o consumo baixou', lembra Jean-Luc Barthares, secretário-geral da União do Grande Comércio do Centro da Cidade. Então veio o Natal de 1995 e três semanas de greve nos transportes. Se o comércio do centro da cidade foi penalizado, foram as lojas de departamentos as mais atingidas", lembra Emmanuelle Vega em um artigo intitulado "Le renouveau des Galeries Lafayette", publicado em *Points de Vente*, nº 805, 19-4-2000.

[26] Trata-se da participação no mercado das lojas de departamentos e lojas populares combinadas, sabendo que as primeiras ocupam uma posição dominante. Essa mesma participação no mercado diz respeito aos cinco principais mercados europeus de vestuário: Alemanha, Espanha, França, Itália e Reino Unido; esse grupo de países representa 73% das despesas de vestuário da União Europeia, constituída de 27 países-membros em 2006. Cf. IFM, *Le guide du textile et de l'habillement* (Paris: IFM, 2007).

[27] Fonte: NPD Group, 2007.

A EVOLUÇÃO DA DISTRIBUIÇÃO

as Galeries Lafayette têm o projeto de abrir lojas em Dubai e Shanghai; a Saks Fifth Avenue já está presente em Dubai, na Arábia Saudita, e deve se instalar em Shanghai e no México; a Harvey Nichols, enfim, está presente em Dubai, Riyad, Istambul, Hong Kong e Djakarta.

No interior do grupo LVMH, o Bon Marché foi o primeiro a se beneficiar, desde 1987, de um tratamento de rejuvenescimento seguido de um reposicionamento alinhado à sua localização geográfica. Essa reabilitação deve terminar em 2009 – terão sido necessários 22 anos para levar a bom termo esse projeto de fundo. Desde sua chegada em 1987, a nova equipe deu imediatamente início a uma reflexão que incidia principalmente na evolução do merchandising da loja. Um processo negligenciado durante muito tempo pelas lojas francesas, que, exceto pelos expositores e pelas vitrinas, quase não se preocupavam com a apresentação do produto. Nessa época, o merchandising se inspirava na prática das lojas de departamentos americanas. No espaço de uma década, a menor das lojas de departamentos parisienses foi reestruturada, e sua oferta, reforçada e adequada ao público visado. O Bon Marché empreendeu assim, no fim dos anos 1980, reformas que prosseguiram pelas duas décadas seguintes. Acontece que em áreas amplas como as dessas lojas, o movimento é perpétuo, pois a evolução da loja de departamentos é permanente. Com efeito, quando a reforma de um setor é concluída, é necessário, de novo, atacar um outro ponto já obsoleto. Os conceitos que saem de moda mais depressa são aqueles que seguem de muito perto as tendências da arquitetura de interiores. De fato, algumas seções do Bon Marché, como a de lingerie feminina, que fizeram parte da primeira leva da reforma, já foram remanejadas.[28]

O Printemps Haussmann também foi inteiramente reformado – obras internas que duraram mais de dez anos e que foram concluídas com a reforma das cúpulas, com o objetivo de dar-lhes novamente o aspecto original.[29] A últi-

---

[28] Além das paredes pintadas regularmente, os revestimentos do piso foram renovados, o mobiliário substituído e a oferta disposta de outra maneira; um espaço perfumado foi introduzido no espaço de lingerie.

[29] "A restauração das cúpulas da loja deve estar terminada no dia 24 de dezembro. As últimas folhas de ouro estão sendo aplicadas com pincel, uma a uma, sobre as mil conchas cinza da abóbada, a 40 metros de altura. Nas fachadas da rua Charras, falta colocar os últimos pedaços de vidro do mosaico, por muito

ma fase dessas obras foi dedicada à recuperação da fachada, em parte tombada pelo patrimônio histórico, mas que nunca tinha sido restaurada. Essa restauração que reconstitui fielmente os elementos arquitetônicos do passado corresponde à vontade dos novos proprietários de colocar o Printemps na categoria das instituições mundialmente conhecidas como a Harrod's, em Londres, ou a Bergdorf Goodman, em Nova York, famosas tanto por sua história quanto por seu esplendor. Posicionando-se no segmento do luxo, isso permite também ao Printemps destacar-se de seu vizinho mais próximo, as Galeries Lafayette. Em 2004, estas aumentaram sua área de venda, transferindo o universo da casa para a antiga loja Marks & Spencer do boulevard Haussmann, transformada em Lafayette Maison. Isso permitiu aumentar e conceber novos espaços, como a Lafayette VO, dedicada aos jovens de 15 a 25 anos, o espaço dedicado às crianças ou a Lafayette Sport. Paralelamente ao crescimento de suas áreas de venda, a loja de departamentos parisiense diminuiu, por exemplo, sua área de venda em 15% no primeiro andar, de moda feminina, para criar zonas de serviço e de circulação mais conviviais, para oferecer mais conforto na hora da compra.

Numa época em que as marcas investem consideravelmente em sua imagem e na política de merchandising, e as lojas de departamentos, por sua vez, seguem o mesmo caminho, ambas precisam procurar entrar em consenso para que as últimas continuem dando destaque às primeiras sem divergências de interesse. No caso de marcas que dispõem de uma identidade e de um universo de merchandising fortes, o arquiteto de interior e o responsável pelo merchandising de cada marca trabalham em estreita colaboração com as equipes das lojas de departamentos para otimizar a integração de seu espaço no universo

---

tempo escondido por uma espessa camada de gesso. Orsoni, o ateliê veneziano que havia trabalhado para a loja quando da sua construção em 1924, foi de novo solicitado. Foi preciso fazer estudos estratigráficos das camadas e esmiuçar os arquivos da loja para achar as cores originais. O vitral da primeira cúpula, que tinha desaparecido após um atentado em 1951, pôde assim ser fielmente reconstituído. [...] Dois anos de estudos preparatórios foram necessários para as obras. Além de algumas camadas de pintura, os 14.000 m² de fachadas nunca tinham sido restaurados. [...] Trinta milhões de euros, dos quais um quarto apenas para os andaimes, serão consagrados a esta obra". Keren Lentschner, "Le Printemps se lance dans les grands travaux". Em *Le Figaro*, Paris, 5-12-2007.

global da loja. Trata-se de incluir as marcas, pelo diálogo, na arquitetura da loja de departamentos, respeitando suas identidades, a fim de que a imagem desta seja respeitada. Quanto mais a imagem de uma – marca ou loja de departamentos – for forte, mais ela poderá impor seu conceito à outra. A título de exemplo, as marcas internacionais de luxo, como Louis Vuitton, Dior, Chanel ou Prada, cuja presença no interior da loja de departamentos é quase imprescindível por razões evidentes de imagem, mas também de faturamento, conservam nas shop in shop das lojas de departamentos seu conceito de merchandising sem nenhuma alteração. Em contrapartida, uma loja de departamentos como o Bon Marché, que construiu durante anos uma imagem de marca muito forte, faz poucas concessões para as marcas de moda quanto à "ambientação pesada", isto é, à escolha de materiais – pisos de mármore creme e paredes brancas para o Apartamento de Moda, em uma continuidade de espaços abertos. Todas as marcas se veem, nesse caso, obrigadas a dividir o mesmo e único ambiente global escolhido pela loja de departamentos. Esse ambiente rigoroso e uniforme é, entretanto, equilibrado pela presença de móveis ou elementos emblemáticos das marcas quando elas dispõem deles: a exemplo da Comme des Garçons e suas plataformas laqueadas de vermelho, que encontramos na butique do faubourg Saint-Honoré; Marni e sua arara escultural de formas orgânicas, elemento-chave de todas as butiques da marca; os móveis e objetos uniformemente cobertos de tela ou caiados de branco da Martin Margiela, etc. Da mesma forma, essa identidade da marca pode se afirmar através de outros "vetores" de merchandising, em particular a apresentação da oferta. É assim que procedem certas marcas como Zadig & Voltaire, cujo display é facilmente identificável – jeans e vestidos dependurados lado a lado, uns sobre os outros, em sobreposição ou tudo dobrado no caso das malhas e acessórios. Em contrapartida, as marcas mais "acessíveis" ou com uma imagem menos forte não dispõem de oportunidades reais de diferenciação no universo da loja. No que se refere à reforma das lojas de departamentos do interior do país, essa ocorreu após as matrizes parisienses. Assim, o grupo Galeries Lafayette, que passou a dispor, por meio da compra das Nouvelles Galeries, de um importante conjunto de lojas no centro das cidades do interior, em lugares privilegiados, aplicou a mesma lógica. Lá também o faturamento obtido pelos pontos de venda cuja reforma foi concluída parece dar razão ao grupo. Por muitos anos as lojas de departamentos do interior, qualquer que fosse a denominação, foram as mais ameaçadas. Elas sofreram a concorrência das cadeias especializadas, e sua imagem envelhecida foi acompanhada durante muito tempo de uma variedade pouco dirigida e de um atendimento nem sempre muito animado.

- No que se refere à oferta de produtos, as lojas de departamentos abandonaram o conceito do "tudo sob o mesmo teto" em prol de uma seletividade crescente de seu estoque. Assim, em lugar de generalistas, as lojas de departamentos tornaram-se multiespecialistas. Essa mudança aconteceu de diferentes maneiras conforme a história e o tamanho da empresa, o lugar ou o momento. Como a loja de departamentos se tornou um distribuidor multimarca desde o aparecimento das marcas de prêt-à-porter,[30] a maioria delas resolveu, devido a uma preocupação de construção de identidade, lançar suas próprias marcas. Isso lhes permitiu beneficiar-se ao mesmo tempo de um instrumento de diferenciação perante outras marcas e aumentar as margens de lucro ao mesmo tempo que detinham o controle dos ritmos de renovação da oferta durante a estação. Este último elemento, que permite a qualquer distribuidor assegurar-se da regularidade das visitas às lojas – ou ao site de e-commerce – de sua clientela, foi um dos fatores-chave de sucesso das cadeias especializadas. Hoje essas marcas próprias representam uma parte muito significativa da oferta e do lucro das lojas de departamentos americanas, nas quais a maioria dos protagonistas dispõe de um número elevado de pontos de venda onde escoar essas linhas de produtos (Macy's Inc. conta com 858 filiais nos Estados Unidos, das quais quarenta usam a denominação comercial Bloomingdale's e as outras 818 a denominação Macy's). Na Macy's as vendas dos produtos de marcas próprias cresceram três vezes mais rapidamente do que as vendas

---

[30] As marcas de prêt-à-porter apareceram durante os anos 1950 nos Estados Unidos e durante os anos 1960 na Europa.

de produtos de marca como, por exemplo, as do grupo Liz Claiborne, cujo faturamento obtido nas lojas de departamentos, seus principais clientes, não para de cair a cada ano. Quanto à JC Penney, outro protagonista importante entre as lojas de departamentos americanas, a participação de suas marcas próprias representava, em 2006, 50% do faturamento total da marca. Assim como fazem certas cadeias especializadas; a exemplo da H&M, uma rede como a Macy's pediu a diversos designers ou celebridades, entre os quais Oscar de La Renta, Elie Tahari ou Donald Trump, para criarem linhas de produtos exclusivos para suas marcas próprias. Além disso, um grupo como a Macy's Inc., que possui várias lojas de departamentos, pode optar por distribuir suas marcas próprias no conjunto de seus pontos de venda. No mercado americano, estima-se que a lucratividade das marcas próprias das lojas de departamentos seja 10% a 15% superior à das marcas tradicionais.[31] Não se deve, todavia, negligenciar o risco que as lojas de departamentos correm em caso de queda das vendas desses produtos.

Na Europa, ao contrário dos Estado Unidos, o poder das marcas próprias das lojas de departamentos é mais limitado em razão do tamanho restrito de sua rede de lojas: na França, por exemplo, o Printemps só possui dezessete pontos de vendas, e o Bon Marché apenas um;[32] no Reino Unido, a Selfridge's possui três lojas, e a Harrod's apenas uma. Se essas empresas abandonaram a ideia de prosseguir com o desenvolvimento de marcas próprias por falta de rentabilidade suficiente, as Galeries Lafayette dispõem, ao contrário, e graças a uma rede de 59 lojas, de diversas marcas próprias adaptadas a seus diferentes universos.[33] A busca pela diferenciação de cada loja de departamentos se

---

[31] Em *The Economist*, 29-5-2007.
[32] O Bon Marché dispõe de uma única marca própria, Balthazar, posicionada no universo masculino.
[33] As Galeries Lafayette desenvolveram marcas próprias de prêt-à-porter e acessórias como Avant Première, Briefing ou Jodhpur, no setor adulto, e Cadet Rousselle e Kid's Graffiti, no infantil. A empresa dispõe também de marcas próprias no universo da casa. Os produtos oferecidos pelas marcas próprias da loja de departamentos têm em geral preços inferiores aos praticados pelas marcas nacionais ou internacionais distribuídas no interior desses pontos de venda.

traduz igualmente por sua escolha de marcas nacionais ou internacionais. Entretanto, como o número de marcas não é extenso, as mesmas marcas se encontram frequentemente referenciadas pelas diferentes lojas de departamentos,[34] e, quando uma marca nova é identificada por uma loja de departamentos, esta tentará negociar sua exclusividade para uma ou várias estações. Certas marcas dispõem de coleções importantes por seu número de referências, como é o caso da Prada e de Max Mara, o que dá às lojas de departamentos, cujos posicionamentos não são idênticos, a possibilidade de constituir, dentro do leque de ofertas dessas marcas, um estoque relativamente específico em relação ao de suas concorrentes.

A elevação do padrão de qualidade das lojas de departamentos se operou também pelo abandono de certas marcas cujo posicionamento se julgou não alinhado à bandeira, assim como pela inclusão de novas marcas de maior prestígio e mais exclusivas. O Bon Marché procedeu assim para montar sua coleção ao lançar seu Apartamento de Moda, o novo conceito dedicado ao universo da moda feminina. Enfim, algumas lojas de departamentos decidiram suprimir certos tipos de produtos de sua oferta – foi o caso, por exemplo, do departamento de eletrodomésticos do Printemps, que se tornou competitivo demais e difícil de administrar para uma loja de departamentos, principalmente no que se refere aos serviços de venda e pós-venda. O Printemps reservou o mesmo destino à seção de brinquedos.

A segmentação da oferta também foi repensada pelas lojas de departamentos. Nos Estados Unidos, a oferta é geralmente segmentada em função dos diferentes padrões de qualidade propostos por cada ponto de venda.[35] Em regra, as lojas de departamentos dedicam um andar a um segmento preciso, e, à medida que se escalam fisicamente os diferentes níveis da loja, encontram-se os produtos de maior prestígio. Desde os anos 1990, as lojas de departamen-

---

[34] O Printemps vende 3 mil marcas, das quais 10% com exclusividade. Todo ano ele renova 10% delas.
[35] A segmentação por padrão de qualidade equivale a uma segmentação por níveis de preço. Ela compreende, de cima para baixo, os seguintes segmentos: Couture ou Designers, Bridge (as segundas linhas, do tipo Miu-Miu), Better (as marcas acessíveis) e Moderate.

tos francesas repensaram sua política de segmentação: após se basear durante muitos anos no critério da idade de seus clientes para segmentar sua oferta, elas abandonaram essa prática em proveito de uma segmentação por estilo de vida ou por uso. Foi com a preocupação de corresponder melhor às expectativas de sua clientela que as Galeries Lafayette Haussmann, baseando-se nos resultados de uma pesquisa realizada entre as consumidoras, mudaram o modo de segmentação de sua coleção de moda feminina, dando as costas à separação por preço (moda acessível em um andar, chique no outro) ou por idade (lembrar o Club 20 Ans na década de 1970) em troca de uma segmentação por universo. Engajadas durante os anos 1990 num programa de renovação que remodelou seus produtos, as lojas de departamentos do Printemps reforçaram sua oferta em matéria de moda e decoração da casa, pois a denominação comercial desejava reforçar seu lado vanguardista, descobridor de tendências. No primeiro andar do Printemps de la Mode, dedicado ao luxo, as grandes grifes dispõem, por exemplo, de suas próprias butiques, uma maneira de respeitar fielmente seus imperativos de merchandising, beneficiando-se ao mesmo tempo do forte movimento do boulevard Haussmann[36] para atingir uma nova clientela que ainda não ousa ultrapassar as portas das butiques da avenida Montaigne ou da praça Vendôme. A partir de 1997, o Printemps de la Mode passou a apresentar, num ambiente que enfatizava a luz, incluída a luz natural em certos espaços da loja, uma nova segmentação da sua coleção feminina, não mais de acordo com a idade, mas também seguindo os diferentes universos da moda.

No Printemps de l'Homme, antiga Brummel, que foi objeto de um remanejamento profundo a partir de 1999, o conceito é o de um multiespecialista, onde cada andar corresponderia a uma butique especializada, com o objetivo de aumentar a visibilidade da oferta para uma clientela masculina cada vez mais autônoma nas suas compras. Considerado durante décadas um pouco como o "primo pobre" da moda, o vestuário masculino é dora-

---

[36] Entre 50 mil e 100 mil pessoas entram diariamente na loja do boulevard Haussmann (das quais 25% a 30% são estrangeiros). Quanto à loja vizinha das Galeries Lafayette, ela recebe todos os dias mais de 100 mil visitantes, sabendo-se que a clientela estrangeira gera mais de 40% do faturamento desse ponto de venda.

vante objeto de todas as atenções. As aspirações masculinas em termos de consumo de moda também não foram deixadas de lado nas Galeries Lafayette: inaugurada em 2001, a Lafayette Homme Haussmann passou de 7.000 m² para mais de 10.000 m² de área de venda, tornando-se uma das maiores lojas no mundo consagrada ao homem. Recebendo também a Lafayette Gourmet, a loja, que enfatiza as diferentes tendências de consumo, apostando em moda esportiva e moda casual, reivindica para si o título de "um lugar de vida, um espaço onde tudo foi pensado considerando os centros de interesse masculinos". Em torno de um vasto átrio, coluna vertebral do lugar concebido pelo arquiteto Didier Gomez, moda, acessórios, perfumes, alimentação, viagens, restaurantes, lazer e vinhos selecionados se dirigem a um cliente preocupado com a aparência e o bem-estar. Enfim, o BHV Homme, que abriu as portas em 2007 e se estende sobre uma superfície de 4.000 m² contra 1.700 m² anteriormente, situa-se desde então em um edifício distinto daquele da loja da rua de Rivoli, que se concentra essencialmente no universo da casa. A nova loja, unicamente dedicada ao universo masculino e que necessitou de um investimento de 15 milhões de euros, dispõe sua oferta, espalhada em cinco andares, em cenários específicos e adaptados às diferentes horas em que se usam as roupas e os acessórios: Eu e Meu Terno no primeiro andar, Eu e Meu Fim de semana no segundo, Eu e Meu Jeans no terceiro, etc. Os serviços ocupam também um lugar significativo no interior desse novo conceito, com um oculista, um barbeiro, um espaço de estética e um café.

- A oferta de serviços à clientela foi desenvolvida pelas lojas de departamentos francesas que se inspiraram, nesse quesito, em políticas implantadas pelas lojas de departamentos norte-americanas e japonesas: recepção da clientela, formação dos vendedores, diminuição do tempo de espera nos caixas, personal shoppers à disposição, criação de salas VIP, serviços de manobrista e de entrega das compras em domicílio, etc. Nas Galeries Lafayette, por exemplo, desde os anos 2000, a logística foi revista de maneira que aumentasse o tempo consagrado à venda propriamente dita. As estruturas foram simplificadas. As compras foram mais centralizadas, e as lojas focalizaram o serviço à clientela e o merchandising. Os espaços de descanso e de restaurantes fazem parte dos serviços oferecidos à clientela das lojas de departamentos, e foram completamente reformados, com uma oferta diversificada, original e de qualidade, em harmonia com o posicionamento e a imagem de cada marca.

- Enfim, a política de eventos permanece um fator de diferenciação único, que as lojas de departamentos foram as primeiras a desenvolver desde sua criação, no século XIX. Ora, após um longo período fértil de criatividade, essa política de eventos acabou por ser sufocada na virada dos anos 1990 por falta de inovação: os eventos se limitavam quase que exclusivamente às exposições organizadas em torno de um lugar exótico ou de uma festa como o Natal, com sua tradicional butique de presentes. A evolução das lojas de departamentos provocou naturalmente uma renovação dos tipos de eventos e seus temas. Empresas como a Selfridge's e o Printemps lançaram há alguns anos eventos transversais que atingem a loja no seu conjunto, contrariamente às exposições clássicas, que se limitavam a um espaço de exposição e de venda.

> Essas temáticas não comandam mais somente os grandes momentos tradicionais da loja, como as liquidações ou o início da temporada da moda, mas convidam os clientes, quatro ou cinco vezes por ano, a viver uma experiência emocional particular e efêmera: degustar, por exemplo, pratos elaborados por um célebre *restaurateur* no evento Invasions Gourmandes, descobrir canteiros de flores durante a Parenthèse Végétale ou admirar espetaculares Harley Davidsons durante uma exposição de moda dedicada à Rota 66. [...] Esses eventos duram geralmente três semanas e são organizados ao menos com oito meses de antecedência. Eles mobilizam centenas de pessoas, das quais oitenta de marketing.[37]

---

[37] Em *Journal du Textile*, nº 1839, 4-7-2005.

Esses eventos estimulam o movimento da loja e permitem desenvolver o faturamento de maneira significativa: o evento Brasil, organizado pelo Printemps durante o Ano do Brasil na França, gerou um aumento do faturamento de 11%, em relação ao mesmo mês no ano anterior, em todas as lojas da empresa, inclusive nos pontos de venda do interior do país, que participaram do evento.

Outros eventos são organizados em torno da arte, como propõem as exposições temporárias da Galerie des Galeries, espaço dedicado pelas Galeries Lafayette à criação artística contemporânea. Esses eventos deram lugar à exposição de obras do Fundo Regional Contemporâneo da Île de France na galeria, mas também nas vitrinas do boulevard Haussmann. As vitrinas das lojas de departamentos também participaram dessa política de eventos. As do período do Natal são consideradas como um evento por si só. As do Bon Marché são exemplares nesse aspecto, oferecendo aos passantes, ao longo do ano, cenários em que a encenação é quase mais importante que o produto exposto.

## Os designers e as marcas de luxo

Antes perfeitamente estanques, as fronteiras que separavam as marcas de luxo das marcas especializadas na distribuição de massa tornaram-se cada vez mais imprecisas, até a confusão que se observa hoje – sabiamente cultivada por certas marcas que têm tudo a ganhar com isso.[38] Quem são as empresas que pertencem ao setor de luxo? De acordo com que critérios isso é definido? Quais são os vínculos mantidos com o materialismo pela noção de luxo, em uma época em que frequentemente se proclama que o verdadeiro luxo seria ter tempo de viver e aproveitar as belezas de uma natureza preservada, respirar

---

[38] "Na verdade, nada é mais útil aos industriais do luxo do que a imprecisão que cerca o conceito de luxo. Essa confusão, canalizada com maestria pela comunicação, pela publicidade e pelo merchandising, permite ao faturamento dessa indústria bater novos recordes todos os anos, a não ser que os grandes países industrializados estejam às voltas com uma crise econômica [...]. Nós estamos no centro de uma grande manipulação na qual artistas puros estão lado a lado com verdadeiros executores [...]. É o marketing do sonho, um esporte que os americanos batizaram de *dreamketing*. Consiste, graças à publicidade, em criar em torno de um produto um desejo obsessivo de compra, reforçado pelo medo do cliente de chegar tarde demais." Cf. Stéphane Marchand, *Les guerres du luxe* (Paris: Fayard, 2001).

um ar não poluído, dispor de uma alimentação saudável e correta? Quais os pontos comuns entre marcas originárias de uma tradição e de um *savoir-faire* específicos, como Louis Vuitton ou Hermès, e outras nascidas da criatividade de personalidades que marcaram seu século, como Chanel ou Yves Saint Laurent? Quais são os pontos comuns entre John Galliano, designer hipermidiático, diretor artístico da Maison Dior, e Martin Margiela, designer que não se mostra jamais em público, que propõe suas próprias coleções, em roupas nas quais ele não coloca a grife, mas números?

Onde começa e onde termina o luxo quando os códigos de apresentação e de comunicação, que até então lhe eram próprios, são "emprestados" e reinterpretados por marcas que propõem produtos destinados ao grande público? O luxo se banaliza quando alguns designers organizam eles mesmos sua democratização propondo, por exemplo, aos grandes vendedores por correspondência ou a algumas cadeias especializadas, como H&M, séries limitadas a preços bastante acessíveis? Sua banalização não seria antes um fenômeno de apropriação das marcas de alto padrão por uma clientela que não pertence *a priori* ao público visado? Quando são assim selecionadas por consumidores aos quais não imaginavam se dirigir, as marcas se veem diante de um dilema: ignorar o fenômeno e admitir que o controle de sua imagem lhes escapa parcialmente, ou ir em frente e correr o risco de perder a identidade e a clientela tradicional? O desvio de grifes de luxo como Gucci, Louis Vuitton, Ralph Lauren, ou de marcas de sportswear de alto padrão, como Lacoste ou Tommy Hilfiger, colocadas no mesmo patamar que as marcas de esporte Nike ou Adidas por "personalidades ícones" vindas dos meios do *rap* ou do esporte, teve por vezes tal efeito que o fenômeno obrigou certas empresas a rever sua estratégia.[39] Além disso, o desenvolvimento das marcas de luxo se acelerou clara-

---

[39] Tommy Hilfiger, que no início da década de 1990 havia optado por um posicionamento de produto e uma política de imagem apoiados na juventude dourada da Costa Leste americana – a exemplo de Ralph Lauren –, deve, entretanto, seu sucesso aos jovens *rappers* negros dos subúrbios pobres que se apoderaram da marca, contribuindo para fazer saltar o faturamento de 51 milhões de dólares em 1991 para 847 milhões de dólares em 1998. Por outro lado, a marca Lacoste, muito conectada até pouco tempo ao "chique do 16$^{ème}$ arrondissement" [bairro chique de Paris], mas facilmente desviada por jovens suburbanos

mente há uns vinte anos com, de um lado, o que se tem o costume de chamar a "democratização das marcas de luxo", e, de outro, a explosão em nível mundial das fortunas feitas rapidamente no mundo do esporte, dos espetáculos, das novas tecnologias ou das finanças. A clientela das marcas de luxo não é mais, portanto – ou não é somente –, aquela de vinte anos atrás.

Esse processo de democratização beneficiou grandemente consumidores que jamais tiveram acesso ao luxo até então, acesso que se tornou possível pela oferta, em quase todas as marcas, de produtos abordáveis em termos de preço (bolsas, sapatos, óculos...) e acessíveis graças à multiplicação do número de pontos de venda dessas marcas tanto no interior do país como no exterior. "O luxo não é mais o cotidiano da elite. Ele se tornou o excepcional das massas", resume Philippe Houzé, presidente das Galeries Lafayette.[40] Paralelamente a esse primeiro fenômeno, o segundo fator que tem acarretado um aumento das vendas de produtos de luxo está ligado à demanda de uma clientela abonada que explodiu tanto no interior dos países desenvolvidos, como o Reino Unido ou os Estados Unidos, quanto nos países que se abrem para a economia de mercado, de onde o luxo esteve ausente por muito tempo, como a Rússia, os países do Leste Europeu, a China ou a Índia. Em consequência, as próprias marcas de luxo não são mais aquelas de há vinte anos. As mais tradicionais tiveram de se adaptar à nova demanda, aprender a diversificar, a exemplo da Louis Vuitton, que há vários anos vende prêt-à-porter, joalheria e relojoaria. Outras viram a partida de seu criador-fundador, como a Maison Givenchy, comprada pela LVMH, e na qual desde 1995 se sucederam quatro designers: John Galliano, Alexander McQueen, Julian McDonald e Riccardo Tisci. Enfim, a concentração econômica que se generaliza, tanto no setor do luxo como em outros, favorece as aquisições e a organização por grupos, com recursos

---

(para o desalento do pessoal de seus pontos de venda e de sua clientela tradicional), reivindicou, para seu primeiro desfile masculino concebido pelo estilista Christophe Lemaire, apresentado durante o verão de 2001, um ar streetwear inspirado na moda da rua. A marca, usada por um público voltado ao esporte, pretende fazer valer sua legitimidade e pôs à venda na butique Colette, para se firmar na atualidade, uma série limitada de sua famosa camisa polo.

[40] Em *Le Figaro Économie*, Paris, 16-4-2001.

financeiros geralmente consequentes, voltados para o ressurgimento de marcas e dedicados a capitalizar em cima dos grandes nomes do passado (entre os quais alguns, como Balenciaga, que estavam, há alguns anos, quase esquecidos do grande público). A marca, sobre a qual repousa o componente imaterial do produto, é na verdade essencial.

> Em termos de imagem, uma marca é um ativo extraordinariamente precioso. Todos os meios de comunicação entre a marca e seus clientes são importantes, seja a publicidade, a imprensa ou a apresentação dos produtos. A butique tem um papel-chave, assim como a maneira pela qual as vendedoras ou os vendedores estão em contato com os clientes. Tudo isso serve para cultivar a imagem, e nós cuidamos disso como de nossa menina dos olhos.[41]

O papel preponderante atribuído ao espaço de venda pelas grifes incita-as a desenvolver e gerenciar diretamente sua rede de distribuição. Isso levou as marcas de luxo a reduzir o número de franqueados ou de varejistas autônomos que as distribuíam e a se certificar de que estes respeitavam o conceito da imagem da marca.

A importância da distribuição para os protagonistas do luxo fez crescer rapidamente o tamanho das redes de lojas pertencentes às grandes marcas de luxo, que aumenta já há uns dez anos. Isso se traduziu pela implantação de butiques na maioria das grandes metrópoles internacionais, mas também em numerosas cidades do interior e em lugares de férias que atraem uma clientela abonada, como, por exemplo, Capri ou Saint-Tropez. É frequente que uma mesma rede comporte vários tipos de pontos de venda, que se caracterizam por tamanhos e coleções diferentes, mas também por especificidades arquitetônicas exteriores e interiores. Enfim, mesmo que a finalidade comercial diga respeito naturalmente a cada espaço de venda, alguns deles são verdadeiros instrumentos de comunicação a serviço da imagem da marca: é o caso da Maison Vuitton, na avenida Champs-Elysées, ou dos Epicentres, da Prada,

---

[41] Bernard Arnault, *La passion créative: entretiens avec Yves Messarovitch* (Paris: Plon, 2000).

em Nova York e em Tóquio. Esses pontos de venda foram muito comentados – antes mesmo de sua abertura – pelo tamanho, pela amplitude do projeto arquitetônico, pelos arquitetos[42] contratados para sua realização, pelo lugar conferido à arte contemporânea ou às novas tecnologias. Mais do que na Europa, e em particular na França, onde a legislação é muito coercitiva em termos de arquitetura, é nos mercados da Ásia ou da América do Norte que as marcas investem em projetos arquitetônicos de grande envergadura, que se traduzem em geral pela construção de edificações ou mesmo de torres – como a torre LVMH de Nova York, concebida por Christian de Portzamparc.

Há vários anos, a maioria das marcas de luxo se associou a arquitetos de prestígio para marcar com eles os bairros de luxo das grandes metrópoles internacionais, sendo cada novo projeto mais ambicioso que o anterior. Tóquio é emblemática dessa proliferação arquitetônica originada pelos protagonistas do luxo: Chanel, Gucci, Hermès, Louis Vuitton, Dior, Tod's, etc. Cada uma dessas marcas construiu um ou mesmo vários prédios – a exemplo de Chanel e Louis Vuitton – a fim de apresentar seus produtos em universos únicos e cada vez mais grandiosos. Na verdade, se a replicação dos conceitos de design dos pontos de venda diz respeito às lojas situadas em cidades secundárias e às shop in shop das lojas de departamentos, ou às butiques de aeroportos, em contrapartida, as grandes metrópoles se beneficiam de projetos arquitetônicos únicos, próprios para atrair, seduzir e, mais ainda, surpreender um cliente que consome luxo durante cada uma de suas numerosas viagens. Mais ainda que as seleções de variedade definidas para cada ponto de venda, são as próprias lojas que, por sua arquitetura e seu design interior, criam a surpresa e são o ponto de partida para uma experiência que a cada vez se renova.

Chanel, cuja emblemática criadora faleceu em 1971, é uma grife que possui uma forte identidade. As butiques, sempre próprias e em número delibe-

---

[42] As marcas de luxo recorreram, sem exceção, a arquitetos famosos para realizar suas construções, fossem elas de edificações, de pontos de venda, de suas sedes ou até mesmo de fundações: Rem Koolhaas e Herzog & De Meuron, respectivamente, para os Epicentres Prada de Nova York e de Tóquio, Peter Marino para os pontos de venda Chanel e Louis Vuitton, Jun Aoki para as butiques Louis Vuitton de Tóquio e Renzo Piano para a Maison Hermès de Tóquio.

radamente limitado, são constituídas em torno de um verdadeiro universo apresentado de maneira marcante no mundo inteiro. A marca, através de suas butiques, faz sempre referência aos códigos de identificação[43] transmitidos por Gabrielle Chanel na sua época: laca, espelhos, carpete, bege e preto, etc. Entretanto, outros códigos vêm agora enriquecer os conceitos dos pontos de venda da marca, tirados do alfabeto de Chanel para as roupas e acessórios: tweed, couro matelassê, camélia, pérolas, etc. A fachada do prédio Chanel no bairro de Ginza, em Tóquio,[44] um cubo de vidro negro, deixa aparecer em sobreposição, em sua parede-tela, camélias gigantes, a flor fetiche de Chanel, também vista nos botões dos elevadores da loja. Em uma das paredes da butique de Hong Kong, foi o artista Joseph Stashkevetch quem desenhou a lápis duas camélias gigantes. A referência ao tweed está presente em uma das paredes internas da loja de Ginza, bem como na fachada e no interior da loja de Hong Kong, sob a forma de um quadro dinâmico assinado por Michal Rovner.

Por meio da coleção, do design interior da butique, de seu ambiente, o objetivo de Chanel é fazer com que a cliente encontre em Tóquio, ou em outro lugar, "o espírito de Paris": fazer da butique "uma caixa com ar parisiense". Sensível e atenta às modificações dos gostos e das necessidades de sua clientela, a marca seguiu a evolução da moda expressando-se por silhuetas simples e puras, mais do que silhuetas em total looks, com joias e chapéus combinados. Por isso, o tamanho da variedade diminui, e a oferta da coleção compreende menos produtos, a fim de aumentar a legibilidade e a rentabilidade. Os modos de apresentação ganharam em sobriedade: os espelhos são menos presentes; a

---

[43] "Encontrar o código genético [de uma marca]? Mais fácil escrever do que fazer. É preciso exumar os componentes fundamentais, aqueles que o criador-fundador, frequentemente falecido, era o único a conhecer e talvez nunca tenha expressado em palavras. Tudo depende do trabalho de sinalização efetuado pelo fundador. Mergulhar na alma da marca é relativamente fácil em uma casa como Chanel, pois Coco esteve no comando durante várias décadas, tempo suficiente para gravar no mármore códigos simples e poderosos. [...] No caso de outras marcas, em contrapartida, é preciso adivinhar no escuro. O exercício é assim muito mais árduo em uma casa como Dior, em que o criador passou relativamente pouco tempo – pouco demais, em todo caso, para deixar outra coisa além de uma impressão difusa, vaga, obscura." Cf. Stéphane Marchand, *Les guerres du luxe*, cit.

[44] O imóvel que recebe a butique Chanel no bairro Ginza, em Tóquio, foi concebido em 2005 por Peter Marino. Sua construção precisou de um investimento de 240 milhões de dólares.

visibilidade do produto é privilegiada. Sendo a identidade da marca essencial, essas mudanças não são radicais, e as modificações acontecem sutilmente. As clientes quase não percebem, mas os toques de novidade permitem-lhes continuar a apreciar as criações da marca sem, no entanto, se sentirem em um universo imóvel apegado ao passado. Essas evoluções inscrevem Chanel na época presente, entre a permanência e a universalidade. A concepção de uma butique se faz em torno de um módulo padrão, de um volume, de uma "caixa Chanel" propriamente dita, onde se inscrevem os códigos de identidade da marca. Cada país tem sua clientela, e cada loja deve ser um lugar raro, com sua própria identidade, onde a cliente é acompanhada – daí o número limitado de pontos de venda. Quando uma butique é implantada, se o lugar em si é interessante, algumas características são conservadas e integradas a título de particularidade local. Essas adaptações à cultura local demonstram a vontade de Chanel de se inscrever no modo de vida de sua clientela. Com a mesma preocupação, as coleções da marca são amplas e dão conta, quando se faz necessário, das demandas particulares que emanam dos pontos de venda. Cada gerente de loja é responsável por suas próprias compras entre as diferentes coleções propostas todo ano. Conhecendo perfeitamente os clientes fiéis, seus gostos, suas necessidades, ele poderá "personalizar" uma parte de suas compras, destinando esta ou aquela peça a esta ou aquela cliente em particular.

    Como a maioria das marcas de luxo, Chanel não pratica a atualização no sentido das redes de distribuidores. Entretanto, seus pontos de venda, tanto quanto os de seus concorrentes, propõem uma atualização da oferta. Esta toma duas formas: de um lado, resulta do número de coleções oferecidas pelas marcas de luxo durante o ano, pois às duas tradicionais coleções anuais vêm se juntar as pré-coleções de verão – ou coleções cruzeiro marítimo – e as pré--coleções de inverno. Além disso, os temas das coleções não são necessariamente apresentados no mesmo momento, e, regularmente, formas ou cores novas vêm atiçar novamente a curiosidade da cliente.[45] Essa atualização re-

---

[45] Tal prática é possível com a condição de que o ponto de venda disponha de um espaço de estoque suficiente, o que não é sempre o caso, notadamente nos padrões médios e baixos, para os quais cada metro quadrado deve ser rentabilizado ao máximo.

sulta, por outro lado, do fato de as equipes de venda fazerem evoluir, na butique, a apresentação dos produtos ao longo da estação, para que as clientes que retornarem durante a temporada tenham a sensação de descobrir novidades.

Na Louis Vuitton, diversos tipos de pontos de venda coexistem: às lojas-padrão, centradas em um conceito internacional a fim de que o cliente tenha as mesmas referências no mundo inteiro – mesmo que esse conceito tenha evoluído no tempo, passando por algumas adaptações locais –, acrescentam-se lojas de tamanho maior, que se beneficiam de orçamentos para as vitrinas e do mobiliário mais importante, e têm uma oferta de produtos mais ampla, principalmente em prêt-à-porter e sapatos. O conjunto compreende mais de 390 lojas. Ele é composto de alguns carros-chefe, como o da avenida Champs-Elysées, em Paris, ou o da Canton Road, em Hong Kong. As variações de conceito são logicamente determinadas em função da localização, assim como do potencial e do tamanho do ponto de venda. A afirmação da identidade da marca se opera não por meio da unicidade do conceito, mas por seu vigor em função do ambiente. Na origem da criação de cada um dos diferentes temas anuais de decoração de vitrinas (em torno de sete), encontra-se um evento "maison": o lançamento de um produto, uma campanha de comunicação, etc. Um "guideline visual merchandising" (com propostas diferentes segundo a coleção e o número de vitrinas) acompanha cada cenário, que permanece montado cerca de dois meses, sendo os produtos trocados toda quinzena. Uma mesma decoração serve consequentemente à valorização de diferentes produtos. Para o interior da loja, um guia define os modos de apresentação de cada categoria de produto: como dispô-lo "naturalmente", ao lado de qual outro (regras de associação de formas, de linhas, de cores, etc.). Se 80% da atividade da marca é realizada com os produtos permanentes, os destaques são feitos utilizando os novos produtos, com o objetivo de animar a coleção.

Na Yves Saint Laurent, a compra pelo Gucci Group/PPR[46] deu lugar a uma reformulação total da organização e da distribuição da marca. Uma função

---

[46] Yves Saint Laurent Rive Gauche, que pertence ao Gucci Group/PPR, é a empresa na qual Domenico De Sole e Tom Ford aplicaram, na virada dos anos 2000, métodos cuja eficácia comercial mostrara bons

"merchandising de produto" foi implantada, já que o visual merchandising (vitrinas e design das butiques) era terceirizado na Yves Saint Laurent.[47] A estratégia então adotada pelo grupo (interrupção dos licenciamentos, controle da distribuição graças ao desenvolvimento de uma rede de butiques próprias) provocou uma reorganização estrutural da empresa tanto em termos de concepção e estruturação da oferta quanto em termos de comercialização. No que se refere à estruturação da oferta, esta cabe doravante a uma equipe de merchandising de produto. Esta, em relação direta e permanente com o estúdio de criação, tem a dupla tarefa de analisar as necessidades do mercado para uma adaptação das coleções à demanda e oferecer auxílio à compreensão das coleções pelo mercado, para as compras. Quanto à comercialização da oferta, a política implantada pelo Gucci Group/PPR consistiu em retomar o controle da distribuição da marca, que dispunha anteriormente de poucas lojas próprias, o que tornava muito difícil a homogeneização do visual merchandising na rede. Contrariamente às práticas exercidas por alguns concorrentes, como Chanel ou Hermès, Yves Saint Laurent Rive Gauche adotou uma política de compra centralizada para sua rede de pontos de venda. A gerência de compras, que se faz em estreita relação com o merchandising de produto, é organizada segundo quatro grandes zonas geográficas – Europa, Ásia-Pacífico, Japão e Estados Unidos – a fim de poder, se for o caso, adaptar os estoques segundo as especificidades de cada uma delas. A oferta de produtos é construída pela gerência das compras, que trabalha também com o visual merchandising e as equipes de comunicação. Essas interações têm várias vantagens: elas permitem ao merchandising de produto assegurar a boa tradução do espírito da coleção tal como ele foi pensado pelo diretor artístico, por seu estúdio e pelos responsáveis pelo merchandising dos produtos. Isso passa em particular pela presença nas coleções dos looks e dos produtos incontornáveis em termos de

---

resultados na Gucci. Quanto à empresa Yves Saint Laurent Haute-Couture, na qual permaneceram os dois fundadores da casa, Pierre Bergé, como presidente diretor geral, e Yves Saint Laurent, responsável pela criação, até a venda da atividade da alta-costura, anunciada em janeiro de 2002 e ocorrida durante o mesmo ano, ela era controlada por Artémis, *holding* pessoal de François Pinault.

[47] Ver, mais adiante, "Terceira Parte: Organização e função do merchandising".

imagem. Essas interações permitem também ao visual merchandising garantir que o tamanho da variedade esteja adequado à capacidade de apresentação de cada loja. Enfim, as trocas com a direção de comunicação permitem garantir que os produtos selecionados para os visuais publicitários sejam selecionados e comprados em quantidade suficiente para o conjunto dos pontos de vendas. Esse sistema de centralização das compras transformou também a função do gerente de loja, a qual está na verdade centrada no gerenciamento da equipe e na gestão das relações com os clientes, enquanto num sistema de compras não centralizado os diretores de butiques constroem diretamente seu estoque, mesmo quando isso é feito de acordo com diretivas mais ou menos fortes por parte da marca, que pode impor um centro de oferta que ela própria terá selecionado. Essas duas políticas de compras têm suas vantagens e seus inconvenientes. Uma política de compras centralizada ajuda a marca a gerenciar melhor sua imagem e também seus estoques, pois as transferências de mercadorias entre butiques ficam mais fáceis, o que, além disso, aumenta a qualidade do serviço proposto aos clientes. Da mesma forma, a centralização permite ao gerente da butique estar mais presente no local, o que tem um impacto direto sobre a gestão das equipes de venda e da clientela. Enfim, como o número de coleções tende a se desenvolver no universo do luxo, os gerentes de butique passariam mais tempo em sessões de compra, em vez de permanecerem no local. Ao contrário, a não centralização das compras autoriza uma adaptação mais fina da variedade de cada ponto de venda à sua clientela; ela também contribui para motivar os diretores de butique que ainda estão frequentemente atrelados a essas prerrogativas.

Ao contrário de Chanel e Vuitton, que distribuem 100% de sua oferta de produtos, na Yves Saint Laurent Rive Gauche uma parte somente da distribuição do prêt-à-porter feminino é garantida por butiques próprias, estando o resto a cargo de uma rede de distribuição seletiva: lojas de departamentos e butiques multimarcas, com no máximo uma loja de departamentos e uma butique para cada cidade importante – pois o objetivo é buscar cada vez mais a distribuição própria, movimento relativamente geral no setor. Todavia, para o resto da rede, regras muito estritas foram impostas aos distribuidores da marca: eles têm a obrigação, salvo caso excepcional, de representar todas as linhas Yves Saint Laurent Rive Gauche no mesmo ponto de venda, com um mínimo de encomendas de produtos por linha. O controle dos preços públicos foi favorecido pela garantia dada aos distribuidores de uma taxa de margem homogênea e substancial sobre todos os produtos. Em todos os casos, as butiques próprias são utilizadas como elementos de referência. Em caso de encomenda incoerente de um cliente multimarca, o departamento de merchandising está habilitado a fazer uma advertência. Esse serviço é além disso chamado para controlar nos pontos de venda a coerência da imagem das linhas Yves Saint Laurent, assegurada em primeiro lugar por uma direção artística comum a todas as linhas de produtos no que diz respeito à criação. Em uma preocupação de máxima coerência, a imagem é unificada, tanto no nível da comunicação (publicidade e imprensa) quanto no das butiques próprias (todas as linhas são representadas num mesmo universo) e no do visual merchandising (implantação e realização de vitrinas simultâneas a partir de conceitos comuns), à imagem da estratégia estabelecida por Gucci. Na estrutura implantada na Yves Saint Laurent predomina o design, tanto no que diz respeito à coerência das coleções quanto no que concerne aos outros elementos da imagem (imprensa, visual merchandising, conceito de butique). O merchandising dos produtos é uma função transversal cujo papel é convencer e não impor. Os laços estreitos mantidos entre as diferentes linhas permitem que os produtos fortes de cada coleção sejam apresentados para o homem ou para a mulher por proposta do merchandising. Essa estratégia dá ao merchandising, no sentido global do termo, um lugar preponderante, conforme o que se faz em numerosas grifes italianas e anglo-saxônicas.

Relançada durante os anos 1980 pela neta de seu fundador, Prada traçou, com outros como Armani e Gucci, a ascensão ao poder das grifes italianas durante os anos 1990. Com seu marido, Patrizio Bertelli, Miuccia Prada soube fazer da empresa familiar de couro, fundada em 1913, uma das marcas ícones do luxo internacional. De maneira não conformista, as butiques da marca foram pintadas de um verde-amêndoa imediatamente identificável, dotando-as de uma atmosfera única em uma época em que a tendência em matéria de design de interiores estava mais voltada para os tons neutros. Há alguns anos a cor retornou com força às butiques, e Prada considerou rever seu conceito e abandonar seu famoso verde. Essa opção foi deixada de lado, e, mesmo tendo evoluído para uma tonalidade um pouco mais acinzentada, o verde das paredes permanece ainda hoje a cor emblemática da maioria das butiques da marca. Em contrapartida, a cor do carpete e a do veludo dos assentos evoluíram. De bege, o carpete tornou-se cor chumbo ou cinza, dependendo dos pontos de venda. O veludo que cobre os assentos agora é malva ou verde-esmeralda.

As grandes marcas que souberam permanecer fiéis a si mesmas, administrando prudentemente ao mesmo tempo sua diversificação e sua distribuição, a exemplo de Hermès ou Chanel, tiveram o privilégio de fazer evoluir sua estratégia com calma. O cuidado dedicado desde sempre à valorização do produto, através de uma distribuição extremamente seletiva, levou-as de certo modo à "era do merchandising" antes que este ganhasse forma definitiva. Em contrapartida, a estratégia dos licenciamentos, que levou no passado numerosas marcas de alto padrão a considerar esse sistema como um maná, vendendo quase tudo e qualquer coisa com seu nome, principalmente na Ásia, revelou-se catastrófica no longo prazo. A retomada da imagem dessas marcas acompanha-se invariavelmente de uma interrupção do recurso descontrolado aos licenciamentos. Um controle estrito da distribuição e um conceito de design dos pontos de venda e de apresentação dos produtos de acordo com a identidade da marca, assim como foi redefinida, mostram-se também indispensáveis. Tal reviravolta, entretanto, só é possível quando a marca se beneficia de sólidos suportes financeiros, pois essa mudança de estratégia priva a empresa, durante algum tempo, dos rendimentos provenientes dos *royalties* depositados a título de licenciamento; ela necessita também de investimentos pesados, e só dá frutos a médio prazo. Hoje os designers são obrigados a enfrentar a realidade do mercado a fim de garantir a perenidade de sua marca. Ao contrário, confiar apenas ao "marketing do sonho" o cuidado de remediar uma criatividade deficiente se mostraria no fim tão perigoso para as marcas quanto era a multiplicação exagerada dos licenciamentos. No luxo, mais do que em outro setor, o merchandising deve estar a serviço de um produto de qualidade, e não cobrir de sonho uma mercadoria que cedo ou tarde fará um consumidor decepcionado cair na realidade.

## As multimarcas

Enfraquecida pelas cadeias especializadas que se apossaram do mercado há vinte anos, a distribuição independente multimarcas representa uma parte cada vez mais restrita da venda de vestuário na Europa (28% de participação no mercado em 2006). Porém, deve-se considerar o fato de que essa participação é mais fraca nos países do Norte, incluindo a França, do que nos países do Sul da Europa. Com uma participação de 10% em 2006, o Reino Unido detém a parte mais fraca do mercado da Europa no que tange aos varejistas multimarcas. Ele é seguido da França, com 17%, seguida da Alemanha, com 24%. Em compensação, os varejistas multimarcas conservam ainda uma participação no mercado significativa na Espanha e na Itália, com 38% e 41%, respectivamente.[48] Convém, entretanto, destacar que o peso desses distribuidores não para de diminuir ano após ano, particularmente nestes dois últimos países. Na verdade, em mercados como o Reino Unido ou a França, esse formato passou a mostrar uma baixa mais fraca, até mesmo uma relativa estabilidade, após ter sido muito malconduzido durante a década de 1990. Os varejistas multimarcas tendem a se concentrar essencialmente nos produtos de alto padrão, segmento no qual a concorrência das cadeias não se faz quase sentir nem em termos de produtos nem em termos de serviços. São também numerosos no segmento jovem e particularmente no de streetwear, no qual as marcas – pequenas ou grandes – se caracterizam pelo número e pelo dinamismo. A maioria desses varejistas multimarcas inspira-se ainda em uma concepção um pouco antiga da profissão, mas que se mostra de acordo com as expectativas de

---

[48] Fonte: IFM para a participação no mercado da França. Panels para a participação no mercado de outros países.

seu público-alvo, quer se trate da clientela de alto padrão ou da jovem: vender moda por paixão e tentar fazer compreender e partilhar essa paixão. Para isso, eles devem sentir as evoluções de uma clientela cada vez mais volúvel, estar à escuta de suas expectativas e adaptar seus pontos de venda de acordo.

No que se refere às marcas internacionais – a exemplo daquelas dos segmentos de luxo e de alto padrão, que empreenderam já há alguns anos o desenvolvimento de sua própria rede de distribuição –, os varejistas autônomos que desejam tê-las entre suas referências estão submetidos a condições draconianas de orçamento de compras e de posicionamento na butique. O respeito a essas condições permite obter a exclusividade da marca em um setor geográfico que não tem o potencial de clientela necessário para vários pontos de venda. O risco é assim grande para a butique multimarca, que pode "perder a alma" ao oferecer apenas algumas "pequenas grifes" satélites em torno de um líder que arroga para si uma enorme parte do faturamento. Esse perigo é denunciado por varejistas que entendem permanecer como únicos mestres, livres para ter em seu catálogo quem lhes agrada, em proporções apropriadas, livres também para tirar conclusões do eventual fracasso de uma marca em relação à sua clientela ou à sua própria coleção.

Se a coerência de sua imagem – pela qual zelam maternalmente graças a recursos financeiros mais do que consequentes – leva as grandes marcas a "enquadrar" os varejistas autônomos que as distribuem, é naturalmente porque estes são vistos como tendo noções bastante vagas de merchandising, ou, mais exatamente, uma concepção datada: quanto maior a escolha, tanto pelo número de itens no catálogo quanto pelo estilo, mais chances se teria de seduzir a clientela – ideia preconcebida não desprovida de fundamento, mas às vezes errônea em relação aos comerciantes, dos quais um certo número está mais bem informado e adota práticas mais profissionais do que às vezes se imagina. De fato, uma butique de alto padrão de uma cidade média, cuja concorrência é fraca e que possui uma clientela fiel, não estará submetida às mesmas pressões que uma butique ícone de uma metrópole de clientela internacional. A importância dos conselhos e o acompanhamento da relação varejista-cliente que caracteriza a primeira tornam toda política de merchandising infinitamente menos crucial para seu futuro do que no caso da segunda. A presença de concept stores[49] multimarcas incontornáveis – como a Corso Como 10, em Milão, ou a emblemática Colette, em Paris – e a necessidade de lugares únicos visando desafiar a presença internacional e a falta de diferenciação de marcas ou bandeiras com conceitos idênticos, qualquer que seja sua localização geográfica, trazem um novo alento à distribuição multimarcas. Esta propõe, num espaço de identidade em geral bastante marcante, a seleção e a associação única de marcas e produtos, efetuadas por uma pessoa de acordo com seus gostos, suas descobertas e suas vontades do momento. Essas multimarcas funcionam, de certa maneira, como verdadeiras revistas e ganham, por suas soluções únicas em matéria de lugar, de oferta de produtos e de serviços, ou por uma política de eventos, um *status* de formadoras de opinião, tanto aos olhos do público quanto dos colegas de profissão, e em particular dos protagonistas da moda num sentido amplo.

---

[49] Ver, mais adiante, "As concept stores".

# 3. Conceitos, convergências e divergências

A era da transversalidade

**O** fenômeno não é certamente novo, mas foi se acelerando nos últimos anos: as áreas da moda, dos cosméticos, da arte de viver, da arte, mas também da alimentação, ou do automóvel, influenciam mutuamente umas às outras, tanto em matéria de produtos (se é que podemos falar de produtos no que diz respeito à arte) quanto em matéria de comunicação. Essa "transversalidade" reveste-se de muitos aspectos, e suas manifestações podem parecer completamente normais ou ser das mais inesperadas.[1] Enquanto as concept stores multimarcas

---

[1] A esse respeito, Audrey Bartis, Clara Boufflet, Jeanne Aurore Colleuille e Florence Rolando notavam: "O mimetismo que acontece de forma crescente entre arquitetura, moda, cosméticos, arte ou design não poderia ser reduzido a um único e mesmo esquema operacional: as interações entre esses diversos campos de criação produzem resultados tão variados quanto cruzamentos genéticos entre espécies de naturezas diferentes. Para alguém pouco experiente, a transversalidade pode parecer um novo conceito de marketing, mas percebe-se, observando-a mais de perto, que ela traduz, além de um novo método de fazer o merchandising dos produtos, uma forma de colo-

ou monomarcas reivindicam sua própria visão de uma arte de viver que diz respeito geralmente aos produtos referentes à pessoa e à casa, a transversalidade está mais do que nunca na ordem do dia. "Foi a abertura da butique Colette em 1997 que permitiu às mídias e ao público tomarem consciência não somente da correlação crescente entre objetos de diversas origens, mas também de uma evolução dos modos de distribuição e de consumo."[2] Antes do "evento Colette", as manifestações de uma tendência que concerne também a área de alimentação[3] já tinham surgido. É só lembrar as massas Barilla, que, desejando se posicionar no nicho de alto padrão (um posicionamento que não é fácil para um tal produto de consumo de base), tinham centrado sua comunicação na apresentação de seu produto à maneira da coleção de um grande joalheiro. Desde esse primeiro "empréstimo" do setor alimentar ao da joalheria, outros protagonistas da área de alimentação seguiram o mesmo caminho, notadamente Pierre Hermé, célebre confeiteiro parisiense que apresenta seus produtos em balcões envidraçados semelhantes aos utilizados para a apresentação de artigos de couro ou de joias. O mesmo Pierre Hermé concebeu na sua loja da rua Bonaparte a vitrina externa, à maneira de um joalheiro. Além de um conceito de merchandising em descompasso com as práticas correntes no seu setor, Pierre Hermé adotou os ritmos da moda ao criar produtos sazonais e efêmeros. Na área dos cosméticos, Estée Lauder lançou Nutritious, brincando com a semelhança com o iogurte, evocada ao mesmo tempo pelo nome do produto, sua embalagem e seu visual publicitário – uma forma de a marca se

---

car o valor estético e funcional desse produto em uma corrente de pensamento global, olhando o mundo da criação de maneira transversal". *Transversalité des tendances entre différents secteurs: mode, beauté, design*, relatório de estudantes do IFM, 2000.

[2] *Ibidem*.

[3] A notar que a explosão da grande distribuição acarretou o desenvolvimento do merchandising alimentar bem antes que se pensasse no merchandising da moda. Se for dado crédito ao arquiteto Cyril Durand-Behar, que trabalhou notadamente para Vanessa Bruno e Blanc-Bleu, haveria erro em negligenciar as contribuições do setor alimentar em matéria de merchandising: "Há muito o que aprender com lojas como Dean & Delucca, Zabar ou The Old Vinegar Factory. O alinhamento das latas de conservas, frutas e legumes e outras mercadorias nessas grandes mercearias finas é um bom exemplo de colorimetria, de iluminação e de merchandising". Cf. Juliette Garnier, "À l'école de New York, l'architecte qui croit au rôle du merchandiser", em *Journal du Textile*, nº 1568, 15-2-1999.

distinguir do discurso tecnológico-científico em vigor entre os concorrentes. Uma maneira também de desviar em seu proveito um outro discurso frequentemente utilizado pelas marcas de laticínios, segundo o qual o iogurte seria um tipo de "alicamento" (neologismo fabricado a partir dos substantivos alimento e medicamento) dotado de todas as virtudes, tão pouco suspeito num momento em que a alimentação industrial causa tantas preocupações, que é dado a crianças pequenas. Tal estratégia permite também (e é uma constante que se nota, qualquer que seja a maneira como é empregada) jogar com a cumplicidade do consumidor. Um consumidor hoje educado, instruído há anos pelos publicitários, não corre o risco de confundir um creme de beleza com um iogurte, mas saberá apreciar a jogada publicitária. Pode-se, todavia, questionar a pertinência de tal posicionamento a partir do momento em que é retomado – é claro que com algumas variantes – por outras marcas, a exemplo da Sephora ou da Origins, com seus produtos de higiene e beleza condicionados em potes de vidro, ou da marca Lush, com seus sabonetes vendidos em fatias e seus cremes apresentados e embalados como produtos frescos. O que sobra quando passa o efeito de surpresa do qual se beneficia o primeiro a explorar tal ideia?

Outro percurso conduziu a Renault a se autoproclamar há alguns anos "criadora de automóveis". Um processo que se iniciou com o lançamento em 1984, com o nome de Espace, em associação com a Matra, de um novo conceito de automóvel, o monoespaço, desde então adotado pela concorrência. Uma aposta arriscada para a empresa do losango, como notou Philippe Guedon, presidente diretor geral da Matra Automobiles (que lembra que durante a primeira semana de comercialização do Espace a Renault só registrou nove encomendas!), que afirma de todo modo seu apego "ao conhecimento paralelo de coisas que não estão forçosamente no ramo, mas que o enriquecem". Um procedimento audacioso, que prosseguiu com a chegada nos anos 1990 da primeira versão do Twingo, pequeno carro lúdico de design inovador, um incontestável sucesso comercial. Para esse modelo, a Renault falou pela primeira vez de "coleção" – lançando a cada dois anos uma nova série com uma paleta de cores e tecidos exclusivos. Em seguida, parcerias com protagonistas da moda presidiram o lançamento de séries especiais: um Twingo Kenzo com assentos ornados de anêmonas gigantes lembrando o emblema da marca, seguido de um Twingo Benetton com assentos de tecido xadrez em cores vivas, depois um Twingo Elite, cuja carroceria se beneficiou de uma pintura que muda de cor em função da luz, a exemplo dos tons nacarados utilizados nos produtos de maquiagem. Fortalecida por essas parcerias e suas "coleções" de carros, a Renault logicamente se proclamou "criadora". Uma criadora de automóveis que se dedicou a reforçar a legitimidade dessa denominação ao continuar a se associar à moda e a seus criadores. Foi assim que Jean Paul Gaultier, no seu papel de costureiro, tornou-se, no início de 2001, o herói de uma peça publicitária institucional para a Renault, que não visava fazer a promoção de um modelo em particular, mas estabelecer um paralelo entre o trabalho do criador de moda e o de quem concebe automóveis. No mesmo espírito, o Atelier Renault, na avenida Champs-Elysées, abriu-se para desfiles da temporada de inverno 2001-2002, prolongada durante semanas com uma série de exposições em que a marca ofereceu a jovens designers a possibilidade de fazerem uma intervenção plástica em alguns carros. No sentido contrário, o universo do automóvel pode às vezes ser uma fonte de inspiração para a moda. Foi assim que o arquiteto Laurent Butazzoni confessou ter concebido a segunda butique masculina de Maria Luisa a partir de um modelo Audi: "Um Audi TT exatamente", precisou Frédéric Martin-Renard, com as "paredes cobertas com uma pintura nacarada e sedosa, reservada às belas carrocerias, nichos em forma de concha, forro remetendo a um teto solar, pilares brilhantes como a grade do radiador".

"Como desde sempre a música e a moda se influenciam mutuamente, essas duas indústrias do efêmero apostam hoje na transversalidade para enriquecer a imagem dos rótulos e das marcas."[4] Uma constatação à qual faz eco o ilustrador sonoro Frédéric Sanchez: "Após ter repensado, nos anos 1990, a arquitetura das butiques, as marcas tomaram consciência da necessidade de cuidar da sua ima-

---

[4] Laurence Roque, "Marques et boutiques de mode ne se contentent plus d'un logo", em *Le Monde*, Paris, 6-4-2001.

gem musical. Hoje não se vai às butiques de luxo para escutar Patrick Bruel". A tal ponto que algumas delas tiveram a ideia de pôr à disposição de sua clientela ambientes musicais que servem como uma assinatura. Habituado a colocar em forma de música o universo dos designers, por ocasião de seus desfiles, Michel Gaubert foi escolhido pela concept store Colette para elaborar CDs com a grife da butique. "Moda e música são indissociáveis. Quando se vê uma butique como a Colette, ela não tem apenas moda ou música, ela exibe todo um estilo de vida, o famoso *lifestyle*. Tudo se junta, a decoração, a alimentação", diz ele.

Essas passarelas cada vez mais numerosas, se observadas tanto no nível da elaboração do produto e de sua embalagem quanto no nível da sua promoção ou da imagem global da marca, têm naturalmente repercussões sobre o merchandising propriamente dito. Nunca se apresentará um perfume ou uma camiseta Comme des Garçons numa embalagem a vácuo de plástico transparente, como se apresentaria uma colônia num frasco tradicional, ou camisetas simplesmente dobradas ou num cabide.

Independentemente dos exemplos apresentados acima, uma transversalidade mais sutil se observa por ocasião da abertura de novas butiques. O papel cada vez mais importante conferido aos merchandisers nestes últimos anos explica em parte as influências comuns, das quais são testemunhas alguns pontos de venda. Assim como já mencionamos, e para retomar as palavras de Gilles Marion, "a atenção à atualidade é uma das maiores dimensões das profissões relacionadas à moda". Os responsáveis por um serviço de merchandising, assim como os arquitetos ou o pessoal do marketing, devem, portanto, estar atentos ao que se come, se bebe, se ouve, se escreve ou se usa em todo o planeta, a fim de antecipar os sucessos de amanhã e a expectativa não expressa dos consumidores. Em seguida, cabe a cada um retrabalhar essas fontes de inspiração para alimentar a marca que representa. Após anos de coleções minimalistas e de butiques branco-cinza-bege, no início dos anos 2000 a cor voltou: paredes vermelhas, no conceito anterior das butiques Miu Miu, mobiliário de apresentação vermelho na Comme des Garçons, etc. Logo aparecida, logo "digerida", a tendência se generalizou no espaço de alguns meses: paredes rosa, verdes ou amarelas na H&M, vermelhas na Celio, amarelas na Etam. Até atitudes mais radicais, como no novo conceito da Miu Miu, onde todas as paredes são cobertas de tecido adamascado na cor amarelo-ouro. Mais radicais ainda são os universos completamente escuros, tais como se encontra em Tóquio, na concept store multimarca Loveless ou na Restir. Se, no Japão, os conceitos totalmente negros estão dando lugar a outros ambientes, em contrapartida essa tendência se desenvolve hoje na Europa, e não somente em butiques de luxo como Dolce&Gabbana, mas também em lojas mais acessíveis, como IKKS ou Promod, que abandonou as listras laranja, malva e verdes em troca de um castanho-escuro, assim como algumas lojas H&M, que cobriram suas paredes de lambris cinza-escuro.

O retorno do crescimento econômico e o recuo da corrente minimalista dos anos de crise não explicam por si sós as semelhanças nas ambientações observadas tanto nas marcas mais baratas quanto nas de alto padrão. Durante os anos 1990, momento de virada estratégica para o merchandising, a cadeia Zara, como mencionado anteriormente, marcou época ao ser a primeira a abrir pontos de venda onde produtos a preços muito acessíveis eram vendidos no interior de um universo cujos códigos arquitetônicos e de apresentação eram, até então, próprios do setor de luxo. Algumas de suas concorrentes a acompanharam, dotando-se de estruturas de merchandising até então inexistentes nessas empresas. O setor do luxo, por seu lado, completou a revolução, não se contentando mais em vender um belo produto e o sonho que o acompanha, mas aplicando-se a vendê-lo melhor. Explorando as mesmas fontes de inspiração, uma mesma tendência de merchandising poderá então surgir, quaisquer que sejam o padrão de qualidade e o setor de atividades. É o que nos propomos a estudar mais detalhadamente nos capítulos a seguir.

## Tendências gerais e experimentações

Não há política de merchandising que não seja proveniente de um conceito. Do baixo padrão ao setor do luxo, na alimentação como no eletrodoméstico ou na moda, cada marca responde, conscientemente ou não, a um conceito, quer esse tenha sido cuidadosamente definido, quer permaneça implícito. A importância concedida à noção de conceito varia, certamente, de acordo com as culturas. Todavia, todo comércio, inclusive a quitanda de bairro, pode ser visto do ângulo da conceitualização. Quando os outlets oferecem seus produtos diretamente em suas embalagens, sobre os paletes que serviram no transporte, eles naturalmente estão respondendo a uma necessidade econômica, reduzindo ao máximo as necessidades de manutenção. Além disso, os consumidores associam imediatamente essa forma de apresentação simplificada ao máximo – poder-se-ia mesmo falar aqui de "não apresentação" – à prática de preços baixos. No final, o consumidor percebe, por meio desse tipo de apresentação, a assinatura de um formato de distribuição, um conceito próprio dos outlets.

Hoje as butiques de moda "são folheadas como revistas", segundo a expressão de François Baudot. Elas participam da informação ao público, indicando-lhe as últimas tendências da mesma forma que a imprensa especializada ou que a transmissão televisionada de um desfile. Tendo-se tornado tanto lugares do cotidiano e de passeio quanto de consumo, as mais famosas delas figuram na lista das curiosidades turísticas, a exemplo da butique Colette da rua Saint-Honoré, das butiques Comme des Garçons de Paris ou Nova York, das guerilla stores da mesma marca, ou ainda dos Epicentres Prada do SoHo ou de Omotesando, tornando-se por si sós um "ponto turístico". Essas lojas se articulam em torno de conceitos cada vez mais complexos, baseados em um princípio multissensorial no qual "a imagem está em primeiro lugar".[5] Às

---

[5] Esse princípio de justaposição das imagens e das sensações é analisado por Riccardo Montenegro: "Nossa percepção do espaço e do tempo parece ter se modificado profundamente durante os últimos cinquenta anos. A fragmentação e a sobreposição substituíram a unidade do tempo e do lugar que tinha sido a descoberta fundamental do Renascimento italiano, e que tinha permanecido idêntica até a aurora do século XIX, quando, por duplo favor das intuições artísticas vanguardistas e das certezas da ciência, a percepção do mundo mudou progressivamente. A descontinuidade e a fragmentação constituem tanto referências estilísticas importantes para a arte das últimas décadas quanto as chaves do roteiro no qual nossa vida se desenrola. O tempo reduzido de viagem entre dois países afastados é gerador de descontinuidade porque a rapidez da passagem de um lugar a outro não permite o ajuste psicofísico do qual o corpo tem necessidade. O cinema e ainda mais a televisão nos habituaram a um mosaico de imagens, de intrigas, de lugares, de sensações que permanecem em nós como lampejos fugazes de memória, frag-

grandes tendências de base estão às vezes associadas, dentro de um mesmo espaço, microexperimentações de onde nascerão talvez as grandes tendências de amanhã. Esses pontos de venda voltados para a imagem, no interior dos quais o produto passa às vezes para segundo plano, não têm outra ambição senão dinamizar a rede de distribuição tradicional, mais centrada no produto: não se comprará mais um produto Nike da mesma maneira no varejista habitual após ter atravessado, nem que seja uma vez, as portas de uma loja Niketown. Esses pontos de venda voltados para a imagem também são instrumentos de comunicação que permitem reforçar a imagem da marca da mesma forma que qualquer outro instrumento de comunicação.

Na Europa e nos Estados Unidos, onde os mercados de produtos pessoais chegaram à saturação, o principal desafio para os que agem nesse setor é convencer os consumidores que dispõem de um poder aquisitivo garantido e que estão envelhecendo a renovar seu guarda-roupa, embora seus armários já estejam bem cheios. O marketing "sensorial" é então empregado; ele não se atém mais apenas à visão, não desprezando nenhum dos cinco sentidos para alcançar o seu fim. Segundo um estudo sobre os cinco sentidos realizado em 2006 por Millward Brown em treze países, parece que a

> visão é solicitada em 84%, a audição em 12%, o olfato em 12%, o tato em 1% e o paladar em 1%. Ora, seria necessário buscar um outro equilíbrio: 54% para a visão, 20% para a audição, 17% para o olfato, 6 % para o tato, 3% para o paladar, para que as pessoas memorizassem melhor o que sentem.[6]

Muito tempo negligenciado, o ambiente sonoro dos pontos de venda é doravante objeto de atentos cuidados. Hoje a concepção do ambiente sonoro interfere no início do processo, desde a fase de reflexão ligada ao conceito. O ambiente sonoro influencia o comportamento do consumidor e influi na taxa de transformação. Assim, os distribuidores concedem uma importância cres-

---

mentos a partir dos quais é impossível reconstituir o todo". Cf. Riccardo Montenegro, *Styles d'intérieur: les arts décoratifs de la Renaissance à nos jours* (Paris: La Martinière, 1997).

[6] Elisa Morère, "Les enseignes apprennent à stimuler les sens", em *Les Échos*, Paris, 24-5-2006.

cente a esse elemento; para isso, recorrem cada vez mais a profissionais cuja função é elaborar fundos musicais que estejam em coerência com a imagem da marca. Os ambientes sonoros mais sofisticados vão ainda mais longe, adaptando o compasso em função dos diferentes momentos do dia: "mais tônico de manhã, mais rápido na hora do almoço, quando as pessoas estão apressadas, calmo à tarde, para deixar o tempo passar".[7]

Esses fundos musicais constituem também um elemento de diferenciação não negligenciável do ponto de venda; chega-se até a falar de audio branding. "Nós vendemos sua identidade em forma de música, eis nosso discurso diante de marcas como Piper-Heidsieck ou Prada, quando elas entram em contato conosco",[8] indica Frédéric Sanchez, ilustrador sonoro, cuja empresa, que trabalha principalmente os fundos musicais dos desfiles, sonoriza também diferentes tipos de lugares: museus, galerias de arte, butiques... A agência de design sonoro Sixième Son concebeu a decoração sonora da Fnac Junior (uma passarela musical onde cada degrau toca uma nota musical). "É preciso saber, de olhos fechados, que se está nesta loja e não na concorrente. A música cria um verdadeiro vínculo afetivo com o lugar, e mergulha filhos e pais no universo da marca".[9] As novas tecnologias permitem renovar com mais frequência os ambientes musicais, o que melhora o conforto do trabalho das equipes de venda, a quem todos os dias é imposta a passagem constante desses ambientes sonoros. Essa renovação segue em geral o ritmo das coleções, mas em certos casos pode-se chegar à renovação semanal para conceitos nos quais a mudança da oferta se faz em ritmo mais rápido, gerando de fato visitas regulares e menos espaçadas de sua clientela. Se o CD era ainda há alguns anos o principal suporte utilizado para o fundo musical, hoje as novas tecnologias, e em particular os leitores digitais, permitem uma renovação simples e rápida da trilha

---

[7] "Le marketing sensoriel se rationalise", em *Points de Vente*, nº 984, 4-9-2006.
[8] *Challenges*, nº 150.
[9] Frank Mazoyer, "L'irrésistible perversion du besoin: consommateurs sous influence", em *Le Monde Diplomatique*, dezembro de 2000.

sonora, que – uma vantagem a mais – pode ser enviada online aos pontos de venda da rede.

Embora delicado para ser executado, o marketing olfativo oferece perspectivas tão interessantes que está hoje no centro da reflexão de inúmeras marcas.[10] Estudos visando observar o efeito produzido pela difusão de vaporizadores num espaço de venda sobre o comportamento dos consumidores puseram em evidência uma sensação de compressão do tempo. Os clientes passariam mais tempo (10% a 15% de tempo suplementar em média) na loja sem perceber. Outro efeito ligado à difusão dos aromas é o fato de a memória olfativa ser sensivelmente superior à memória visual; daí o interesse de marcas ou bandeiras criarem logotipos olfativos, ou "logolf". Algumas compreenderam isso, como Abercrombie & Fitch, Zadig & Voltaire ou Colette.

O sentido do tato, essencial há muito tempo para a escolha de produtos em contato direto com a pele, é também cada vez mais solicitado em razão da diversificação das matérias, cada vez mais especificadas por etiquetas diretamente na roupa. No que diz respeito ao mobiliário, o caráter acetinado da madeira, o aspecto liso da resina, a polidez do metal ou a maciez do veludo têm evidentemente um papel a representar.

Enfim, o paladar é levado em conta em certos pontos de venda graças à criação de espaços de café e alimentação. Amplamente difundidos e há muito tempo no interior das lojas de departamentos, os espaços de alimentação se desenvolveram também em concept stores como Colette e outros lugares.[11] Se algumas marcas da distribuição especializada, como Celio ou Etam, abriram um espaço de alimentação em certos pontos de venda ícones, foi principalmente no segmento das marcas de alto padrão e de luxo que se viu desenvolverem regularmente os cafés e restaurantes. Certas marcas, como Armani, concebem algumas de suas megastores integrando nelas um café ou um restaurante; outras preferem limitar a abertura desse tipo de espaço a alguns pontos de venda somente, como fez Chanel em Tóquio com o restaurante Beige,

---

[10] Ver, mais adiante, "A execução".
[11] Ver, mais adiante, "As áreas de cafés-restaurantes".

aberto em parceria com Alain Ducasse, ou Bonpoint, na rua de Tournon, em Paris. Este último oferece um restaurante com terraço nos jardins da mansão que a marca de prêt-à-porter infantil ocupa. Entretanto, a introdução de uma área de alimentação no interior de um espaço de venda não é simples de executar, em razão principalmente dos problemas ligados às regulamentações sanitárias. Além disso, são espaços difíceis de tornar rentáveis. Isso pode obrigar algumas marcas a renunciar à exploração de espaços de alimentação no interior de seus pontos de venda. Foi assim que Joseph começou por fechar o restaurante da butique situada na avenida Montaigne, depois o da rua Saint-Honoré. A locação dessas áreas de alimentação a parceiros externos especializados nessa atividade – como fazem numerosas lojas de departamentos – é um meio de contornar esses diferentes perigos, quando se opta por oferecer esse tipo de serviço à clientela.

Mas o marketing "multissensorial" tem seus limites e seus críticos. Sonia Rykiel, com Agnès b., uma das últimas designers a controlar a maison que ela criou, lembra:

> Nos anos 1960, eu fiz um pulôver e me tornei a rainha do tricô no mundo. Hoje, temos o sentimento de que o talento não basta. O olhar deve estar na frente, atrás, flertamos com os limites, estamos à beira de tudo, nos cansamos, avançamos depressa demais, o tempo não existe mais ou mata. O merchandising adquiriu tanta importância que pode acabar por destruir o talento. Hoje é preciso muito dinheiro para representar o que você é.[12]

A questão do lugar ocupado pelo marketing é recorrente no mundo da criação de moda. A butique aberta por Agnès b. nos anos 1970, na rua du Jour, no bairro de Les Halles, que ainda não tinha sido reurbanizado, ia contra a corrente do que se fazia na época. Esse ponto de venda fez o sucesso da designer, que desde então abriu outros, continuando a se referir a seu conceito de base:

---

[12] Laurence Bénaïm, "Où va la mode?", em La Mode en Capitales, suplemento de *Le Monde*, 10-3-2001.

Eu prefiro lugares que tenham uma história, para poder alterá-los, brincar com os elementos do passado, mais do que para construir algo novo. Procuro sempre respeitar um lugar, não alterá-lo à minha imagem, quebrando tudo, mas integrar-me tanto ao interior quanto ao exterior. Na França, toda vez que uma butique agnès b. é aberta, a ideia de continuidade própria da marca perdura enquadrada numa nova modernidade. Eu nunca imponho um modelo de loja. Crio somente minha atmosfera com coisas pregadas na parede, pequenos toques de preto, paredes brancas, porque as roupas se veem melhor contra o branco, prateleiras simples e móveis. Que a butique não fique estagnada para sempre, que se possam mudar os suportes e os mostradores... Eu não gosto de coisas datadas e dos efeitos da moda. Eis por que tento sempre criar roupas atemporais.[13]

Sem que respondesse a um conceito de marketing, a primeira butique de Agnès b. mostrou ter antecipado de maneira ampla o que o público esperava, para retomar a fórmula de Tom Ford.

A ideia segundo a qual a forma precederia a essência e o continente o conteúdo não é nova. Copiado, reproduzido à vontade, o minimalismo à japonesa acabou por ser visto apenas como uma pura derivação do marketing.[14] Do

---

[13] F. Fauconnier et al., *Vitrines d'architectures: les boutiques à Paris* (Paris: Pavillon de l'Arsénal, 2000).

[14] Pregando um rigor que fazia eco ao contexto dos anos 1990, "o minimalismo foi para a decoração o que o zen foi para a filosofia. Fulgurante e definitivo, denso e elétrico, ético sob a estética, ele representava a última palavra de consciências infelizes e supersaturadas, expostas à metralhadora incessante de um consumismo devastador cuja proposta se baseava na cultura do pouco". Cf. Patrick Mauriès & Christian Lacroix, *Styles d' aujourd'hui* (Paris: Le Promeneur, 1995). Em *Le futur de la mode*, Dominique Cuvillier se atém a essas lojas "cada vez maiores, cada vez com mais prestígio [que] tomam dimensões palacianas, com uma utilização do espaço estudada para a mercadoria, áreas de descanso e de alimentação agradáveis, com um objetivo de passeio, como quando se vai ao museu. Esses edifícios imensos lembram o gigantismo das lojas de departamentos erguidas no início do século XIX e apresentadas como os primeiros templos de consumo da nascente era industrial. Nessa época, balcões e seções eram cheios de mercadorias, num amontoado que significava 'aqui tem-se a maior escolha, a maior variedade de novos produtos'. Hoje o minimalismo confina os comerciantes do templo ao despojamento, à abstinência, a uma forma de contenção, a uma sobriedade forçada para não chocar os clientes, menos interessados pelo objeto de moda manufaturado do que pela apresentação desse objeto: o espaço vazio é o fastígio do luxo. Qual é a diferença objetiva entre o paletó de tal marca e o da outra, oferecidos 'identicamente' em todos os continentes ao mesmo tempo? *A priori*, nenhuma ou muito pouca; então, o valor imaterial se sobrepõe ao valor tangível: o merchandising, a recepção, os serviços, a originalidade do lugar procuram fazer a diferença". Dominique Cuvillier, *Le futur de la mode* (Paris: Écrivains, 2000).

rigor nasce às vezes o aborrecimento. A constatação não é fato novo, como afirma o historiador Bernard Marrey a respeito das lojas de departamentos.

> A vitória de 1918 pôs a América na moda; a Europa se sentia velha. A América era o futuro. Ora, em Nova York, a disposição das lojas de departamentos era funcional. No lugar dos grandes amontoados de produtos, dos ares de bazar ou de *souk*, alamedas retas, objetos bem dispostos, bem iluminados, circulações (tanto dos pacotes quanto dos clientes) bem estudadas, uma climatização potente, em resumo, o aborrecimento eficaz.

Corrente ícone dos anos 1990, o minimalismo retilíneo e de tons neutros foi derrotado, a partir dos anos 2000, por conceitos e disposições lúdicas, coloridas, circulares, seguindo um caminho paralelo ao de uma moda que se ligava novamente a uma certa exuberância. Há, entretanto, marcas de identidade forte cujos conceitos atravessam as modas, são imperceptivelmente modificados durante anos mas nunca metamorfoseados, a fim de conservar intacta sua magia, quer se trate de Hermès, agnès b. ou Gap. De acordo com o fundador da marca Joseph, "para mim, fazer uma vitrina é como encenar uma peça. [...] Uma loja deve antes de tudo proporcionar prazer. Hermès talvez seja o mais belo exemplo disso. Você sai de lá deslumbrado, jamais frustrado. É única". De seu lado, Agnès b. permanece fiel aos princípios que fizeram seu sucesso:

> A ideia de transparência é recorrente em muitos de meus espaços. A loja torna-se a vitrina. Para mim, o fato de não haver uma vitrina incita a entrar. [...] Eu gosto que uma butique seja aberta para a cidade, que possa ser vista do interior como do exterior e que seja tão agradável de um lado como do outro, que tudo seja fluido, visível.

De uma cultura à outra, a percepção de um conceito não será, entretanto, a mesma: "Na Alemanha, ao contrário, essa transparência apresenta um problema: as pessoas não gostam de ser vistas da rua",[15] observa Agnès b.

---

[15] F. Fauconnier *et al.*, *Vitrines d'architectures: les boutiques à Paris*, cit.

Mas permanecer, como Agnès b., fiel a um único conceito é um luxo inacessível para a maioria das marcas. De maneira geral, os conceitos, cuja esperança de vida era estimada em cinco anos pelos mais otimistas, se sucedem uns aos outros num ritmo cada vez mais rápido. Uma celeridade descontrolada, que o arquiteto Constantin Costoulas lamenta:

> Antes era necessário refazer uma loja a cada sete anos. Na prática, ela durava dez anos. Hoje, um conceito de loja dura cinco anos; e no fim de quatro anos é preciso pensar em renová-lo! É por causa do desgaste e da moda. Mas também do equipamento técnico. Por exemplo, do ponto de vista visual, as fotografias foram suplantadas pelas televisões, que, por sua vez, foram substituídas pelas telas de plasma. Tudo isso não é um trunfo para nossa profissão. Pois é difícil renovar um conceito. Tem-se sempre medo de tocar num elemento crucial. Principalmente se ele teve êxito.[16]

Desenvolver e tornar acessível a personalidade de uma marca, estar na moda sem se confundir com a concorrência, pensar no pessoal que vai "habitar" o ponto de venda diariamente, não esquecer o produto, ator central do projeto: a definição de um conceito é uma aposta, um pesadelo de arquiteto e uma aventura apaixonante. Em um processo de merchandising global, o papel dos que fazem o merchandising deveria estar integrado desde o início, tanto no que diz respeito à elaboração da variedade e seus ritmos de apresentação para a clientela quanto no que concerne à concepção do próprio ponto de venda. Um ideal ainda longe de se generalizar, a julgar pelos erros cometidos por alguns conceitos. Por causa da má escolha de materiais ou da impossibilidade de conseguir uma manutenção diária obrigatória em uma butique, um conceito que seduz no papel pode rapidamente se mostrar impossível de administrar na realidade. Numerosos conceitos encontram-se assim presos numa armadilha em razão do extremo rigor em torno do qual foram construídos, mostrando-se, no final, incompatíveis com a vida de um ponto de venda. Uma butique

---

[16] Em *LSA*, nº 1717, 5-4-2001.

de um branco imaculado, tal como sonhada para a Sephora Blanc ou para o Epicentre Prada de Tóquio, só permanece sem manchas até os últimos minutos que precedem sua inauguração. Em muito pouco tempo, pisos e escadas, principalmente, apresentam inevitáveis sujeiras, e surge o dilema: se deixarem, as manchas se incrustam de maneira irreversível e não tardam a arruinar o conceito; se procurarem apagá-las frequentemente, criando uma obsessão no pessoal, se indisporão certamente com a clientela.

Quando se fala da apresentação dos produtos, duas alternativas se oferecem aos distribuidores: propor o produto dobrado ou pendurado, sabendo que os pontos de venda misturam em geral esses dois modos de apresentação. Todavia, os produtos pendurados podem estar em facing ou em sobreposição; a escolha entre um ou outro é normalmente ligada ao padrão de qualidade da marca. Na verdade, a disposição em sobreposição é utilizada principalmente pelas marcas de alto padrão e de luxo. Esses modos de apresentação de fato quase não se renovaram, a não ser nas áreas do sportwear e do jeanswear, para as quais o modo de apresentação foi mudado graças à presença de ganchos fixos nas paredes, nos quais estão penduradas roupas como se faria negligentemente em um cabideiro. Uma das primeiras a utilizar esse modo de apresentação foi a marca americana J. Crew, que apresentava assim suas camisas e calças no seu catálogo por correspondência. Quanto aos acessórios, eles são colocados em geral diretamente sobre prateleiras na parede (bolsas e sapatos), ou expostos em vitrinas fechadas (pequenos objetos de couro ou bijuterias). É melhor, entretanto, não explorar uma apresentação original se ela se revelar inimiga do produto: Mandarina Duck, na sua antiga butique da rua Saint-Honoré, era equipada de móveis ao longo das paredes sob a forma de tiras elásticas coloridas que criavam certamente efeitos gráficos interessantes, mas não valorizavam os produtos, que ficavam deformados e até esmagados contra a parede. Enfim, levar em consideração as áreas disponíveis no interior dos pontos de venda de uma mesma rede é essencial, e isso desde a concepção da coleção, a fim de otimizar a legibilidade.

Deter "o" conceito de merchandising atemporal é sem dúvida o ideal da maioria, mas, na realidade, o design das butiques está sujeito a modas. Um conceito de sucesso será copiado sem que se saiba forçosamente a que se deve seu sucesso. Na verdade, ele é o resultado de uma alquimia. Assim, tal elemento que "funciona" para determinado ponto de venda poderá se mostrar inadequado para outro.

> A arquitetura de uma butique é uma imagem, uma cultura, um ambiente, um universo totalmente complementar da venda. Quando estamos interessados por produtos, estamos forçosamente interessados pelo seu universo. Quando não temos os meios de comprar um produto que nos agrada, podemos escolher às vezes um menor, ou menos caro, porque ele simboliza um universo.[17]

## Os pontos fortes dos atuais conceitos de merchandising

Sem pretender ser exaustivo, é possível fazer uma lista dos conceitos utilizados atualmente. Alguns, como a sofisticação crescente da iluminação, representam tendências pesadas, enquanto outros se mostram mais anedóticos:

- O plano de circulação dos pontos de venda é traçado cada vez mais segundo as disposições da arquitetura interior (variações da altura do teto, tipos de iluminação, elementos visuais que exerçam um efeito chamativo, como as fotos panorâmicas ou uma tela gigante constituída de um mosaico de telas de plasma), a fim de levar o cliente potencial a visitar todo o espaço do ponto de venda e submetê-lo melhor a um amplo leque de tentações. Vem daí o princípio do circuito imposto, caro às lojas de móveis Ikea, com uma alameda periférica visível desde a entrada. Às vezes, para impor ainda mais à clientela a circulação fechada, cria-se um percurso circular.[18] Além disso, o plano de circulação está

---

[17] Cf. Jean-Michel Wilmotte, *apud* F. Fauconnier *et al.*, *Vitrines d'architectures: les boutiques à Paris*, cit.

[18] A propósito dos planos de circulação circulares, o arquiteto e designer Gérard Barrau declarou em 1996: "Há sete anos, eu teria dito: 'A pior coisa que se pode fazer é um círculo'. Ora, é o que eu faço hoje para a Fnac em Vélizy, em Nantes. O caminho circular tem a vantagem de criar um percurso único, linear, que responde bem às novas necessidades de eficiência e tempo. Antes, o cliente gostava de repetições, de vai-e-vem, da aproximação progressiva, pouco a pouco. Hoje, ele vai direto ao ponto, quer compreender

também submetido a normas de regulamentação que impõem um certo número de unidades de passagem, determinado de acordo com a área e a configuração do espaço, o que não é simples de executar em pontos de venda cuja disposição é concebida com uma preocupação modular. Essas normas visam reforçar a segurança no ponto de venda, mas também garantir o máximo conforto durante a compra para as pessoas de locomoção reduzida.

- O orçamento destinado à iluminação é cada vez mais pesado. Elemento ícone da cenografia,[19] a luz pode ser tratada de múltiplas maneiras. A tendência geral é uma iluminação não agressiva do ambiente, até mesmo diluída, e com fachos de luz que acentuem pontos precisos, principalmente os produtos, mas também elementos de arquitetura ou zonas de serviços que se beneficiarão de uma iluminação particular. O leque de produtos de iluminação é hoje muito amplo. Além disso, as novas tecnologias, entre as quais as LEDs são um exemplo, permitem criar ambientes comandados pela luz no interior de um mesmo espaço. Assim como o ambiente sonoro ou o logo olfativo, a iluminação também pode

---

e não tolera mais não encontrar. A disposição em anéis concêntricos adapta-se bem às grandes lojas de alimentação, pois permite conhecer toda a geografia da loja: na área periférica, os produtos frios, atemporais, e no ponto central, um núcleo 'quente', onde se encontra o atual e que oferece a vantagem de uma presença e de uma consultoria permanentes, o que o cliente do supermercado exige hoje. Num único percurso, este pode alternar a compra aconselhada e a compra de obrigação". Desde então, o plano circular ganhou seguidores. Citadium é a prova disso, inteiramente organizada em círculos, mas também o Monoprix da rua de Rennes, ou o espaço de lingerie de La Redoute, em Créteil-Soleil. Em *Points de Vente*, nº 661, 6-11-1996.

[19] Em um artigo publicado em *Challenges*, intitulado "Le petit théâtre des nouvelles boutiques", Marie-Dominique Lelièvre destacou o papel estratégico da iluminação: "manipulação dos sentimentos é o novo segredo do comércio. As butiques que ditam as tendências investem mais hoje nos efeitos de luz, som, vídeo ou design do que na arquitetura. Há três anos o que se vê é uma corrida de sofisticação. Todo espaço digno desse nome apela para um *lighting designer*, um arquiteto de iluminação. Para iluminar a butique A-Poc, os irmãos Bouroullec colaboraram com uma iluminadora de teatro, que escolheu uma luz museográfica; Christophe Pillet, na loja de sapatos Rodolphe Ménudier, utiliza *scanners* emprestados do *show business*. A estrela é o produto, sublimado a qualquer preço. 'Percebemos que a iluminação permitia desencadear o ato de venda', nota Bruno Touzery, diretor comercial de Iguzzini, líder na área de iluminação arquitetônica. 'Atrai o consumidor como uma borboleta.' Um inseto. Uma formiga compradora [...]". Em *Challenges*, nº 156, março de 2001.

ser considerada um instrumento de diferenciação do ponto de venda. A cor é às vezes parte preponderante da iluminação (iluminações coloridas e mutáveis nas butiques Lacoste, diodos multicoloridos inseridos entre placas de vidro que formam uma proteção em torno do canteiro central do interior da Lafayette Maison). A luz do dia passa a ser integrada na medida do possível aos conceitos, livres para equipar os pontos de venda com sistemas modulares capazes de se adaptar à luminosidade exterior. Em 1996, o Printemps de la Mode foi uma das primeiras lojas a "abrir as janelas", seguido por Etam Rivoli, Citadium, com seu poço de luz, Lafayette Hommes e Bon Marché. Quando se aborda a questão da iluminação do ponto de venda, pensa-se em primeiro lugar no interior dele; ora, a iluminação do exterior e principalmente a da fachada é um elemento importante que se desenvolve notadamente nas lojas grandes, sobretudo as de marcas de luxo. É o caso de algumas megastores das marcas Louis Vuitton, Armani, Chanel e Hermès, cujas fachadas constituem verdadeiros meios de expressão que visam veicular a identidade da marca e onde os efeitos de luz representam um papel primordial; assim ocorre com códigos retomados da tela Monogram de Louis Vuitton, que, assim que anoitece, vestem e animam as fachadas das butiques da marca, como é o caso em Tóquio. O mesmo acontece com as camélias que enfeitam a fachada do imóvel de Chanel de Ginza, ou ainda com as placas de vidro da fachada do prédio da Hermès desenhado por Renzo Piano, também em Ginza.

- Desde os anos 1980, o branco, em todas as tonalidades, do branco óptico ao branco-sujo, permanece muito presente nas paredes, mas também em elementos do mobiliário. Ele é frequentemente quebrado por murais monocromáticos mais ou menos vistosos, cujo objetivo é criar um contraste na loja e também diferenciar-se da concorrência e ser imediatamente mais identificável pelo cliente, que poderá assim associar imediatamente tal cor a tal marca. Entretanto, os murais coloridos podem não responder a seu objetivo de diferenciação quando uma mesma cor está submetida a um efeito de moda e significa sua adoção por numerosos protagonistas da distribuição. Por outro lado, nem todas as cores combinam com tudo, o que pode se revelar problemático em relação às tendências de cores de uma ou outra estação. Se esses murais coloridos estão cada vez menos presentes nos universos ligados às marcas de alto padrão – Miu Miu abandonou seu conceito branco, vermelho e aço em 2007; Joseph pintou novamente de branco a parede inicialmente laranja de sua butique da rua Saint-Honoré –, permanecem muito atraentes às marcas de padrão inferior: verde, rosa ou amarelo para o conceito H&M com público-alvo jovem, cinza-chumbo na Promod. O uso da cor é múltiplo: utilizada como transição de um espaço a outro, ela serve também para marcar as zonas de circulação ou é simplesmente utilizada como um elemento de pontuação (é o caso dos provadores verde-maçã de Xanaka ou vermelho da Pimkie, ou da parede escura que assinala as zonas dos caixas na H&M). As cores escuras, sinônimos de materiais luxuosos, que permaneceram durante muito tempo o atributo das marcas de alto padrão – preto para Yves Saint Laurent, preto associado ao bege para Chanel –, são doravante retomadas pelos protagonistas posicionados em patamares de qualidade mais acessíveis, como Sephora.

O papel de parede, forte referência nos anos 1970, está de volta, criando uma atmosfera combinada com determinado tema, de acordo com o motivo escolhido. O papel de parede é utilizado para ambientar alguns pontos de venda. Na maioria dos casos ele só cobre um lado da parede – como na H&M – ou uma parte somente do ponto de venda, um cômodo, por exemplo, como é o caso da região dos provadores na Pimkie. Quanto aos motivos, estes são variados e chegam a representar o logotipo ou até mesmo o nome da marca, como é o caso da Mango ou da Pimkie. A vantagem do papel de parede é permitir que o ponto de venda evolua facilmente; sendo pouco oneroso, ele pode ser renovado com mais frequência. Outro meio simples e pouco oneroso para fazer evoluir seu conceito no decorrer do tempo: os adesivos, que podem ser colados tanto nas paredes quanto nas vitrinas. Na Celio, por exemplo, os adesivos são utilizados como elementos de reconhecimento; na H&M são utilizados como suportes de animação das paredes. Quer as paredes estejam pintadas de cor viva ou recobertas de papel de parede, isso implica para a marca que ela tem o dever de mudar com regularidade para estar de acordo com seu próprio posicionamento, mas também com as tendências do momento, quer se trate de cor, motivo ou grafismo.

- Em vez de acumular elementos mais ou menos estéticos na área de venda, uma opção é dispor de paredes de altura média, que organizam o espaço de maneira rigorosa sem prejudicar a visão do conjunto. Elas oferecem a vantagem de permitir o uso de vários modos simultâneos de apresentação e também podem ser reservadas para a disposição dos produtos. Quando subsistem zonas com elevada taxa de saturação, elas não podem ser vistas como incomodativas quando coexistem com outras muito arejadas: é o caso da Zara, por exemplo.

- O mobiliário, permanecendo muito funcional, é um elemento de grande importância, que contribui para afirmar a especificidade de um conceito. Há alguns anos, o mobiliário busca incansavelmente as fontes do design das décadas de 1960 e 1970: mesas e poltronas com o pé central circular, prateleiras e nichos com ângulos arredondados, brancos ou coloridos. Como na maior parte do tempo o mobiliário adota a neutralidade do branco e da transparência, a fim de otimizar a valorização dos produtos, algumas marcas tomaram o sentido contrário dessa tendência geral, optando por um mobiliário muito colorido, que se torna um elemento-chave da identidade do ponto de venda. Pode-se citar o mobiliário vermelho das butiques Comme des Garçons ou os móveis translúcidos e coloridos da butique Christian Lacroix de Tóquio.

- Entretanto, é necessário distinguir o mobiliário concebido especificamente para o ponto de venda de um mobiliário não específico, escolhido no meio de uma ampla oferta dos fabricantes ou garimpado nos antiquários. No caso do mobiliário concebido sob medida para o ponto de venda, trata-se geralmente de um mobiliário de apresentação ou de estocagem de produtos. Pode tomar infinitas formas e ser elaborado em materiais diversos, como madeira e seus derivados, metal, aço, vidro, compensado, Corian, etc., mas deve inserir-se no conceito arquitetônico do ponto de venda. Em geral, o mobiliário específico se caracteriza por não aparecer, de modo que dê destaque ao produto. Ele também é concebido segundo objetivos ligados à praticidade, à manutenção e à durabilidade, e de acordo com especificações precisas quanto ao custo de sua realização. No que diz respeito ao mobiliário não específico, em geral são assentos e pequenos móveis que vêm ambientar as áreas de repouso. Com essas escolhas, a marca personaliza o ponto de venda. O mesmo ocorre em certos pontos de venda que escolhem antiguidades, por princípio únicas, que participam da criação de um ambiente particular, a exemplo da butique Louis Vuitton de Saint-Germain-des-Prés, das butiques Dries Van Noten ou ainda de pontos de venda das marcas americanas Urban Outfitters ou Anthropologie.

- A utilização de sistemas de disposição e apresentação, principalmente murais, com frequência moduláveis, permite adaptar a apresentação dos produtos de acordo com as coleções, bem como criar ou quebrar ritmos e obter facilmente efeitos gráficos, com a condição de saber utilizá-los com discernimento. Acontece o mesmo com os nichos integrados às paredes, que, sob a forma de quadros gráficos, facilitam a apresentação dos acessórios e criam rupturas de ritmo (H&M, Zara, Camaïeu).

- Crescente importância foi concedida a pequenos detalhes que a clientela mal percebe, mas que representam um papel significativo para a imagem do conjunto. Assim, uma espécie de "linha vermelha" poderá ajudar a criar um caminho narrativo. Tal linha é utilizada num sentido próprio nas lojas de calçados André: aos cubos vermelhos e branco--sujos que servem para apresentar os produtos respondem as poltronas vermelhas da área de descanso e o lustre de Murano vermelho.

- A primeira chave de entrada é cada vez mais uma segmentação por universo. Nos supermercados Auchan, as toalhas foram, por exemplo, dissociadas do estoque de roupas de casa para serem atreladas ao universo do banheiro. Após sete anos de existência, Citadium, antigo "templo do esporte", que se tornou em 2007 o "laboratório das culturas urbanas", passou a ser organizado em torno de um universo do tipo *street*, *skate*, *rock*, *vintage* ou *urbain*. Algumas marcas constroem a globalidade de sua oferta – e de sua pedagogia – em torno de um universo: o da criança para a Fnac Junior, o do azeite de oliva para Oliviers & Co. Essa segmentação por universo abre espaço para grupos de distribuidores diferentes em função do caráter complementar de suas ofertas, em que cada um traz sua cota para a construção de um universo próprio. É o caso do centro comercial Domus, situado na periferia de Paris, que reúne uma centena de marcas em torno do universo da casa.
- A alternância facing-sobreposição-dobrado pode ganhar variações pelo recurso a suportes transversais ou a técnicas de dobrado que agem sobre a apresentação em sobreposição. É o caso dos jeans na Armani e na Zara. Suportes em forma de S permitem quebrar o caráter retilíneo da coleção na Pimkie.
- Devido à preocupação em diferenciar, mas também para facilitar – e impulsionar – ao máximo o ato de compra, os espaços de serviços estão cada vez mais bem cuidados (inclusive nas marcas de mais baixo padrão), em particular a área de prova, às vezes munida de interfones que permitem chamar a vendedora – como no espaço de lingerie do Bon Marché –, com espelhos em biombos e uma iluminação adaptável que imita a luz do dia. Além disso, os espaços de descanso e de conforto não param de se desenvolver, graças à instalação de assentos próximos à área de provas principalmente, qualquer que seja o padrão de qualidade da marca. Na Massimo Dutti, uma das bandeiras do grupo Inditex, por exemplo, esses espaços são muito bem cuidados, com cadeiras e mesas de centro enfeitadas com flores frescas e belos livros, oferecendo

uma certa elegância e uma atmosfera aconchegante. O conforto se traduz pela disposição de equipamentos que permitem receber crianças, por exemplo, ou trocar fraldas, como no andar infantil do Bon Marché. Quanto aos espaços dos caixas, além dessa primeira função e da necessidade de pensar com cuidado na ergonomia, eles devem ser concebidos como espaços de recepção e de serviço: "Toda a política de serviços de uma marca se concretiza nesse lugar. É um lugar equivalente ao *front desk* dos hotéis".[20]

- Num ponto de venda que deseje emitir mensagens destinadas aos cinco sentidos, a música está cada vez mais integrada e personalizada (a ponto de se editar um CD na Colette ou no hotel Costes, por exemplo).[21] O objetivo da música ambiente não é só fazer vender; consiste também em fazer uma tradução sonora do posicionamento da marca. Quando a área de venda é recortada em universos autônomos, a técnica permite, então, criar tantos ambientes musicais quantos forem necessários, como no interior da megastore Etam da rua de Rivoli, onde 32 zonas foram sonorizadas de forma independente umas das outras nos oito níveis acessíveis ao público. Cada espaço é dotado de um volume sonoro preciso em função de sua localização no interior da loja e de sua destinação: assim, para vedar o barulho que vem da rua, o volume sonoro da entrada da loja é elevado. Ao contrário, no restaurante o volume é mais baixo. Enfim, as faixas foram selecionadas em função do público-alvo, do tipo de produtos oferecido e da localização no interior da loja. Os pontos de venda da Hugo Boss, que oferecem as diferentes linhas da marca, propõem também ambientes sonoros diferentes no interior de um mesmo ponto de venda.
- Os conceitos são cada vez mais evolutivos. A loja deve poder se renovar permanentemente, para não cansar mas também para não envelhecer muito depressa. No caso de conceitos atemporais como os de Chanel ou

---

[20] Catherine Petit, "Le mobilier tente de concilier les contraires", em *Journal du Textile*, nº 1919, 5-6-2007.
[21] Ver, anteriormente, "A era da transversalidade".

agnès b., as mudanças são feitas mais para surpreender o cliente e criar um evento do que por necessidade. Criar um evento é hoje, com efeito, um dos principais objetivos dos pontos de venda perante um consumidor que quer se deixar surpreender e distrair.

> Antes, pensava-se na disposição interior da loja. Os termos em vigor vinham do ramo da construção: destacavam-se os materiais, a madeira, o alumínio, a pedra, etc. Num segundo tempo, as noções de arquitetura e de volume adquiriram importância. O discurso era menos o do construtor que o do arquiteto. Assistimos a uma nova virada. O ponto de venda torna-se protagonista e espaço de evento. Ele pertence ao mundo do *happening*.[22]

Como a modulação do ponto de venda e, por extensão, sua funcionalidade se tornaram incontornáveis para a maioria dos protagonistas e sobretudo para aqueles posicionados nos segmentos mais acessíveis, algumas marcas, em particular no luxo, vão ao encontro dessa tendência desenvolvendo pontos de venda de fraca modulação a fim de preservar ao máximo a identidade da marca. A questão da modularidade do ponto de venda é crucial, pois requer uma arbitragem por parte da empresa, entre os objetivos comerciais e os relativos à administração da identidade da marca ou bandeira.

Diante da importância dos desafios, pode-se compreender por que as marcas hesitam e refletem longamente antes de lançar um novo conceito. As experimentações em lojas artificiais, laboratórios afastados das realidades do dia a dia, têm seus limites, e o lançamento de um ponto de venda experimental, ainda que seja único, implica um investimento que não se pode negligenciar. Diante dessas limitações, os pontos de venda efêmeros oferecem a oportunidade de testar um conceito em um tempo limitado, com um investimento modesto, e adaptar em seguida a estratégia da empresa aos resultados registrados. Uma fórmula flexível é dispor de uma verdadeira loja em kit que pode ser montado em alguns dias em espaços vazios de centros comerciais. Uma expe-

---

[22] Daniel Aidinian, sócio-diretor do Espaço 4, em *Journal du Textile*, nº 1694, 11-2-2002.

riência que permite divulgar a marca, testando linhas de produtos e instalações. A fórmula permite também rentabilizar um espaço vazio. Assim, a Etam abriu no período de algumas semanas, no final de 1999, uma Etam Millenium no lugar de sua futura megastore, na rua de Rivoli – uma maneira de se apropriar do lugar antes que começassem as obras de reforma.

Entretanto, a partir de um conceito testado em um espaço determinado, não se poderão tirar ensinamentos universais. Aparece cada vez mais a tentação de recorrer ao micromerchandising. Ao contrário das visões universalistas que estão na base do conceito da Gap – ser só uma, o tempo todo, em toda parte –, numerosas marcas sentem necessidade de adaptar, ao menos parcialmente, as coleções e os pontos de venda à demanda local. Para muitos distribuidores, o princípio de centralização é internacional, e a segmentação da oferta se opera de maneira idêntica para o conjunto dos mercados onde a cadeia está presente. Todavia, essa oferta é em parte adaptada às especificidades locais,[23] e uma relativa liberdade pode ser dada às equipes no que diz respeito à animação da loja, permitindo-lhes assim considerar dados culturais próprios de cada país. No território francês, as particularidades locais também existem, nem que seja do ponto de vista climático. Por isso, a demanda jamais é a mesma em Marselha ou em Lille. Considerar essas variações na implantação da variedade é certamente importante, porém isso implica a implantação de uma política de logística apropriada.

Desenvolver um conceito único, próprio a um lugar particular, é também uma excelente maneira de criar um evento. No universo das monomarcas, de Prada a Issey Miyake, passando por Camper ou Comme des Garçons, essa estratégia da loja-evento, lugar único realizado com frequência em associação com grandes nomes da arquitetura e do design, constitui uma tendência de base. Essas butiques rompem com os pontos de venda tradicionais da marca. As linhas e os produtos oferecidos são majoritariamente os mesmos que os comercializados em outros lugares, mas a maneira de apresentá-los é radi-

---

[23] Ver, anteriormente, "As cadeias especializadas".

calmente diferente. Na Prada, a experiência dos Epicentres foi conduzida por diferentes arquitetos: Rem Koolhaas no SoHo e em Los Angeles, Herzog & De Meuron em Tóquio. Nos universos multimarcas, como é o caso das lojas de departamentos, estes últimos recorrem a corners, ou ao menos a uma apresentação por marcas. Porém, essa segmentação muito "evidente" dá lugar aqui e ali a outras experimentações. De fato, a "personalização" bem aplicada, tanto à marca quanto ao produto ou ao ponto de venda, soa como a nova palavra de ordem. No caso das multimarcas, a personalização, além da construção de uma variedade própria, poderá nascer por intermédio de uma propensão a "quebrar" as segmentações muito evidentes, portanto muito esperadas e já vistas em outros lugares. Como isso já foi feito na Zadig & Voltaire, pode-se enumerar ao infinito a mistura de roupas nos suportes segundo um único critério (de cor, mas também de material, de forma, de estilo…) sem levar em conta a marca ou o designer que está na origem desses produtos. Se posturas desse gênero se generalizassem, haveria o risco de os esforços empreendidos pelas marcas para conservar uma imagem coerente e forte no interior de sua rede de distribuição acabarem mal. Esse exemplo extremo pode, porém, ser considerado como o derradeiro resultado de uma aspiração à supressão de divisões, principalmente por parte da clientela. Se a reestruturação da moda feminina nas Galeries Lafayette Haussmann permaneceu fiel a uma segmentação por marcas, resultou, contudo, numa vizinhança inesperada: assim, o primeiro andar recebe os criadores, mas também marcas empenhadas em seguir a tendência, permanecendo muito acessíveis em termos de preço.

    De uma década a outra, de um tipo de distribuição a outro, de um *savoir-faire* merchandising a outro, tendências e contratendências se chocam. Entretanto, grandes linhas se destacam. Os capítulos seguintes se propõem a examiná-las com mais detalhes, quer se trate do aparecimento das concept stores, da crescente extensão das áreas de venda (que impulsiona a abertura de megastores e a colocação à disposição da clientela de áreas de café e restaurante), quer da tendência a distrair o consumidor por meio de pontos de venda espetaculares, jogando às vezes com o recurso da nostalgia ou ainda da separação das áreas em pequenos espaços narrativos.

## As concept stores

Ao instalar-se em 1997 na rua Saint-Honoré, em Paris, a butique Colette lançou o nome de "concept store". Desde então, as concept stores floresceram aqui e ali e essa denominação é aplicada na realidade a pontos de venda muito heterogêneos. Anos antes da Colette, "Next foi sem dúvida uma das primeiras a propor 'espaço de venda/espaço de vida', misturando áreas de venda, *coffee shops*, floristas e jornaleiros no interior de um mesmo lugar".[24] Na época, o mundo da distribuição não lidava ainda com conceitos como hoje, e o "espaço de venda/espaço de vida" da Next era antes de tudo uma loja.[25] Podem-se citar também os exemplos de Corso Como 10, em Milão, que reúne produtos de moda, de decoração, mas também um café, uma livraria, um espaço de exposição e, há poucos anos, alguns quartos para alugar. Da mesma forma, o Conran Shop, de Fulham Road, em Londres, mistura há muito tempo uma oferta de produtos para a casa e uma área café-restaurante. A tendência de abrir concept stores é indissociável daquela que viu aumentar a área média das lojas de moda, o que não significa que essas duas tendências possam ser confundidas. Nem todas as megastores são concept stores, e há pontos de venda que reivin-

---

[24] Lydia Kamitsis & Bruno Remaury (orgs.), *Dictionnaire international de la mode* (Paris: Regard, 2004), verbete "Next".

[25] Mas o desejo de inventar uma nova forma de distribuição já estava presente também na França, todavia em um contexto muito diferente daquele dos anos 1990, como expressava Christiane Bailly falando, em 1997, das butiques da época em uma entrevista com Brigitte Fitoussi: "Não há butique da qual possamos falar verdadeiramente. Todas elas são muito coerentes, isso é um fato novo. Nos anos 1960, eram inovadoras e incoerentes. Mais coerência, tanto nas roupas vendidas quanto nos espaços nos quais são vendidas. Coerência, portanto, entre a imagem, a venda e o marketing. [...] Foi um sonho que todos nós acalentamos nos anos 1960 abrir uma butique onde não se venderiam só roupas, mas beber-se-ia chá, seriam vendidos objetos para a casa e livros... [...] Gostaria de voltar a ter um pouco menos de coerência e um pouco mais de loucura. Há uns trinta anos nós caminhamos cada vez mais na direção da coerência e... adeus poesia, sonho, vontade mesmo de entrar em um lugar". Cf. Jean-Michel Wilmotte, *apud* F. Fauconnier *et al.*, *Vitrines d'architectures: les boutiques à Paris*, cit.

dicam a denominação "concept store", permanecendo, contudo, modestos em termos de área.

No seu site em 2003, Colette expressava as ambições do ponto de venda da rua Saint-Honoré:

> Tudo começa por um desejo de modernidade, de novidade e de mistura que a cada dia se torna mais forte. Pela vontade de descobrir em um único e mesmo lugar, de acordo com nossas múltiplas curiosidades, um modo de vida eclético e internacional: um espaço onde a moda, o design, a arte, a fotografia, a música e as novas tecnologias estariam reunidos para formar um ambiente que se assemelhe a nós e nos surpreenda. Esse espaço seria modulável, sóbrio e luminoso. Cada objeto é valorizado, com um mobiliário simples e vitrinas renovadas toda semana.

A concept store tal como inventada por Colette, dirigida a um consumidor "zapeador",* consiste em "zapear para ele" ao apresentar em um mesmo lugar a quintessência dos produtos de marcas bem posicionadas tanto nos setores de luxo quanto no de esportes ou de cosméticos, mas também no de bens culturais, discos, livros ou revistas, uma boa parte comprada no exterior e para os quais a loja pode ter exclusividade francesa. Além do ganho de tempo oferecido ao consumidor (ele não tem mais de procurar o "bom" produto no interior de uma oferta enorme), trata-se também de reivindicar para o ponto de venda uma condição de "mestre do bom gosto", evidentemente não no sentido dado tradicionalmente a essa expressão. Trata-se do "bom gosto do momento". Sendo a própria essência do *zapping* passar rapidamente de uma para outra coisa, a loja se renova permanentemente tanto pela variedade quanto pelo merchandising propriamente dito, a fim de garantir sua credibilidade e incitar a clientela a voltar sempre. Seguindo o exemplo de Colette e de seu bar de águas, a presença de cafés e restaurantes tornou-se comum no interior de espaços comerciais e de moda em particular. Como no caso das megastores, esse

---

* *Zappeur*: aquele que muda de canal com frequência.

fenômeno é favorecido pelo gosto dos distribuidores por áreas cada vez mais importantes, o que não significa que ele esteja ligado à noção de concept store, mesmo que estas disponham sempre de um lugar de descanso desse tipo.[26] As concept stores querem refletir uma arte de viver ancorada na atualidade, expressa, a exemplo da Colette, por uma variedade multimarca ou, quando representa o espírito de uma marca ou de um designer, por uma variedade monomarca, como é o caso das concept stores Armani de Milão, Hong Kong ou Ginza, em Tóquio, ou para as da Ralph Lauren de Nova York, Chicago ou Tóquio, para citar apenas algumas. Há algum tempo, a direção do Bon Marché declarou não querer que a empresa fosse identificada como uma loja de departamentos, mas sim como uma concept store. Para Philippe de Beauvoir, seu presidente diretor geral, o Bon Marché não é

> uma loja de departamentos a mais na capital, e desejamos definitivamente escapar da comparação. Aliás, não somos uma cadeia, mas um lugar de caráter único que não tem central de compra e quer conservar sua organização artesanal. Os produtos são expostos mais por seu significado que pelo seu uso. [...] Nossos colegas da Rive Droite estão situados em uma linha de alta tensão comercial. Não é o nosso caso. Com a metade da área do Printemps e menos da metade da área das Galeries, teria sido utópico colocarmos a mesma variedade. Nós escolhemos criar um espaço de valor agregado e não de volume, e jogar com a proximidade de Saint-Germain-des-Prés e da moda. Encontramos nossa legitimidade em uma oferta comercial de exceção. Nossa escolha foi de ser excludente e assumimos isso.[27]

Além disso, convém assinalar que as concept stores não se limitam mais só a uma oferta centrada nos produtos pessoais. Na verdade, há alguns anos elas se desenvolveram em outros universos, como o do modo de vida, com marcas como Flamant, na Europa, ou Bals, no Japão, ou o da cultura, com espaços

---

[26] Ver, mais adiante, "As áreas de cafés-restaurantes".
[27] Sophie Péters, "Des grands magasins devenus des magazines", em *Les Échos*, 12-9-2007.

como Artcurial, Assouline ou 107 Rivoli, a butique do Museu das Artes Decorativas, os três situados em Paris.

No caso da concept store multimarca, as marcas escolhidas só fazem parte do catálogo pelo fato de expressarem, em determinado momento, uma mentalidade que faz eco àquela que anima o ponto de venda.

> É um pouco como se o conceito das lojas de departamentos tivesse sido revisitado: não há mais corners, não há mais hierarquia de produtos; eles existem, mas perdem sua identidade visual de marca para criar uma identidade comum no interior de uma harmonia sabiamente orquestrada.[28]

No âmbito dessa harmonia, os critérios de segmentação não são aqueles habitualmente em vigor. Acessórios de menos de 10 euros podem estar ao lado de peças únicas de designers de milhares de euros. Contrariamente às lojas multimarcas tradicionais, que praticam uma segmentação por marcas e trabalham geralmente em longo prazo com estas, as concept stores não consideram suas referências como algo permanente. É determinada tendência que vai levar a marca – ou ao menos uma fração mais ou menos extensa de sua oferta de produtos de uma estação – a fazer parte do universo construído pela concept store. Portanto, pode muito bem acontecer que esses produtos não estejam mais catalogados alguns meses mais tarde. No interior da concept store multimarca, "a tendência" e a época legitimam a presença da marca no interior da coleção. Essa "regra do jogo" leva algumas marcas a trabalhar no lançamento de produtos de edição limitada e na distribuição exclusiva, a exemplo da coleção Proenza Schouler para Target vendida na Colette em março de 2007 durante um breve período. Um tipo de parceria benéfica ao mesmo tempo para a marca, que ganha – ou ganha de novo – uma legitimidade em matéria de criatividade e de moda, e para o ponto de venda, que encontra nisso uma oportunidade de falarem dele ao mesmo tempo que entretém essa legitimidade. Desde que se tornou o lugar de expressão das

---

[28] Anne-Gaëlle Abehsera *et al.*, *L'avenir des megastores*, monografia de estudantes do IFM, 1998.

culturas urbanas, a Citadium, filial do Printemps, é um bom exemplo de concept store multimarca. Na verdade, seu conceito está na transversalidade voltada para uma clientela jovem e urbana, e isso graças a uma variedade constituída de 250 marcas apresentadas em uma área de 6.000 m². Assim, o térreo, dedicado aos acessórios, recebe também uma livraria, um cabeleireiro e um espaço para eventos, e os pisos superiores oferecem roupas e acessórios, mas também uma área de alimentação e um espaço dedicado às novas tecnologias e à personalização de produtos.

No caso da concept store monomarca, é a marca, ao contrário, por uma autoridade que sua história lhe confere ou que ela própria se arroga, que legitima a tendência. Joseph Ettedgui, o varejista multimarca londrino descobridor de talentos, acabou por lançar sua própria marca. A marca ofereceu a seus clientes, sob o simples nome "Joseph", butiques concebidas

> como se edita um jornal. Suas vitrinas são nossas capas; seus modelos ícones, nossas manchetes; suas araras, nossas reportagens. As butiques de Joseph evoluem sempre, de acordo com a atualidade, ouvindo permanentemente seu público, sem perder nunca de vista a identidade de sua marca.[29]

Em Paris, Joseph abriu na rua Saint-Honoré, a algumas quadras da Colette, uma concept store que propõe seu universo global, de suas linhas masculinas e femininas à cabina de provas individual, passando pelo Joe's Café, de design neo-anos 1970 instalado em torno de um pátio-jardim zen. Um universo que Joseph desejou que fosse evolutivo: "Deslocar de um lugar um objeto, uma roupa, é dar-lhes vida nova, uma chance de ser percebidos de outra maneira. O movimento perpétuo é o que conta na moda".[30] Quando a concept store é a representação de uma marca de grande divulgação, ela representa para esta ao mesmo tempo um laboratório onde testar seus conceitos e sua diversificação

---

[29] François Baudot, "Joseph, de son prénom il a fait un symbole", em *Elle*, 10-2-2001.
[30] *Ibidem*.

de amanhã[31] e a oportunidade de se firmar como marca de moda aceita em sua época. Nesse sentido, a megastore Etam Rivoli é uma concept store. Ela propõe um estilo de vida com as cores da Etam e de outras bandeiras, como 1.2.3 ou Celio: pode-se ao mesmo tempo vestir-se, decorar a casa, encher o banheiro de cosméticos, comer... Além de permitir testar novas linhas de produtos, uma área desse tipo tem como objetivo prolongar por mais tempo possível a permanência da clientela no local, na esperança de fazê-la gastar mais e fidelizá-la pelos serviços oferecidos.

A noção de concept store se aplica a pontos de venda que têm poucas coisas em comum, em particular em matéria de variedade e de posicionamento. Constata-se naturalmente uma replicação do fenômeno: para se colocarem em harmonia com seu tempo, os distribuidores estão prontos para batizar de concept stores as lojas com sua marca; ali, para justificar a apelação, oferecem todos os seus produtos, sem criar um verdadeiro universo, contando com a presença de uma seleção de revistas *hype* num canto de mesa para dar esta ilusão. As butiques que iniciaram há anos a tendência, abrindo seus pontos de venda para um universo complementar à sua coleção de moda, na área do design ou da arte, como as de Agnès b., não reivindicam, ao contrário, esse nome, isso quando ele não é pura e simplesmente rejeitado. Outras, que divulgam em uma variedade mais voltada para o universo da casa uma forte identidade "estilo de vida", como Muji ou Moss, também não se prevalecem disso. Quanto às concept stores criadas por protagonistas da moda que tenham construído há bastante tempo um universo de acordo com sua originalidade, elas se inscrevem na lógica de um percurso criativo. Mais do que tendência, trata-se de fazer perceber a sensibilidade de um designer, ao mesmo tempo pelo que ele cria e pelo que ele ama. E isso, afinal, o costureiro Paul Poiret já fazia desde o início do século XX, diversificando suas atividades nas áreas das artes decorativas e dos cosméticos... ou, mais recentemente, Ralph Lauren, que desenvolveu sua sensibilidade em diferentes linhas que formam um lifestyle que lhe é próprio.

---

[31] Ver, mas adiante, "As megastores".

## As megastores

Lançado por Virgin, que fez dele uma marca (Virgin Megastore), o neologismo megastore[32] passou a designar toda loja que dispõe de uma área muito mais extensa que a área média dos pontos de venda de determinada marca. São, portanto, megastores lojas de 1.200 m², como a Bonpoint, cuja área média habitual gira em torno de 80 m², e outras de 6.000 m², como as da Nike de Londres ou de Nova York, batizadas Niketowns. Essa denominação enfática, que não impede a Nike de permanecer uma referência em matéria de megastore, destaca, se houver necessidade, o caráter ambicioso desses pontos de venda levados a representar a globalidade do universo de uma marca. De seu lado, a Etam escolheu chamar de Cité de la Femme a megastore de 4.250 m², com oito andares, aberta na primavera de 2001 em um antigo prédio da Samaritaine, na rua de Rivoli. Ao batizar de uma forma particular esses pontos de venda, as marcas mostram uma vontade legítima de destacar o caráter excepcional desses carros-chefe. Apesar das proporções às vezes faraônicas e das pretensões sensivelmente megalomaníacas, o conceito de megastore não se reduz a ser apenas um "equivalente dessas loucuras do século XVIII, com que intendentes e favoritas se deleitavam".[33] É também um instrumento que, se bem utilizado, poderá favorecer o desenvolvimento da marca, firmar sua legitimidade e ser um lugar único, uma loja-evento, mais um "instrumento de comunicação" do que uma "máquina de vender". As marcas de luxo se desenvolveram de forma significativa ao abrir numerosas megastores em seus mercados ícones desde o

---

[32] Em matéria de neologismo, o setor da distribuição rivalizou em imaginação e conceitos nos últimos anos. "Com base no estouro imobiliário, os espaços gigantes dos shoppings redesenham a paisagem urbana. Em uma corrida para a notoriedade, as megastores que vendem moda, objetos e cosméticos concorrem doravante com as grandes lojas multimarcas. [...] As marcas fizeram desses carros-chefe símbolos de um novo êxito. Nas campanhas publicitárias que repetem uma imagem nos abrigos de ônibus e nos cartazes do metrô, elas juntam os milhares de metros quadrados das butiques para instalar universos, espécies de multiplex da moda, onde se misturam roupas, beleza e ainda música, com compilações para a casa [...]. Global store, personal store, butique-descoberta ou dark store, cada uma encontra um neologismo que se adapte melhor a ela." Cf. Louise Roque, "La mode en capitales", em suplemento do *Le Monde*, 10-3-2001.

[33] *Journal du Textile*, nº 1662, 23-4-2001.

fim dos anos 1990. Esses pontos de venda superdimensionados constituem, para essas marcas, e por meio de seu partido arquitetônico exterior e interior, um meio de afirmar sua preponderância no mercado. A megastore lhes permite também apresentar em um único lugar uma oferta que não parou de crescer ao longo dos anos: na Louis Vuitton, por exemplo – originalmente fabricante de malas e que depois ampliou sua atividade com o couro –, a oferta se ampliou com numerosos tipos de produtos: prêt-à-porter masculino e feminino, coleção de roupas para criança, sapatos, acessórios em tecido, relojoaria, joalheria, óculos...

No interior de uma mesma marca, essas megastores são em geral, e cada vez mais, lugares únicos, que oferecem aos clientes fiéis uma experiência diferente em cada um de seus pontos de venda. Assim, além do fato de a megastore não ter vocação para ser duplicada, ela só é legítima em algumas metrópoles internacionais. Megastore única em seu gênero por seu posicionamento mais acessível, a antiga loja da Samaritaine, de marcante arquitetura *art déco*, recebeu, em seu lançamento na primavera de 2001, um universo Etam completo, compreendendo, além da lingerie e do prêt-à-porter epônimos, a marca Tammy, um corner de produtos de decoração, um outro de produtos de mercearia exóticos, um canto de floricultura, um salão de cabeleireiro, um café, um restaurante e uma creche. No início de 2002, a interrupção da comercialização de produtos de decoração no interior da Cité de la Femme foi decidida em proveito da implantação de uma linha de acessórios, a fim de centralizar novamente a megastore Rivoli no negócio central da Etam: os produtos pessoais. Da mesma forma, a marca Tammy desapareceu de sua loja quando sua filial britânica foi vendida pelo grupo Etam. Em contrapartida, duas outras marcas apareceram nessa megastore: trata-se da 1.2.3, que abandonou sua megastore de 1.200 m² da rua de Rivoli para se implantar no interior da Cité de la Femme, e da Celio, que também integrou o espaço. Representativa da imagem da marca, mas arquétipo da loja não replicável, essa megastore beneficiou-se logo de um merchandising tratado de maneira identitária por uma equipe dedicada. Como ela não dispunha de uma coleção própria, "que tornaria incoerente a imagem da

Etam", a equipe obteve, entretanto, autorização para ampliar a oferta a fim de melhor adaptá-la aos espaços excepcionais do edifício.

Utilizada como laboratório, a megastore permite testar um conceito de ponto de venda, tanto no que concerne à estrutura quanto à variedade propriamente dita. Em áreas tão amplas, inclusive quando o restaurante ou o salão de cabeleireiro ocupam muitos metros quadrados,[34] é essencial ampliar a variedade, integrando linhas complementares ou desenvolvendo outros tipos de produtos, voltados para os cosméticos ou para o universo da casa, por exemplo, a fim de reduzir o risco de "forçar" uma coleção, pois duplicar módulos ou recriar novos visuais sem acrescentar novos itens de catálogo não engana mais o consumidor. Em compensação, uma nova linha de produtos, além de ter valor de teste para uma implantação eventual em outros pontos de venda, virá completar uma oferta um pouco "limitada". Instrumento de comunicação, a megastore, verdadeira porta-bandeira do *savoir-faire* de uma marca, deixará na memória do consumidor uma impressão que poderá levá-lo a considerar com outros olhos os pontos de venda "padrão" da marca, inclusive os mais envelhecidos, mas também cada um de seus outros suportes de comunicação.[35]

Quando considerada do ângulo de um instrumento de marketing e de comunicação, a megastore deixa entrever para as marcas uma dupla esperança de rentabilizar o que é antes de tudo um investimento muito pesado, de retorno incerto. Instalando-se em um prédio *art déco* de alta classe, Etam também escolheu associar um grande nome da arquitetura ao projeto, Jean-Michel Wilmotte, e portanto aumentar ainda mais um orçamento estimado entre 15 milhões e 25 milhões de euros. Necessitando de uma importante capacidade financeira, a megastore nunca garantiu ser rentável.

Má escolha em matéria de localização ou posicionamento de produto e custos de exploração mal administrados multiplicam o risco financeiro.

> O lado gigantesco, hegemônico, monumental desse tipo de ponto de venda pode, por um lado, apavorar o consumidor e, por outro, enfraquecer a própria

---

[34] Ver, anteriormente, "As concept stores".
[35] Ver, mais adiante, "Internet, vetor de imagem ou ponto de venda virtual?".

marca com investimentos colossais, uma especialização muito forçada ou uma identidade muito marcada, o que leva à sua asfixia e limita suas possibilidades de evolução.[36]

Uma grande parte da rentabilidade dessas megastores se fez pela rotação dos estoques. Ligadas a uma reposição automática de estoque, uma rotação superior e uma taxa de não vendidos e de rupturas inferior permitem à megastore realizar um faturamento equivalente ao de várias butiques médias da rede. O circuito curto é, portanto, aliado das megastores, mas não poderia por si só assegurar seu sucesso. De fato, a rentabilidade dependerá também da maneira de ocupar os metros quadrados. A megastore H&M do boulevard Haussmann, cuja vocação está voltada para o "produto", oferecendo em seus 2.400 m² uma variedade homem, mulher e criança sem acréscimo de atividade complementar, quase não é comparável à da Etam Rivoli, que em mais de 4.000 m² oferece coleções femininas e masculinas às quais são acrescentadas uma seção de decoração, um bar e um restaurante.

Partidários ou adversários das megastores, é preciso escolher seu campo? O estouro do mercado imobiliário poderia pôr todo mundo de acordo. As melhores localizações, as únicas consideradas pelas empresas e pelas marcas para instalar uma megastore a fim de assegurar um tráfico importante, não podem ser multiplicadas infinitamente, principalmente nos mercados europeus, que têm recursos limitados em termos de espaços comerciais com grandes áreas no centro de cidades históricas preservadas. Enquanto em outros mercados, principalmente na Ásia e na América do Norte, onde boa parte do comércio se faz no interior de centros comerciais recentes situados na periferia ou mesmo no centro da cidade, os grandes espaços são em geral mais numerosos. Além do aspecto de disponibilidade de espaço, também se coloca a questão do preço dos espaços disponíveis, que atinge seu auge. Um aumento imputável a um crescimento da demanda para áreas importantes que vem tanto das marcas de luxo quando das marcas de distribuição multissegmentos, como H&M ou Zara.

---

[36] Anne-Gaëlle Abehsera *et al.*, *L'avenir des* megastores, cit.

O rareamento e o custo de tais espaços próprios para a implantação de megastores estão, sem dúvida nenhuma, na origem da volta pelo interesse que se verifica há alguns anos pelos espaços de tamanho mais modesto. Diante da penúria de grandes áreas e dos altos preços do metro quadrado, algumas marcas multissegmentos, entre as quais H&M, lançaram pontos de venda menores, que propõem só uma parte de sua oferta: a primeira loja aberta pela marca na rua de Rivoli é dedicada apenas ao público jovem; outra loja foi aberta a uns 100 metros desta para propor suas outras linhas de produtos. Da mesma forma, bem perto da loja do boulevard Haussmann, H&M abriu um espaço mais restrito, voltado unicamente para a lingerie feminina, e outro para os acessórios. Outros conceitos, como Le Comptoir des Cotonniers ou Zadig & Voltaire, se desenvolveram em espaços de tamanho próximo ao das tradicionais butiques multimarcas. Seu conceito arquitetônico, mas também seu merchandising, é adaptado a essas restrições de espaço: por exemplo, só se apresenta um tamanho de cada modelo – o estoque de pequenas peças está ao alcance da mão, e as peças maiores estão guardadas, o que exige um pessoal de venda disponível para servir a clientela; esse aspecto, que pode ser visto como um freio principalmente financeiro, apresenta por outro lado a vantagem de criar um vínculo entre a clientela e o pessoal de venda, o que é coerente com o posicionamento de médio e alto padrão ocupado por essas marcas.

Esse efeito de pêndulo, que pode ser presságio de equilíbrio a médio prazo, foi anunciado já há alguns anos pelo arquiteto Constantin Costoulas:

> Todas as formas de expressão foram guiadas por princípios de tese/antítese/síntese. O universo da distribuição não escapa a essa regra. Após anos de concept store e de *Small is beautiful*, passa-se para o *Bigger is better*. Como em tudo, o equilíbrio está no meio. Há uma solução intermediária entre a loja enorme onde mal se veem as coisas e a loja muito pequena onde o cliente se sente oprimido pelos produtos ou pelas vendedoras.[37]

---

[37] Em *LSA*, nº 1717, 5-4-2001.

Qualquer que seja o posicionamento da marca ou da empresa, as megastores estão destinadas, por essência, a permanecer excepcionais.

## As áreas de cafés-restaurantes

Há muitos anos, a área de alimentação esteve em parte ligada à distribuição na Grã-Bretanha e na Suécia, como provam as marcas Next e Ikea, pioneiras na matéria. Na França, propor lugares próprios para um momento de refeição leve e descanso ocorreu primeiramente nas lojas de departamentos parisienses. Hoje, a área de alimentação é parte integrante de um conceito, com um triplo objetivo. De um lado, responde à tendência geral, manifestada pelas empresas e marcas, de privilegiar os serviços, a fim de responder às expectativas de um cliente para quem um conjunto de pequenos "mais" poderia fidelizá-los mais facilmente.[38] Por outro lado, cafés, salões de chá ou restaurantes visam manter o cliente potencial no local o maior tempo possível, na esperança de vê-lo ceder à tentação. Enfim, eles comunicam, de maneira indutiva, a identidade e a personalidade de uma marca, a exemplo do bar de águas disponível na Colette ou da cervejaria Ralph Lauren em Chicago, e são oportunidades de apresentar produtos em matéria de decoração da mesa ou acessórios para a casa.

Se os faturamentos obtidos não são negligenciáveis, o primeiro objetivo desses restaurantes não é ser rentáveis, mas antes de tudo prestar um serviço, ser conviviais, criar uma atmosfera que não se acha em outro lugar. A rentabilidade desses lugares de descanso é indireta mas bem real, pois tende a fidelizar e a aumentar o tempo passado pela clientela nos locais de venda. Separado do

---

[38] Em uma entrevista concedida a Brigitte Fitoussi, Gérard Laizé, diretor geral do VIA (Associação para a Valorização da Inovação do Mobiliário), tomava posição a favor de uma relação de longo prazo entre o cliente e a marca: "Não é porque se vendem roupas ou móveis que não se pode servir, por exemplo, um café. Tudo é uma questão de gestão do tempo e de captação de clientela. O comércio não consiste simplesmente em apresentar um produto. É antes de tudo a arte de praticar uma relação. [...] Se as pessoas vêm um dia tomar um café e não compram nada, isso não significa que não comprarão outro dia. O tempo e a relação estabelecida contam. É preciso desenvolver outras coisas em torno do produto, no comércio moderno. O lugar pode contribuir muito para isso". Cf. Jean-Michel Wilmotte, apud F. Fauconnier et al., Vitrines d'architectures: les boutiques à Paris, cit.

espaço de venda do subsolo por uma simples divisória de vidro, o M Café aberto pelo Monoprix em Saint-Germain-des-Prés beneficia-se de uma iluminação muito elaborada e de uma decoração em madeira escura e metal pintados em tom de ameixa. O local oferece um menu diversificado, com ênfase nos produtos orgânicos – um posicionamento na linha da comunicação institucional baseada no viver-melhor e na empresa cidadã da cadeia Monoprix.

No âmbito da sua reestruturação, o BHV da rua de Rivoli optou por abrir um Bricolo Café, que evocasse um ateliê com a atmosfera bonachona de um *bricoleur* de antes da guerra. Ou, mais exatamente, que permitisse fantasiar sobre o que esse ateliê poderia ter sido, na medida em que o lugar, que de imediato lembrava um cenário de cinema, de fato fora embelezado graças à habilidade de um artesão pintor. Lâmpadas industriais, tamboretes de ateliê, serrotes suspensos e capas autênticas da revista *Système D*, semanário ilustrado dos anos 1920 usado pelos *bricoleurs* expeditos, rompiam com os numerosos ambientes atapetados ou *high-tech* em toda parte, revelando o gosto pelo detalhe autêntico (o armário de farmácia não foi esquecido), que levava a consumidora que passava pelo piso de madeira bruta, sabiamente colocado, a exclamar: "Faz um barulho de assoalho de verdade!" A decoração nostálgica do lugar estava, entretanto, adaptada à nossa época: *bricoleur*, tudo bem, mas *bricoleur-cyber*, uma vez que o consumidor era convidado a se conectar à internet por meio de um computador coberto... de ferrugem artificial. Surfando na tendência, o BHV mostrava, por intermédio de seu Bricolo Café, a ambição de modernizar seu ponto de venda ícone da região do Hôtel de Ville. Uma reestruturação que respeitou o negócio de base da marca, que lembra assim sua posição de líder no universo da bricolagem e da casa, chegando até a organizar cursos de bricolagem na área dedicada ao café-ateliê.

## As lúdicas espetaculares

Não cansar o consumidor, evitar-lhe o estresse, distraí-lo, surpreendê-lo, mantê-lo o maior tempo possível no ponto de venda para levá-lo a consumir:

desses imperativos nasceu nos Estados Unidos o "fun shopping" ou "*retailtainment*" (neologismo americano composto das palavras "*retail*", venda a varejo, e "*entertainment*", divertimento). Em uma sociedade voltada para o espetáculo, na qual tudo é evento, o próprio ato da compra é cada vez mais concebido do ângulo do divertimento, até no ramo da alimentação, porém mais ainda no de produtos pessoais. Retomando a lista de expressões mais frequentemente utilizadas na imprensa, ou pelos próprios profissionais, poder-se-ia dizer, para ser mais rápido, que a posição preponderante que o merchandising ocupa agora na estratégia das marcas confere aos responsáveis por essa área o papel de "mágicos do real",[39] encarregados de encantar o cotidiano, teatralizar os locais de venda, imaginar apresentações que farão nascer no consumidor todo um registro de emoções. Objeto de todas as atenções, o consumidor-espectador é assim legitimado no seu mecanismo de "zapeador", com o risco de acabar se tornando mais espectador do que consumidor. No espaço de alguns anos apareceram sucessivamente, com o intuito de animar os pontos de venda, painéis fotográficos, seguidos de monitores de vídeo, depois telas de plasma ou terminais interativos ligados à internet, parecendo que as novas tecnologias são capazes de sofisticar infinitamente esse processo de animação.[40]

As Niketowns implantadas no início dos anos 1990 por essa marca de artigos esportivos nos Estados Unidos, e mais recentemente na Europa, representam a medida padrão em matéria de loja-espetáculo. Concebidas como "parques de diversões baseados no esporte", as Niketowns

---

[39] No seu número de setembro de 2001, a revista *Dépêche Mode* dedicava um artigo de quatro páginas ao merchandising da moda e seus protagonistas, qualificados de "mágicos do real". O fato de um artigo desse tipo (a apresentação dos bastidores da moda) focalizar a função do responsável pelo merchandising atesta, como se fosse preciso, a influência crescente desse ramo de atividade, tema que é hoje objeto de uma vulgarização para o grande público.

[40] A título de exemplo, o ponto de venda da Naf Naf da avenida des Ternes, em Paris, apresenta as imagens das últimas coleções sobre placas de vidro e dispõe de telas que, além do fato de "se transformarem em espelhos quando são apagadas", têm a possibilidade de estar conectadas à internet. Catherine Petit, "Naf Naf remet à neuf ses 400 m$^2$ de l'avenue des Ternes", em *Journal du Textile*, nº 1673, 27-8-2001.

não buscam realizar grandes lucros, nem *a fortiori* fazer concorrência à rede de distribuição estabelecida, mas promover a magia da marca, criar templos dedicados à glória da marca, de onde o visitante sairá transformado pela experiência vivida. O esporte também será apreciado, mas por intermédio da Nike, que "se apropria" dele. A animação – imagens espetaculares, música muito forte – faz parte da experiência. O serviço está menos presente. Difícil encontrar um vendedor. Quanto à compra, ela demora, pois os produtos estão estocados em outro lugar e chegam por *translaters* mais ou menos rápidos. Demora para experimentar, demora para comprar. Isso confirma a função de vitrina e não de comércio,

analisa Alix Brijatoff,[41] que resume o objetivo do *"retailtainment"* da seguinte maneira: "Fazer do shopping uma experiência *fun* é fazer com que o cliente compre outra coisa que ele não tinha previsto, mas que mesmo assim o deixa contente".[42] Dentro dessa lógica, marcas e bandeiras de esporte foram as primeiras a se inspirar no conceito estabelecido pela Nike, ou ao menos a preparar uma resposta, e isso antes mesmo do projeto de abertura de uma Niketown na França. Assim, a Adidas abriu no Rond Point dos Champs-Elysées sua maior loja, de 1.750 m², uma megastore inovadora e que oferece a completa coleção da marca, dirigindo-se a todos e não apenas aos esportistas. Além das seções dispostas por disciplina esportiva e usos – *performance* e *lifestyle* –, os espaços agrupam as coleções para homem, mulher e criança. Se, na sua outra loja da rua de Rivoli, a marca tinha escolhido expor fotos gigantes dos franceses campeões do mundo de futebol, projeções a *laser* nas escadas rolantes e uma pequena sala de cinema transmitindo desenhos animados, a loja mais nova da Champs-Elysées optou pela sobriedade no seu exterior, que não dispõe de nenhuma vitrina. No interior, o conceito se apoia na tecnologia, com a presença de telas de plasma, terminais de internet equipados de jogos e uma plataforma

---

[41] Autora da obra *L'espace du désir: traité de contre-marketing* (Paris: Les Presses du Management, 2000).
[42] *Challenges*, nº 160, julho de 2001.

tecnológica chamada de Mi-innovative Center, que permite ao cliente conceber um calçado esportivo adaptado às suas necessidades.

Inaugurada no fim do ano 2000, na rua Caumartin, e remanejada em 2007, a loja Citadium conta também com a Niketown entre suas fontes de inspiração; isso se percebe pela tela gigante instalada na fachada acima da entrada da loja e sobre a qual serão transmitidos eventos esportivos ou concertos. Sua construção circular, centrada em torno de um poço de luz e de uma impressionante bateria de escadas rolantes de estrutura aparente, a arquitetura aberta (todos os pisos, de uma altura de 18 metros, são visíveis desde a entrada) e as colunas que estruturam o espaço marcam o caráter monumental da loja, espécie de catedral do comércio dedicada a uma clientela jovem e urbana. Citadium se impôs como emblema "a loja do ano 2000", ancorada na realidade do momento, mas próxima também do comércio do novo milênio tal como imaginado há uns dez anos (Citadium não soa como millenium?). Ela se tornou, em 2007, a loja onde uma grande variedade de culturas urbanas se expressa. Citadium não é uma loja-espetáculo no sentido de alguns anos: não há música forte, e o ambiente é mais atapetado. A loja, as marcas e os produtos é que são o espetáculo: a loja por sua arquitetura, as marcas por sua comunicação de grande dimensão (painéis, colunas luminosas), e os produtos por uma apresentação temática valorizada entre outras coisas pelo mobiliário modular, murais de calçados tratados como elementos decorativos e uma iluminação precisa que enfatiza os produtos num ambiente geral velado. Arquitetura monumental e animações pontuais estão antes de tudo a serviço do produto e da venda. Segundo Gérard Barrau, presidente do escritório de arquitetura e de design Architral, "sem conceito, sem imagem e sem marca, não há venda possível. Hoje só o sentido faz vender. As marcas devem afirmar sua existência cultural, à imagem da Citadium".[43]

No mercado do esporte, a loja estilo parque de atrações ou parque de diversões fez adeptos. As marcas de esporte como Décathlon, Go Gport ou

---

[43] *Points de Vente*, nº 831, 24-11-2000.

Intersport também tiveram como objetivo valorizar suas marcas próprias e desfazer-se da imagem de grandes lojas impessoais pouco próprias para fazer sonhar as massas.

> Em Villeneuve-d'Ascq, perto de Lille, não se vai mais à Décathlon somente para comprar uma raquete de tênis ou um maiô. Em torno da loja de 8.000 m² estão espalhados, dentro e fora, campos e salas de esporte, áreas de jogos, restaurantes, uma agência de viagens esportivas. Pode-se chegar à noite para uma aula de ginástica, de *rock* ou de capoeira e, no fim de semana, para alugar um campo de futebol ou uma sala de basquete e bater bola com os amigos. Ou iniciar-se sozinho nos patins, na escalada ou nas pipas. Torneios de vôlei, de *handball* ou de *badminton* acontecem todas as semanas. E às quartas-feiras* ou durante as férias escolares, pode-se deixar o filho para um "dia de atividades esportivas" ou um aniversário de bermuda e tênis. Resultado das compras, a visitinha de rotina do sábado na Décathlon pode levar o dia inteiro. E às quartas-feiras os pais podem confiar seus filhos à loja e fazer as compras com toda a tranquilidade. Esse é o objetivo que se pretende atingir.[44]

Ao propor um verdadeiro espaço de vida consagrado ao esporte, a Décathlon se coloca também como uma loja-espetáculo, mas é o próprio consumidor, por sua prática esportiva, que, ao participar do espetáculo, se torna "consomator" (consumidor + ator). Como na moda, o universo do esporte se amplia e se diversifica graças a essa transversalidade.

Assim como o esporte, prolongado agora no dia a dia, representa uma mina potencial para os conceitos-espetáculos, outras áreas também se prestam a isso. O público jovem, que há muito tempo considera a visita aos pontos de venda do ângulo do divertimento, é cada vez mais visado. Na sua megastore de São Francisco, a Levi's inaugurou um miniparque de atrações dedicado ao jeans: o cliente mergulha em uma Jacuzzi gigante vestido com seu novo par de jeans, e permanece depois em um tubo de ar onde passam videoclipes, a

---

* Dia de recesso escolar na França. (N. T.)
[44] *Libération*, 23-10-2000.

fim de moldar a calça em si próprio para que ela tome a forma do corpo. Essa tendência geral da loja estilo parque de atrações toma variadas formas e atinge naturalmente as lojas de departamentos, que, em razão de seu tamanho, têm facilmente a possibilidade de explorar esse tipo de conceito. "A compra na loja de departamentos deve se tornar uma experiência única, que alia lazer, prazer e descanso. Nós nos orientamos para um conceito cujo espírito se aproxima daquele do parque de diversões!",[45] expunha Philippe Lemoine, então copresidente junto com Philippe Houzé do grupo Galeries Lafayette. Ao passar para uma área de vendas de 10.000 m², a loja Lafayette Hommes oferece uma plêiade de espaços próprios a satisfazer o hedonismo (adega de vinhos, charutos, *spas*) e de serviços (lavanderia rápida, entrega em domicílio gratuita, terminais de internet). Uma "egosfera polissensorial", que fez, há muito tempo, o sucesso da Nature & Découvertes. Entre as precursoras, essa marca voltada para o lazer oferece um conceito do qual odores e sons são parte integrante do ambiente. Em cada um de seus pontos de venda, o visitante é mergulhado em um universo próprio à marca, facilmente identificável.

Outro exemplo, na Champs-Elysées, o caráter espetacular da flagship de Marionnaud está essencialmente na iluminação. As paredes do espaço do térreo, passando insensível e continuamente de uma cor a outra (do rosa ao salmão, ao laranja, ao vermelho, depois ao violeta...), levam a clientela a uma viagem de impressões luminosas suaves, que não alteram a iluminação geral. Para complementar, o caráter pacífico de uma visita de Paris ao longo do Sena, transmitida por quatro telas de vídeo ligadas de forma panorâmica, e a área da galeria, que acolhe exposições temporárias, reforçam o caráter espetacular mas não agressivo de um conceito adaptado ao universo de calma e luxo próprio dos cosméticos. No espaço de alguns anos, a Champs-Elysées viu florir as flagships, tanto na área de vestuário quanto na dos cosméticos ou do automóvel, a exemplo do novo Atelier Renault. Espaço natural de agrupamento dos parisienses eufóricos todo fim de ano, ou quando da vitória da França na

---

[45] *Le Figaro*, Paris, 22-1-2001.

Copa do Mundo de futebol em 1998, a Champs-Elysées é emblemática do "espetáculo de rua". Não é nada surpreendente, portanto, que as marcas queiram estar presentes, qualquer que seja o padrão de qualidade: "É como a televisão: o melhor meio de ter acesso ao público", refletia Jean-Marc Loubier, diretor de marketing da Louis Vuitton,[46] a respeito dessa mítica avenida parisiense, metaforicamente – e invariavelmente – evocada como sendo "a mais bela do mundo". Implantar um conceito de loja-espetáculo requer dispor de uma área relativamente importante, de uma bela capacidade de investimento e de um bom suporte financeiro, na medida em que o fun shopping constitui um risco real, já que sua rentabilidade por metro quadrado será geralmente inferior à de uma loja "padrão".

A despeito dos investimentos importantes de que necessita, o fun shopping se prolonga até no comércio de ponta de estoque e nos centros comerciais. As lojas de fábrica com ares de galpão deram lugar, ao longo dos anos 1990, a centros comerciais especializados. Pouco a pouco as marcas se puseram a instalar aí o mobiliário e os visuais utilizados no seu próprio circuito de distribuição tradicional. O sucesso da fórmula lançada nos Estados Unidos levou à sofisticação. Nas proximidades do centro comercial Val d'Europe, em Marne-la-Vallée, com o centro La Vallée, a Value Retail instalou, por exemplo, suas casinhas e seu conceito de centro comercial a céu aberto com decoração de vilarejo. Retomando os códigos da arquitetura tradicional parisiense (janelas e tetos de zinco) e o esquema do vilarejo francês típico, com a prefeitura, as casas, a praça, as ruas de paralelepípedos e os lampiões de rua, as unidades comerciais recebem os pontos de venda de marcas de alto padrão, em conformidade com os respectivos conceitos destas, mas voltados exclusivamente ao escoamento das antigas coleções. Os centros comerciais parques de atração desse tipo se desenvolveram por toda a Europa. Próximo a Londres, o centro criado em Braintree pela operadora britânica Freeport é baseado em um conceito similar e oferece, desde o fim de 1999, sua decoração de tijolos, telhas vermelhas e

---

[46] Natacha Tatu, "Paris, au bonheur des Champs", in *Le Nouvel Observateur*, nº 1750, 21-5-1998.

madeira branca. Mas, ao contrário do que poderiam dar a entender de início os americanismos fun shopping ou *retailtainment*, parece que apesar de tudo não podemos nos contentar em colocar o fenômeno na categoria de "*gadgets marketing*" efêmeros. Os projetos de centros comerciais com pontas de estoque de nova geração respondem a uma dupla demanda dos consumidores, durante muito tempo tida como contraditória. Oferecendo um pouco de divertimento e ao mesmo tempo afagando sua vontade, hoje profundamente firmada, de realizar "bons negócios", eles mostram que as lojas-espetáculos são vistas como uma tendência forte que regerá, em todos os setores, os conceitos de amanhã. Nos Estados Unidos essa tendência perdura – principalmente em Las Vegas, onde se expressa com uma ênfase desmesurada.

## As lúdicas nostálgicas

Em reação à uniformização dos produtos que marcou os anos 1990, e também para se tranquilizar perante a globalização que ecoa cotidianamente na mídia, os consumidores dos anos 2000 desejam ser considerados em sua dimensão "biográfica". Um desejo percebido por algumas marcas, a exemplo da Antoine & Lili, que joga com a nostalgia lúdica nos seus pontos de venda. Não se trata evidentemente de consternar o consumidor evocando um paraíso perdido, mas de inserir na modernidade produtos que tragam lembranças pessoais da infância. Uma missão que consiste em "reencantar o cotidiano". Foi nesse espírito exuberante que se desenvolveu o universo Antoine & Lili, contido em três espaços, respectivamente com fachadas amarelo-limão para o café, verde-maçã para o universo da casa e rosa-indiano para os produtos pessoais, implantados no Quai de Valmy. O célebre Hôtel du Nord não fica longe, símbolo de uma Paris simples e popular cuja área de café parece fazer eco ao salão decorado exoticamente com bugigangas bregas de cores gritantes, toalhas floridas, lustres com penduricalhos coloridos, cadeiras de estilos diferentes e balcão de mercearia. Uma postura lúdica e narrativa que é encontrada de uma butique à outra, às vezes na forma de um relancear de olhos, como quando sacos de terra dispostos na vitrina da loja de roupas anunciam a primavera ao mesmo tempo que remetem ao espaço da floricultura ao lado. O conceito responde aqui à variedade do estoque. Esse espírito de "bazar" é adequado a uma oferta de produtos que põe em destaque desde esteiras de plástico africanas, louça chinesa esmaltada, uma enorme quantidade de badulaques deliberadamente *kitsch*, até imagens "religiosas" e a uma coleção de roupas atípicas nas quais múltiplas influências étnicas se fazem sentir.

Interpretada de diversas maneiras de acordo com a natureza das marcas, essa tendência ludo-nostálgica pode ser assimilada à paixão que suscitou, em diversas gerações, o patinete, brinquedo que tinha caído em desuso e se tornou um dos sucessos comerciais de 2000, graças a uma reinterpretação ao gosto atual. Foi também sobre esse registro emocional que se apoiou Jean-Charles de Castelbajac (que há muito tempo manifestou interesse pelos objetos ligados à infância, a exemplo de seus casacos feitos de uma justaposição de ursos de pelúcia), quando lançou, há alguns anos, um perfume "fofinho para adultos", cuja fragrância se inspirava em potinhos de cola branca dos escolares. A necessidade de se sentir confiante, a volta do crescimento econômico ou a recusa a envelhecer manifestadas pela "geração de 1968" têm certamente muito a ver com essas tendências regressivas. Os divulgadores do conceito lúdico não perdem de vista, no entanto, que se dirigem a um consumidor "educado" em matéria de merchandising e que não toleraria algo impreciso. Dentro desse simpático bazar, nada é deixado ao acaso.

## Os espaços confidenciais

À margem das megastores e dos espaços de venda ao estilo de grande espetáculo, desenvolvem-se lojas que têm como objetivo seduzir o consumidor oferecendo-lhe intimidade, doçura e serenidade em diferentes tipos de locais, abertos ou fechados, em diversos salõezinhos ou quartos, de acordo com o tipo de ambiente procurado. Os locais podem ser antigos ateliês ou garagens de fundo de quintal, moradias particulares, apartamentos, subsolos, etc. O mesmo efeito pode ser obtido também pela escolha do bairro no qual a butique é implantada, a exemplo da agnès b., a primeira marca de moda a se instalar na rua du Jour, em Paris. Essa tendência que visa a preferência por locais íntimos pode ser assimilada às vendas em apartamentos praticadas por alguns designers que, inicialmente por necessidade econômica, reivindicam assim outra maneira de vender a moda.

> A venda de produtos a sacadas é o contrário do luxo. Em nossa casa ou em outro lugar, nos pátios, nos pequenos estúdios, nos salões privados, a clientela da moda encontra humor, criação, vida. Mas não inventamos nada. Quando eu era assistente na Azzedine Alaïa, na rua de Bellechasse, a sala de jantar servia de estoque, e não havia provador. Eu vi Bette Midler se trocar no banheiro,

confessou Olivier Chatenet à revista *Elle*. Com sua companheira Michèle, eles oferecem em seu domicílio-ateliê, chamado de E2, modelos *vintage* de grandes costureiros que eles personalizam. Uma fórmula flexível que oferece ao cliente a sensação de ser único, comprando uma peça original, não encontrada em outros lugares, e a sensação inebriante de fazer parte de um pequeno círculo de iniciados.

Assim como a necessidade econômica é, para algumas marcas, a razão que guia tais escolhas, para outras esse tipo de implantação permite sair das trilhas comuns, diferenciar-se em um ambiente em que os locais de venda se parecem cada vez mais. Uma diferenciação que responde à necessidade dos clientes de serem surpreendidos, mas também ao prazer de se sentirem "privilegiados" descobrindo e frequentando um lugar confidencial, conhecido somente de um pequeno número de iniciados, como se fosse um clube *privé*. Poder-se-ia também pensar que os protagonistas do luxo, quaisquer que sejam os produtos que ofereçam, podem querer privilegiar esse tipo de lugar para clientes em busca de confidencialidade. É o caso, por exemplo, de certas galerias de arte e de alguns antiquários que escolheram instalar-se em apartamentos ou em mansões particulares, e não necessariamente em bairros que agrupam os *marchands* de arte e de antiguidades; eles atraem assim uma clientela abonada que aprecia uma certa discrição.

Quando uma marca desenvolvida em maior escala deseja preservar uma certa intimidade no interior de seus espaços de venda, é possível para ela recriar o aspecto caloroso de uma venda em apartamento oferecendo uma butique decorada como se fosse uma verdadeira sala de estar. Chantal Thomass concebeu assim, em 1992, sua butique situada próximo do Palais Royal como se fosse uma casa. Os mesmos princípios guiaram Paul Smith para a butique Westbourne House, situada no número 122 da Kensington Park Road, em Londres, cuja disposição lembra um interior londrino:

> A ideia de criar uma butique em uma casa me martelava a cabeça desde o início dos anos 1970. Por razões de ordem prática, eu tive que esperar para encontrar uma propriedade de bom nível, no bairro residencial apropriado, mas quando achei Westbourne House em Nothing Hill, em 1996, soube que tinha encontrado o que procurava,

explica Paul Smith. O designer inglês afirma acreditar

> em butiques realizadas de maneira original e pessoal com um verdadeiro projeto – e isso se torna cada vez mais importante para mim, à medida que o tempo passa. Durante os anos 1980 e 1990, os negócios e o marketing globais trouxeram monotonia e uniformidade, de tal modo que as butiques eram as mesmas onde você fosse. Eu desejava ir contra isso, afastar-me dos bairros onde se reuniam os pontos de venda de outros criadores.

Desde então, Paul Smith abriu uma outra casa-butique em Tóquio, sob o mesmo princípio da de Londres: trata-se de uma casa independente, com um jardim na frente, e no interior da qual se encontra o universo pessoal de Paul Smith, que associa suas próprias coleções de objetos e móveis às suas coleções de produtos à venda. Em Paris, Paul Smith também dispõe de um apartamento-loja de oito cômodos na rua du Faubourg Saint-Honoré, onde, embora ocupando uma verdadeira loja, a configuração do espaço, com seus dois andares e seus cômodos em fileira, fez com que a loja parecesse mais uma moradia particular do que um local comercial. Desde os anos 1980, Ralph Lauren e suas casas-lojas, decoradas como uma moradia particular, com móveis, objetos, gravuras, retratos dos antepassados, fogo na lareira, livros, etc., foi um precursor na matéria.

É interessante constatar que essa busca por lugares íntimos ganha cada vez mais terreno e toma formas variadas. Martine e Armand Hadida, proprietários das butiques multimarcas L'Éclaireur, abriram nos anos 1980 sua primeira butique no subsolo de uma galeria comercial da Champs-Elysées, o que constituía na época uma verdadeira aposta. Na sequência, outras butiques L'Éclaireur foram abertas em antigos ateliês, mas com uma vitrina dando para a rua – como era o caso da butique da rua des Rosiers, no Marais. Essa paixão por locais fora do comum e pouco visíveis constitui um dos elementos recorrentes da identidade dessa marca: acontece o mesmo com a butique da rua Hérold, instalada nas estrebarias de uma mansão, que não pode se ver da rua por estar escondida atrás de um grande portão, e que tem como único indício de sua presença uma simples tela de vídeo visível da rua. Para se estabelecer em Tóquio, L'Éclaireur escolheu um pequeno imóvel de vidro no famoso bairro de Aoyama – bem perto do Epicentre Prada –, mas que se situa um pouco retirado em relação à rua, e cujas vitrinas, nas quais deliberadamente não se apresenta nenhum produto, foram obstruídas por persianas. De fato, o interior da butique não é absolutamente visível da rua. Outros exemplos de locais de venda confidenciais: os situados em apartamentos. Martin Margiela abriu um ponto de venda desse tipo em Aoyama, assim como Zadig & Voltaire, que investiu num apartamento acima de sua butique na rua du Vieux Colombier, em Paris. Neste último exemplo, o aspecto confidencial dos locais foi suprimido por causa de uma faixa pregada na fachada do imóvel anunciando sua instalação, assim que foram iniciadas as obras.

Embora tenham uma tendência a se desenvolver, os locais confidenciais não atraem unicamente as marcas de moda, mas dizem respeito também a outros universos, entre os quais os do bem-estar e da beleza, com a abertura de *spas* e salões de cabeleireiro em locais íntimos. Foi a vontade de vender "outros" perfumes e de vendê-los "de outra maneira" que levou Frédéric Malle a abrir na rua de Grenelle, para sua Éditions de Parfums, um local íntimo, calmo e sereno, propício a encontrar "instrumentos de laboratório e um gabinete de curiosidades". Dividida em três espaços sucessivos, sua butique convida a uma espécie de percurso de iniciação. O primeiro cômodo, enfeitado com livros, fotografias em preto e branco e plantas, criando um ambiente caloroso, permite travar conhecimento com o conceito de uma perfumaria que dá as costas aos imperativos do marketing, deixando o caminho livre aos criadores. O segundo, mais despojado, com seus armários refrigerados com portas de vidro, oferecendo à vista prateleiras sobre as quais estão os frascos, é o cômodo do "estoque", guarnecido de uma mesa grande, onde a venda será concretizada. O terceiro, de cor vermelha e mergulhado na penumbra, é o da emoção. Pondo em evidência colunas de vidro refrigeradas (presentes também nos dois outros espaços), nas quais o visitante é convidado a respirar as fragrâncias, ele é voltado à conclusão da iniciação desta outra forma de conhecer o perfume.

Esse procedimento de iniciação em três etapas está próximo daquele oferecido, na área dos cosméticos e num ambiente muito diferente, pela Sephora Blanc, criada no centro de Bercy Village. Essa nova marca, uma espécie de oposição às Sephoras Noirs, que colocam em evidência as cores das maquiagens distribuídas em marca própria, tem como ambição propor produtos que enfatizem o bem-estar e não o parecer-bem, e não oferece, portanto, nem os perfumes nem os tons vendidos habitualmente em circuitos seletivos, que constituem por essência o estoque das Sephoras Noirs. Esse conceito de nova geração não se destina a substituir o antigo, mas completa a sua oferta: "Se acontecer dessa loja conceitual não se mostrar pronta para se tornar uma cadeia, ela já repercutiu na forma com que as gamas de cuidados são apresentadas em nossos conceitos *noirs*",[47] indicava Daniel Richard, quando era presidente diretor geral da marca, pouco após a abertura. Como o espaço de Frédéric Malle, a Sephora Blanc se decompõe em três salas. De construção

---

[47] Em *Points de Vente*, nº 832, 6-12-2000.

circular e apresentando-se em fila, elas são separadas por telas de seda junto das quais estão instalados espaços próprios para receber o evento. Três universos são apresentados nessas salas organizadas em torno de uma mesa redonda central: o banho, o bem-estar e a abertura às culturas de todo o mundo. Pisos, paredes, tetos e véus de cor branca, transparência, curvas das paredes e iluminação azulada não agressiva traduzem um estilo zen. Os clientes são convidados a descobrir e a perambular por um caminho deixado à sua escolha pela forma circular dos espaços, mas com uma ordem preestabelecida de descoberta de cada universo.

O desdobramento em pequenas áreas íntimas, a exemplo das butiques citadas anteriormente, se presta certamente a uma distribuição de produtos de alto padrão. Trata-se de um conceito adaptado a butiques que desejam se distinguir do que fazem suas vizinhas e propor outra coisa, tanto no que se refere ao produto como à apresentação. A disposição dos pontos de venda se caracteriza, como em outras áreas, por uma reciclagem permanente das iniciativas de uns e de outros. É, portanto, facilmente concebível que esse desejo de fechamento, uma espécie de retorno aos espaços de dimensão humana após uma inflação de megastores de arquitetura imponente, seja reinterpretado, "democratizado", e inspire novos conceitos às marcas de distribuição.

## Os espaços efêmeros

Batizados "pop-up stores" por uns ou "guerilla stores" por outros, os espaços efêmeros se multiplicaram desde o início dos anos 2000. Como no caso dos produtos de moda, a duração desses espaços é limitada: vai de alguns dias a alguns meses, mas raramente ultrapassa um ano. Assim, esses locais estão fadados a desaparecer ou a evoluir, tomando outra forma. As razões que levam as marcas a abrir um espaço efêmero são diversas: podem estar querendo gerar "bochicho", falar de si e, de forma mais ampla, comunicar, tornar-se mais visível, fazer-se conhecer por um público amplo, aumentar ou fazer evoluir seu público-alvo, criar surpresa, oferecer exclusividade e raridade a fim de se destacar da concorrência e das práticas comerciais tradicionais, testar um novo mercado, dispor de um espaço sem grandes investimentos financeiros, etc.

Vacant, um dos primeiros conceitos de loja efêmera, foi lançado em 2000 por Russ Miller, com um tempo de vida de quatro semanas somente. O anúncio da abertura desse ponto de venda particular se fez por e-mail, enviado exclusivamente aos membros do Vacant Club. Desde sua origem, esse ponto de venda efêmero se destacou também graças à sua oferta, que reunia produtos exclusivos, editados em séries limitadas. Em 2004, o conceito de Vacant evoluiu: até então sedentário, tornou-se itinerante ao instalar-se na traseira de um veículo – um Hummer H2 – transformado em ponto de venda ambulante que percorria diferentes regiões dos Estados Unidos. Equipado de um GPS e de uma *webcam* ligados ao site Vacant, era possível a qualquer momento, conectando-se à web, saber a localização do Hummer Vacant.

Entre as mais célebres pop-up stores, convém citar a experiência feita desde 2004 pela marca japonesa Comme des Garçons através de suas "guerrilla stores", expressão lançada pela marca em referência à clandestinidade e às operações de comando. Esse tipo de espaço se adapta perfeitamente à concepção de Rei Kawakubo sobre a moda e sua distribuição. Na verdade, cada ponto de venda Comme des Garçons é único e se situa frequentemente à margem dos procedimentos comuns. Ela aplica os mesmos princípios nas Dover Street Market, as concept stores multimarcas, lançadas pela criadora. As guerilla stores não se afastam dessa posição de rejeição radical que a criadora expressa perante a uniformização comercial que constitui verdadeiramente um traço marcante da distribuição contemporânea. O princípio das guerilla stores lançadas pela Comme des Garçons é fazê-las surgir em locais inesperados, recorrendo a meios de comunicação restritos: colagem de cartazes, distribuição de folhetos e menção no site das guerilla stores. O princípio é apostar no boca a boca para se fazer conhecer, depois desaparecer, tão furtivamente quanto apareceu, após um ano de existência, e isso qualquer que seja o sucesso encontrado por esse espaço que se situa a meio caminho entre a loja e a galeria de arte. Pois se trata também de uma loja, de um local no interior do qual são distribuídos os produtos Comme des Garçons da estação em curso. Essa oferta permite captar uma clientela mais jovem, menos fácil que aquela habitualmente atingida pela marca, mas é também um meio de rejeitar a sazonalidade e os ritmos inerentes à moda e de permitir-lhe assim proclamar sua atemporalidade. Além de seu caráter efêmero, as guerilla stores têm como outra particularidade o fato de aparecerem onde não são esperadas, investindo em locais insólitos, um pouco à maneira dos abrigos de artistas, longe dos bairros tradicionais da moda e às vezes também em cidades em desenvolvimento. Foi em 2004 que a primeira guerilla store abriu as portas em Berlim, em uma antiga livraria deixada como era pela marca – que chegou até a manter a placa de origem, assim como já tinha feito com a loja Comme des Garçons de Nova York –, a fim de "deixar o passado falar", como disse Christian Weinecke, responsável por esse conceito.[48] A decoração foi realizada a partir de móveis garimpados em mercados de pulgas. A apresentação dos produtos é aleatória: as roupas ficam ao lado dos produtos criados por designers locais e das obras de arte. O investimento, que inclui o aluguel e a reforma do lugar, permanece módico. Desde essa primeira experiência, a marca não cessou de abrir suas guerilla stores em diferentes cidades do mundo.[49]

Após ser um fenômeno *underground* e confidencial desenvolvido por algumas empresas de posicionamento exclusivo, o conceito das pop-up stores seduziu rapidamente empresas mais clássicas ou mais mass market: protagonistas da moda e dos cosméticos, mas também dos transportes aéreos, marcas do setor alimentar, etc. se apossaram desse conceito com fins de comunicação, de reposicionamento e para o lançamento de novos produtos, linhas ou designs.

Desde 2003, a Target foi uma das primeiras grandes empresas de distribuição a adotar essa estratégia com a abertura em Nova York, no interior do

---

[48] Sandrine L'Herminier, "Les magasins éphémères, un concept marketing pérenne", em *La Tribune*, 28-6-2005.

[49] A escolha das cidades efetuada por Rei Kawakubo para implantar suas guerilla stores mostra uma vontade de se destacar e de surpreender: Reykjavik, Helsinki, Singapura, Atenas, Barcelona, Colônia, Basileia, Varsóvia, Vilnius, Beirute, Los Angeles...

Rockefeller Center, durante uns quinze dias somente, de um ponto de venda de 150 m² para o lançamento de sua linha criada por Isaac Mizrahi. Isso permitiu à Target comunicar de uma forma inesperada o lançamento dessa coleção a uma clientela que não frequentava necessariamente as lojas desse distribuidor posicionado no segmento de mass market. Desde essa primeira abertura, a Target continuou a abrir pontos de venda efêmeros para apresentar as coleções de estilistas que criam pontualmente para a marca, como foi o caso de Proenza Schouler. A Target também recorreu ao formato pop-up store em outras operações; foi assim que surpreendeu com a abertura das Christmas Galleries, lojas efêmeras que flutuavam no rio Hudson. A marca também abriu durante cinco semanas uma loja nos Hamptons para apresentar diferentes linhas de produtos para a casa. Contrariamente aos exemplos precedentes da Vacant e da Comme des Garçons, no caso da Target a dimensão confidencial dos pontos de venda efêmeros desaparece, pois a empresa os utiliza como instrumentos de comunicação. Com uma abordagem diferente, a Nike também se embrenhou no caminho do efêmero com a criação, em Vancouver, do Nike Runner's Lounge, dedicado aos esportistas adeptos da corrida a pé, que ali podiam receber massagens, encontrar bebidas e comida e testar a última linha de calçados de corrida. Em 2006, a Nike abriu um outro ponto de venda efêmero, instalado no coração do SoHo, em Nova York, por apenas quatro dias, destinado a apresentar e vender uma edição limitada de 250 pares de calçados.

De seu lado, a Gap transformou um tradicional *school bus* americano em pop-up store itinerante, fazendo-o percorrer as praias da costa leste à costa oeste dos Estados Unidos com uma oferta de produtos centrada na coleção beachwear da temporada.

Desde então, a abertura de espaços efêmeros tende a se generalizar e, consequentemente, a se banalizar, com sua adoção por marcas tão populares quanto JC Penney ou Walmart, que os utilizam como instrumentos de comunicação para o lançamento de novas linhas.

Entretanto, certos protagonistas, que dão prova de criatividade e utilizam uma estratégia de diferenciação, têm participado da renovação desse conceito.

Por exemplo, Ebay e suas experiências de Showhouse. Trata-se de um apartamento nova-iorquino para o qual foi dada carta branca a vários arquitetos de interior encarregados de cuidar cada um de um cômodo, submetendo-os a uma dupla obrigação: escolher os móveis e objetos de decoração exclusivamente no site e com um orçamento limitado. A duração desses apartamentos não excede uma semana. Quanto aos pioneiros da pop-up store, eles continuam a se desenvolver nesse formato de distribuição. Doravante, a Comme des Garçons abre simultaneamente diversas guerilla stores em cidades diferentes. Quanto à Vacant, ela continuou evoluindo, abrindo as permanent guerilla stores dentro de lojas de departamentos e lançando um site de venda online: guerilla store online.

## Internet, vetor de imagem ou ponto de venda virtual?

Na moda, como em outros setores, a participação do e-commerce não para de crescer.[50] Com efeito, as reticências testemunhadas pelos consumidores há pouco tempo ainda em relação a uma mídia recente e que necessita de um mínimo de equipamento e de conhecimento de informática caíram. As compras pela internet tornaram-se naturais para um número cada vez maior de consumidores de ambos os sexos e de todas as idades: essa paixão diz respeito a um leque muito amplo de produtos, como viagens, livros, alimentação, equipamento para casa, mas também produtos de moda, em todos os padrões de qualidade...

Em poucos anos, o número de sites de e-commerce explodiu.[51] Esse novo formato de distribuição se caracteriza pela presença de diferentes protagonis-

---

[50] Em 2006, nos Estados Unidos, as vendas de varejo pela internet ultrapassaram os 125 bilhões de euros. Em 2007, essa cifra ultrapassou muito os 146 bilhões de euros, registrando assim um crescimento próximo de 20%. No que diz respeito às vendas de produtos de moda (vestuário e acessórios) pela internet, essas cresceram mais de 20% durante o segundo trimestre de 2007 em relação ao mesmo período do ano anterior (fonte: Comscore). Em 2006, os quatro primeiros distribuidores de produtos de moda pela internet nos Estados Unidos eram Victoria's Secret, L. L. Bean Inc., Gap Inc. e Redcats USA.

[51] No fim de 2006, a França contava com cerca de 17.500 sites de vendas online contra 11.500 no ano anterior (fonte: ICE/Fevad).

tas, entre os quais convém distinguir dois tipos: os pure players e os click and mortar. Os pure players são constituídos de empresas que nasceram e prosperaram a partir de um site na internet, a exemplo da Amazon. Existem vários tipos de pure players: pure players multimarcas, como Net-à-porter ou Le Bazar Parisien, e pure players de descontos, como Yoox, Ventes Privées ou Brandalley. Quanto ao modelo click and mortar, trata-se de empresas – marcas ou bandeiras – que dispõem de uma rede de distribuição "sólida" e que também realizam uma parte de sua atividade por meio da internet. Esse segundo modelo se insere na estratégia multiformato adotada por uma parte crescente dos protagonistas da distribuição europeia após ter sido implementada pela distribuição norte-americana. Os atores do click and mortar apostam na complementaridade que pode existir entre pontos de venda reais e e-commerce.

Além disso, esse modelo tem a particularidade de agrupar protagonistas que, no mundo real, estão presentes em formatos de distribuição distintos, como a venda por catálogo, as cadeias especializadas, as lojas de departamentos, etc. Na Europa, por exemplo, e principalmente na França, as empresas de venda por correspondência (VPC), graças a seu *savoir-faire* em matéria de gestão de venda a distância, se desenvolveram muito na internet,[52] até se tornarem o primeiro protagonista do e-commerce para os produtos de moda em termos de participação no mercado. Esse novo formato de distribuição permitiu, aliás, a alguns protagonistas da VPC fazer evoluir em profundidade a natureza de sua oferta, uma vez que podem lançar novos produtos ao longo da temporada, o que era até aquele momento impossível com os catálogos de papel. Essa profunda mudança no que se refere à oferta – alguns falam até de revolução – teve como consequência, para alguns vendedores por correspondência, fazer evoluir a organização de sua empresa, adaptando-a a essa mudança dos ritmos de oferta ao longo da temporada. Assim, em 2006, no mercado francês, a participação das vendas online de produtos de moda realizada pelos protagonistas

---

[52] Nos Estados Unidos, o quarto site de venda de produtos de vestuário online (e o 28º do top 500) é Redcats USA, a filial americana do Groupe Redcats (PPR) que detém La Redoute, Cyrillus, Somewhere, Daxon, Vert Baudet, AM/PM, etc.

da VPC representava em média 25% do total do seu faturamento de moda. Ainda na França, essas empresas realizavam 66% em valor do total das vendas de roupas online no ano de 2006.[53] Entretanto, essa porcentagem tende a diminuir pouco a pouco com o desenvolvimento, na internet, de protagonistas vindos de outros universos além do da VPC, e que se beneficiam, também, da forte paixão que esse novo formato conhece. Trata-se notadamente das cadeias especializadas e das marcas de moda.[54] Inúmeras cadeias especializadas vêm se lançando no e-commerce. Na França, Promod, Kiabi e Etam foram pioneiras na matéria, seguidas por outras marcas como Pimkie e Décathlon. No exterior, marcas como Gap, Mango, Esprit ou Mexx também desenvolveram presença na internet através de seus sites de e-commerce. Quanto às marcas de moda, que cada vez mais dispõem de sua própria rede de pontos de venda, elas também tendem a desenvolver sites de venda online. Qualquer que seja o seu padrão de qualidade, o número de marcas que desenvolvem sua atividade de comércio eletrônico não para de crescer. No setor de luxo, por exemplo, o grupo LVMH, que foi, com a criação do site eLuxury, um dos primeiros a enveredar por esse caminho em 2000, foi seguido por outras marcas, como Hermès, as marcas do Gucci Group e ainda outras.

Mesmo que as vendas online representem por enquanto uma fatia ínfima do faturamento dessas marcas – da ordem de 1% a 5% –, algumas conhecem, graças à internet, um desenvolvimento econômico que está longe de ser desprezado. Nos Estados Unidos, as lojas de departamentos, entre as quais Neiman Marcus e Nordstrom, que desenvolveram há muito tempo uma estratégia multiformato – por meio de seus catálogos de VPC e de suas liquidações –, apostaram fortemente também no e-commerce, o que não é ainda o caso das lojas de departamentos francesas.

---

[53] Fonte: IFM, pesquisa entre os consumidores, 2007.
[54] As marcas de moda também são chamadas "wholesalers", pois distribuem toda a coleção ou parte dela por intermédio de redes multimarcas constituídas de lojas de departamentos, butiques autônomas e pure players como Yoox ou Net-à-porter.

De acordo com estudo realizado em 2007 pela Forrester Research, a pedido da National Retail Federation (a federação americana do comércio varejista), as vendas de produtos de moda – vestuário, calçados e acessórios – por meio da internet atingiram 13,5 bilhões de euros no ano de 2006. Assim, pela primeira vez na recente história do e-commerce, nos Estados Unidos as vendas de produtos de moda ultrapassaram as de produtos eletrônicos (12,7 bilhões de euros) e de carros (12,4 bilhões de euros). O faturamento dos artigos de moda vendidos na internet não está longe de representar 10% das vendas totais de produtos de moda no mercado americano. Na França, as vendas de têxtil e de vestuário pela internet conheceram, também, progressos muito fortes, com o crescimento de cerca de 60% registrado entre julho de 2006 e junho de 2007, em relação aos doze meses anteriores (isso significa um faturamento próximo dos 900 milhões de euros). No primeiro semestre de 2007, a participação do vestuário no mercado de internet aproximava-se dos 4%.[55] Na verdade, considera-se que o têxtil e o vestuário estejam entre os setores mais dinâmicos do comércio eletrônico na França. Esses bons desempenhos estão ligados ao desenvolvimento das transações, por meio da internet, dos vendedores por correspondência tradicionais, como La Redoute ou as 3 Suisses, mas também aos sites de vendas privadas, que progrediram 126% em 2006.[56]

Além de um crescimento da confiança dos consumidores perante esse novo formato de distribuição, o sucesso que ele conhece provém muito dos esforços empreendidos pelos distribuidores presentes na internet a fim de que seus sites sejam o mais ergonômicos possível e que integrem as mais recentes tecnologias. Da mesma forma, grandes esforços foram feitos em matéria de design e de estética para que os sites reflitam fielmente a identidade e a imagem da marca ou da empresa. No início, a internet para uso das marcas de moda – distribuídas então unicamente em "pontos de venda reais", por oposição aos "pontos de venda virtuais" – era considerada como um vetor de comunicação institucional, ao mesmo tempo em "B to B", para um público de profissio-

---

[55] Fonte: IFM, pesquisa entre os consumidores, 2007.
[56] *Ibidem.*

nais (compradores ou jornalistas), e em "B to C", para o grande público. No que se refere mais precisamente ao setor da moda, a essa função de "imagem" acrescentou-se uma butique online destinada ao grande público, ou um espaço que permita realizar pré-vendas graças a uma apresentação de produtos e uma busca do ponto de venda mais próximo, para o qual será conduzido o cliente potencial. Graças à internet, a venda em butique pode ser facilitada pela chegada de um cliente que sabe exatamente o que procura. Hoje, enquanto os pontos de venda – e mais particularmente as flagships – são considerados pelas marcas como vetores de comunicação completos, e reconhecemos a internet como outro vetor importante de comunicação, parece lógico que comunicação institucional tradicional, rede de distribuição e site de internet sejam trabalhados em sinergia, o que não significa que a oferta deva ser a mesma no virtual e no real; é evidente que essa mesma observação vale para a apresentação dos produtos. Na verdade, nos "pontos de venda reais", o visual merchandiser deve otimizar a apresentação da oferta, ainda que se veja limitado pelo tamanho e pela estrutura do espaço e do mobiliário ali instalados. Ao contrário, as noções de espaço e de valorização do produto, se existem na internet, não são tratadas da mesma maneira que no "real". O "virtual", com a condição de que o site seja bem concebido, oferece múltiplas possibilidades e permite, num único e mesmo site, desenvolver butiques específicas de acordo com o perfil de diferentes grupos de clientes. Na Etam, por exemplo, a implantação em 2001 de uma butique virtual visava oferecer uma oportunidade de informação suplementar à clientela. Além da imagem de modernidade produzida por uma presença na rede, estimou-se, no interior da cadeia, que o site parecia uma butique "sempre limpa e arrumada". Estamos de fato diante de uma lógica de merchandising completamente diferente. Contrariamente ao que se passa em uma butique tradicional, onde o cliente é confrontado com uma segmentação única que lhe é imposta, no site o internauta dispõe de uma base de dados multicritérios. Assim, quer esteja à procura de determinado artigo (optando então por uma busca por tipo de produto), quer deseje simplesmente se atualizar sobre as novas tendências da moda (como faria ao folhear uma revista), o cliente estará apto a criar seu próprio merchandising. Enfim, a internet oferece também múltiplas possibilidades que permitem às marcas desenvolver um sistema de gestão da relação com o cliente muito sofisticado.

Diante do caráter recente desse formato de distribuição, mas também em razão de sua especificidade e da necessidade de uma manutenção obrigatória, a concepção de um site de internet requer, por parte das empresas, que elas se apoiem em profissionais experts em e-merchandising, sejam eles integrados ou não à empresa. Yoox,[57] que é em sua origem um site de venda online, lançou-se, alguns anos após sua criação, na concepção de sites para grandes marcas de luxo, que se apoiam em seu *savoir-faire* em matéria de construção e gestão de sites de e-commerce, confiando-lhe o desenvolvimento de seu próprio site.

Desse modo, os sites de internet tornaram-se instrumentos de comunicação e de venda incontornáveis para um número crescente de consumidores. Foi assim que, após inícios por vezes caóticos e pouco convincentes, só subsistiram os melhores sites – na lista dos quais figuram evidentemente aqueles que dispõem de um mínimo de investimento –, e principalmente os das empresas que não perderam de vista que sua clientela não se divide entre internautas de um lado e clientes da rede de distribuição tradicional de outro.

No setor do luxo, exposto, na era da internet,[58] a uma multiplicação de produtos falsificados, a presença na rede de um site controlado pela marca, se

---

[57] Yoox é um site de venda de fim de coleções para as marcas de alto padrão e de luxo no setor da moda. Esse site foi lançado na Itália em 2000.

[58] O crescimento da falsificação na internet é também destacado por Stéphane Marchand na sua obra consagrada às "guerras do luxo": "Em sites mais ou menos lamentáveis, que degradam a imagem das marcas, os falsificadores escoam impunemente peças autênticas ou cópias. Eles se aproveitam do prestígio das marcas e ao mesmo tempo as enfraquecem. [...] Basta digitar a palavra 'Cartier' em um site de busca para logo ver desfilar mais de quatrocentos sites que oferecem produtos Cartier. Distribuição enorme e imagem imprecisa que enervam a clientela. Bem ao contrário da estratégia da Cartier, que visa, como todas as marcas de luxo, a distribuição seletiva, uma imagem exclusiva e uma dose razoável de raridades para seduzir compradores de alto padrão. Eis a falsificação de terceira geração, aquela que tem o mais belo futuro diante de si, ao menos do ponto de vista dos bandidos. Segundo Cyveillance, uma empresa que segue minuciosamente o e-commerce, entre 4% e 8% dos sites que vendem produtos Gucci, Rolex ou Montblanc vendem na realidade falsificações". Cf. Stéphane Marchand, *Les guerres du luxe* (Paris: Fayard, 2001).

não impede a falsificação, permite ao menos desfazer qualquer ambiguidade. Bernard Arnault expunha assim a sinergia que se opera entre a rede de distribuição tradicional e o e-commerce ao falar da estratégia adotada pelo grupo LVMH:

> Nós criamos sites na internet para a maioria de nossas marcas. Ao criar o e-luxury.com, nosso objetivo não era dinamizar muito as vendas, mas prestar um novo serviço aos clientes que frequentam nossas butiques. Eles encontram agora alguns de nossos produtos na internet. É uma decisão que leva em conta uma realidade: hoje, nós nos confrontamos na internet com vários sites piratas que vendem produtos de marca. A maior parte do tempo são falsificações, e os sites se preservam, logicamente, de dizer isso. Por consequência, eles passam uma má imagem das marcas de luxo para os usuários da internet. Pensei que seria melhor antecipar o movimento e trazer o produto verdadeiro para os internautas, em vez de deixá-los se dirigir a sites onde encontram falsos Vuitton e falsos Dior. Não se trata de substituir as butiques tradicionais pela internet. É um serviço suplementar que prestamos a nossos clientes, com a mesma preocupação de elitismo e de qualidade. O desenvolvimento se efetua, aliás, em um ritmo prudente, para se ter certeza da satisfação de todos os nossos clientes.[59]

Para Bernard Arnault, "um site de comércio na internet é como uma loja. É preciso criar um clima ao mesmo tempo atraente e eficaz".[60] E, como em uma loja, eficácia e atratividade caminham junto com uma renovação permanente, principalmente na área da moda.

Diante da internet e de suas perspectivas, as marcas ainda estão atrasadas. Como à paixão que o conceito "de nova economia" suscitava se sucederam prudência e pragmatismo, admite-se agora que a internet seja um formato de distribuição importante para muitos protagonistas do setor da moda. Entretanto, as estratégias executadas em torno da internet são muito evolutivas, em função dos resultados registrados.

---

[59] Bernard Arnault, *La passion créative*, cit., p. 158.
[60] Ibid., p. 165.

Quer proponha ou não uma venda online, o site de uma marca de moda terá como principal objetivo, assim como uma butique, suscitar desejos. Pouco importa que esses desejos se concretizem no próprio site ou no interior dos pontos de venda tradicionais. Suscitar desejos é a primeira das missões confiada ao merchandiser. De qualquer modo, os vínculos e as interações entre um e-merchandising que acaba de nascer e o visual merchandising aplicado aos "pontos de venda reais" só poderão se tornar mais estreitos no futuro.

Segunda parte

# As práticas do merchandising

# I. Objetivos e definição(ões)

**P**or que começar evocando os objetivos que o merchandising se propõe, antes de dar sua definição? Essencialmente, porque sua definição evolui em função dos objetivos que lhe foram sucessivamente consignados desde o seu surgimento: relativamente recente na França, o merchandising é, por isso, uma prática cujos contornos vão se definindo ao longo das reflexões e das experiências. Há alguns anos ainda, quando uma empresa de moda dispunha de um serviço de merchandising, a atividade principal desse último se limitava à concepção das vitrinas e à exposição. A partir daí, foi geralmente para reagir a um declínio – perda de faturamento ou baixa frequência nos pontos de venda – que a empresa foi incitada a se dotar de uma verdadeira política de merchandising, em vez de se contentar com ações pontuais, de tipo promocional. Enfim, era preciso responder às novas expectativas do consumidor, assim como a uma necessidade de diferenciação e de afirmação de identidade diante do aumento de empresas e marcas concorrentes. Pouco a pouco, em função dos problemas que enfrentou e dos objetivos que se propôs, cada empresa definiu os contornos de uma política de merchandising que lhe fosse própria, assim como a extensão do campo de ação que ela confiava à sua autoridade.

Na França, os bancos foram os primeiros a repensar suas redes (BNP, Société Générale, CCF...), seguidos pelas companhias petrolíferas (Total, Elf, BP...) e pelos setores da hotelaria e da restauração (Accor, Forte...) – reorganizações que se tornaram obrigatórias em razão da grande quantidade de agências ou filiais que essas grandes empresas tinham de administrar, especialmente sob o efeito da concentração. Em seguida, foram as cadeias especializadas em prêt-à-porter (Benetton, Next, Promod, Caroll...) que, tendo alcançado um estado de desenvolvimento em que suas redes estavam amplamente estendidas, encontraram-se diante da necessidade de afirmar mais fortemente sua identidade a fim de captar um consumidor que, nesse meio tempo, se tornara mais volátil. Tratava-se então de encontrar soluções adequadas perante as dificuldades em termos de perda de faturamento, de fraca rotação de estoques, de frequentação insuficiente dos pontos de venda ou ainda de imprecisão da identidade da marca. Atualmente, as empresas e as marcas que se formam são fruto de um conceito pensado em sua globalidade: o produto, mesmo que continue a ser o elemento central, se concebe dentro de uma encenação que passa tanto pela arquitetura do local de venda quanto pela maneira como é apresentado.

## Os objetivos do merchandising

Qualquer que seja a problemática, o merchandising estará sempre preso a dois objetivos principais: favorecer o ato da compra e afirmar a identidade da empresa. O primeiro desses objetivos, mais quantitativo – cujo teor é "favorecer a compra" –, reúne um número importante de itens relacionados à localização, à arquitetura, à disposição do ponto de venda e aos serviços propostos. Além de um crescimento puro e simples das vendas, o objetivo final é vender melhor, otimizando a margem de lucro e limitando os custos gerais. O segundo objetivo, mais qualitativo, é o de afirmar a identidade da empresa. Visa dotar a marca de elementos de diferenciação em relação a seus concorrentes, afirmar sua identidade e fazer dela uma "personalidade identificável" no mercado.

No que diz respeito ao primeiro objetivo, quatro tipos de ações conjugadas são destinadas a favorecer o ato da compra:

- *Facilitar o percurso do cliente*: quando o consumidor atravessa a porta da loja, é necessário acompanhá-lo ao longo de seu deslocamento pelo ponto de venda. Esse acompanhamento passa amplamente pela arquitetura e pelo percurso que é sugerido ao cliente. A loja deve favorecer a descoberta da oferta propondo um percurso através de espaços segmentados, e permitindo ao consumidor passar facilmente de um setor do ponto de venda a outro.
- *Aumentar a legibilidade da oferta*: o consumidor está, frequentemente, em situação de autonomia em seus atos de compra. Ele deve poder se orientar, entender as classificações, a fim de escolher livremente, com pleno conhecimento da oferta. Em consequência, a leitura da variedade de produtos deve se efetuar de modo simples, como a de um catálogo, para que o produto entre em contado direto com o cliente. A segmentação dessa variedade favorece sua clareza e sua compreensão, ao mesmo tempo que possibilita o destaque das novidades e dos produtos carros-chefe. Buscando a legibilidade da oferta, ela guia o cliente ao propor associações de formas, cores e materiais, chegando até a sugerir manequins vestidos, que, ao combinar diversos produtos, conferem um atrativo suplementar a cada um. O produto deve dispor do máximo de elementos que lhe permitam "se autoquestionar".
- *Oferecer um serviço coerente com o posicionamento e a imagem da marca e com as expectativas do cliente*: significa oferecer ao consumidor, no momento de sua passagem pelo ponto de venda e após a realização de sua compra, um número de serviços que serão como provas de que não apenas comprou o produto que lhe convinha, mas que o fez no lugar certo, pois a compra foi agradável. Seja pela recepção, pela sinalização,

pelos provadores, pelos espaços de descanso ou pela localização do caixa, o objetivo é prolongar o ato da compra além do ponto de venda, através, notadamente, da qualidade da embalagem ou do cartão de fidelidade.

- *Traduzir a noção de qualidade*: essa noção integra, ao mesmo tempo, o produto e o modo pelo qual ele é apresentado. Todas as atenções dispensadas ao produto podem ser, para o consumidor, uma garantia de qualidade, e, quanto maiores os cuidados para valorizar o produto, ou simplesmente destacá-lo, mais o consumidor tem o sentimento de que o produto é respeitado e, consequentemente, respeitável. Essa noção de qualidade é transversal e se aplica ao produto, ao ponto de venda em sua globalidade e, de modo mais específico, aos serviços associados à venda e ao pessoal, a fim de melhor responder a um consumidor preocupado com que o durável prevaleça sobre o efêmero.

O segundo objetivo do merchandising é o de afirmar a identidade da empresa. Diante do aumento das marcas, instaurou-se uma verdadeira corrida à imagem, destinada à conquista de novos territórios. É claro que os elementos que visam favorecer a compra vão contribuir para dar uma personalidade à marca: a localização, a disposição da loja, as vitrinas, a atmosfera,[1] a apresentação dos produtos, os serviços propostos e a qualidade sugerida integrarão os "traços distintivos" da marca. Mas, além desses elementos já citados, vários outros que contribuem para construir a imagem da marca devem igualmente ser levados em conta: a identidade da marca ou da própria empresa, sua identidade visual e sua comunicação (na medida em que esta está cada vez mais integrada ao ponto de venda), o mobiliário, a decoração, a cenografia, a animação. Para vender melhor, é preciso ultrapassar a estrita funcionalidade da relação marca-cliente, a fim de criar uma história em torno do produto e conferir-lhe uma dimensão suplementar – um dispositivo narrativo que faça o cliente tender ainda mais em direção ao objeto de desejo pela maneira pela qual este

---

[1] A atmosfera do ponto de venda resulta, especialmente, das escolhas sensoriais adotadas na loja, como, por exemplo, a trilha sonora ou o aroma transmitido.

é exposto, rodeado, contado. Os componentes da política de merchandising tendem, assim, a fazer uma apresentação ao consumidor da história da marca, para diferenciá-la das outras, evitando que se tenha uma visão genérica dela. Assim, o aspecto puramente cênico e narrativo do merchandising se oferece igualmente como um suplemento aos olhos dos clientes, instituindo um espaço de gratuidade lúdica e/ou afetiva em sua relação com a marca.

## As definições do merchandising

É difícil pensar em uma definição única de merchandising, visto que este é resultado de experimentações e, frequentemente, se organiza de forma diferente em cada empresa. Falaremos antes de definições, no plural. Como toda prática transversal, o merchandising toca e congrega diferentes estágios da vida do produto, de sua concepção ao momento em que é colocado à disposição do cliente, e por isso pode ser facilmente confundido com um desses estágios.[2] Segundo uma lógica metonímica, o termo merchandising serve, assim, sucessiva ou simultaneamente, para designar diferentes ações, seja a instalação nas seções, a apresentação, a exposição, a promoção de vendas ou até mesmo, mais diretamente, a constituição do estoque de produtos e das coleções – definição saída diretamente da aceitação que se dá do termo marketing anglo-saxão, mais amplo do que aquele geralmente empregado na França e que remete às três noções de *"planning, buying, selling"*.

A noção de merchandising para os americanos é, efetivamente, bem mais global do que a francesa, e é necessário destacar que, sob a influência de grandes grupos internacionais organizados segundo estruturas de origem america-

---

[2] "Não é a licença concedida pelo proprietário de um personagem, de uma instituição, de um museu ou de um monumento para fabricar em sua marca esse ou aquele tipo de produto. Não é a manutenção das mercadorias, a disposição nas seções, às vezes (raramente, hoje) efetuada por um fornecedor. Não é o trabalho de exposição, de decoração ou de promoção, mesmo que, às vezes, isso faça parte. Não é, como muitos ainda acreditam, o simples trabalho de apresentação dos produtos, mesmo que este seja indispensável e indissociável." Alain Wellhoff & Jean-Emile Masson, *Le merchandising: bases, techniques, nouvelles tendances* (Paris: Dunod, 2005).

na, a definição de função ligada ao merchandising que conhecemos na França tende progressivamente a se ampliar ao conjunto das etapas da vida do produto, desde a sua concepção até o ponto de venda, fazendo, desse modo, intervir de maneira simultânea e num mesmo nível hierárquico o desenvolvimento do produto ou da coleção e a direção de visual merchandising. O merchandising está, assim, a ponto de se tornar, sob a influência desse modelo internacional, uma função globalizante que intervém do início ao fim do processo, ao longo das diferentes etapas da vida do produto – de sua concepção à sua colocação no mercado e às modalidades dessa colocação. Mas ainda não chegamos a esse ponto, e a definição francesa do termo merchandising continua ainda, por enquanto, ligada à definição americana do "visual merchandising", aquela que orienta o modo como o produto vai ao encontro do cliente, por meio das diferentes manifestações do ponto de venda: implantação, display, imagem, etc.

> O visual merchandising é, para as marcas e empresas, o meio de dizer: isso é o que somos e isso é o que fazemos. Não se trata apenas de vender o produto apresentado, mas também de convencer o consumidor do valor desse produto, do valor da loja que o oferece e da organização que anima o conceito.[3]

Na França, as definições são numerosas e diferem segundo o que cada empresa considera como os componentes de sua ação de merchandising e as responsabilidades que decide serem de sua alçada. Elas variam, também, de acordo com o setor do consumo – ainda que, com maior frequência, venham do setor de distribuição alimentar, definições que os hipermercados e supermercados conhecem em sua origem, como a da Academia das Ciências Comerciais:

> O merchandising é uma parte do marketing, englobando as técnicas comerciais que permitem apresentar, nas melhores condições materiais e psicológicas, o produto ou o serviço que se pretende vender ao eventual comprador. O merchandising tende a substituir uma apresentação passiva do produto ou

---

[3] Entrevista com Martin M. Pegler.

do serviço; é uma apresentação ativa, que faz uso de tudo o que pode deixá-lo mais atraente: condicionamento, fracionamento, embalagem, exposição, disposição...

Assim, essa definição reduz o merchandising a uma simples "apresentação comercial" do produto. Em 1973, o Instituto Francês do Merchandising propôs, numa acepção mais ampla, definir o merchandising como

> o conjunto dos estudos e das técnicas de aplicação e de execução, separada ou conjuntamente, pelos distribuidores e pelos produtores, visando aumentar a rentabilidade do ponto de venda e o escoamento dos produtos, por meio de uma adaptação permanente do estoque às necessidades do mercado e pela apresentação apropriada das mercadorias.

Uma definição já mais global, mas que omite ainda a importância da imagem da marca através do ponto de venda, desafio que o merchandising deveria doravante tomar sob sua responsabilidade. Convém ainda destacar que se essas definições, muito genéricas e, sobretudo, muito "comerciais" no sentido estrito do termo, são menos precisas que antigamente, elas são ainda menos em um setor, o da moda, que sempre utilizou a ambientação do produto como um dos elementos centrais de seu valor agregado.

Hoje, a melhor definição de merchandising é a que responde aos desafios esboçados acima: ir fisicamente ao encontro do consumidor deixando límpida a leitura da oferta, convencê-lo intelectualmente sobre a história que se conta (seja de moda, de autenticidade, de singularidade, de tecnicidade, de qualidade, etc.), mas também seduzi-lo emocionalmente, sabendo surpreender, sensibilizar e divertir o consumidor. Uma definição que não se aplica apenas aos produtos de moda desde que marcas como Sephora, L'Occitane, Nature & Découvertes, Paul, etc. aplicaram um merchandising sofisticado a produtos (cuidados da pele, aromas, bússolas, pão) que até então passavam muito bem sem utilizá-lo. Uma definição que se organiza em torno de quatro eixos principais: estratégia e organização da oferta, gestão, sedução e comunicação.

- *O eixo estratégia e organização* leva em conta ao mesmo tempo a determinação do lugar onde será implantado um setor na loja e a estruturação da variedade em famílias de produtos, subfamílias ou temas. Isso se traduz no local de venda por zonas de implantação física dos produtos em torno das quais o consumidor circula. Isso resulta na segmentação da oferta de produtos e lhe confere uma lógica de organização que permite ao consumidor fazer uma leitura rápida, fácil e clara. Essa "inteligência" conferida à variedade, que a estrutura, faz dela não apenas uma sequência de produtos únicos, mas uma espécie de narrativa que se conta em termos de cores, de materiais e de visuais assim organizados.
- *O eixo gestão*, em função da superfície de apresentação da qual se dispõe e das proporções de rentabilidade, determina o tamanho do espaço de prateleira atribuído a tal família de produtos, subfamília ou tema. Mais adiante, nesse procedimento efetua-se o cálculo do tamanho da variedade, pelo número de referências que deve compreender tal tema ou família, e depois define-se a profundidade por referência, até mesmo o número de facings. Nesse nível de determinação, uma intervenção é, com frequência, necessária com relação à composição quantitativa da variedade (o número de referências por tema, por exemplo). Tudo isso concorre para otimizar as vendas do tema ou da família de produtos, mas contribui igualmente para o estabelecimento da oferta feita ao consumidor e, consequentemente, para a sua eventual decisão de compra.
- *O eixo sedução* tange a disposição e a animação do ponto de venda na sua totalidade, da concepção e instalação do mobiliário específico à decoração, sinalização, criação do ambiente, animação (imagens, telas, elementos narrativos...). Todos esses fatores refletem a identidade da marca e contribuem para desenvolver o "suplemento" evocado acima, encarregado de instaurar uma relação de gratuidade lúdica e/ou afetiva entre o cliente e a marca.
- *O eixo comunicação* diz respeito a todo o ponto de venda. Além dos suportes tradicionalmente identificados como meios de comunicação

– tais como fotos dos produtos em situação de uso ou dos elementos de sinalização –, o conceito do ponto de venda, suas vitrinas, sua disposição, os produtos que oferece, o ambiente que ali reina permitem à marca "mostrar sua identidade" e exprimir o que é e o que faz. O ponto de venda se tornou, hoje, um dos maiores vetores de comunicação da marca, desde a arquitetura exterior até suas vitrinas e sua disposição interior, e constitui cada vez mais um dos elementos-chave de leitura da sua identidade global. Para algumas marcas, como aquelas do grupo Inditex,[4] os pontos de venda representam quase o único vetor de comunicação no qual elas se apoiam para desenvolver sua imagem e sua notoriedade.

---

[4] O grupo Inditex possui as marcas Zara, Massimo Dutti, Bershka, Pull & Bear, Stradivarius, Osysho, Zara Home, Kiddy's Class.

# 2. A escolha de uma política

As especificidades do produto de moda

reflexo da vida sociocultural, propondo ao consumidor uma resposta aos seus gostos e às suas expectativas, todo fenômeno de moda tem por base uma lógica de descontinuidade temporal. Em consequência, o merchandising da moda comporta algumas particularidades inerentes às próprias características do produto de moda. Sazonalidade e renovação permanente das tendências e da oferta rapidamente deram um caráter de obsolescência ao merchandising. A moda veste o tempo no sentido cronológico do termo, mas também em seu sentido meteorológico. Aqui, também, o merchandising deverá se adaptar às diferentes estações, assim como às suas variações climáticas – primaveras tardias, invernos muito amenos, etc. –, que tornam, com frequência, aleatório o escoamento, ainda que planificado, dos estoques sazonais.

Correlativamente aos aspectos efêmero e sazonal do momento de moda, é imperativo nesse contexto, se um produto tem um escoamento insatisfatório, fazer um diagnóstico rápido: preço, estilo, local de exposição, destaque, etc., e encontrar uma solução: depreciação, mudança de local de exposição ou até mesmo de ponto de venda, destaque com outros produtos a fim de favorecer uma sinergia de vendas. A renovação da oferta, graças à recomposição regular dos itens a serem destacados e à introdução de novidades durante a estação, é indispensável para manter o interesse e o desejo do consumidor durante todo esse período. Enfim, e é isso que será evocado na sequência desta obra, a dramatização e a emoção constituirão a base de toda a exposição do produto de moda. O termo "dramatização", muito utilizado nos Estados Unidos,[1] deve ser considerado no sentido, já evocado, de teatralização da apresentação e, mais amplamente, da experiência proposta ao cliente, com a finalidade de apelar para sua emoção, de contar-lhe uma história que entra em ressonância com sua sensibilidade, suas expectativas e seus desejos.

O tempo da moda é cada vez mais rápido, e o ritmo de seus ciclos de vida influi diretamente no seu merchandising. Um princípio fundamental do marketing é que, antes de qualquer escolha estratégica, convém determinar o mercado no qual a empresa se insere ou deseja estar presente, quem são os indivíduos que o compõem e quais são seus comportamentos de compra. Gilles Marion lembra: "o marketing repousa, portanto, em um conceito de troca comercial polarizada pelo cliente, e a função do profissional de marketing consiste em executar o procedimento que conduz do reconhecimento dos interesses à concepção dos produtos".[2] Assim, o merchandising, cujos fundamentos mergulham na lógica da estratégia de marketing da empresa em termos de produtos, de preço, de comunicação, de imagem, segue esse processo de maneira idêntica, uma vez que as evoluções da distribuição e os comportamentos do consumidor são indissociáveis.

---

[1] Mary Portas utiliza, assim, como introdução à sua obra *Vitrines: stratégies de la séduction* (Londres: Thames & Hudson, 2000), uma citação do artista americano Andy Warhol: "Todas as lojas de departamentos se tornarão museus e todos os museus se tornarão lojas de departamentos" – uma ideia frequentemente retomada hoje.

[2] Gilles Marion, "Mode, marketing et théorie des convention", em *Repères mode & textile* (Paris: IFM/Regard, 1996).

No campo da moda, assim como em outros, atender às necessidades dos consumidores se revela vital. Assim sendo, fundamentar uma estratégia de marketing na simples expressão dessas necessidades pressuporia que o consumidor tem um comportamento racional, em função da utilidade percebida no produto, e que é capaz de descrever o que escolherá no futuro. Mas essas necessidades são "elementos endógenos, discutíveis, mutáveis, modificáveis coletivamente pelo trabalho da sociedade sobre si mesma", e trata-se, portanto, em vez de tentar exprimir seus desejos ao consumidor, de "observar o que se vende em nível internacional, assim como o que se olha, se escuta, se lê na mídia; o que se pratica na rua, nas escolas, nos estádios, etc. [...] A atenção ao tempo é uma das dimensões maiores das profissões da moda".[3]

O merchandising foi frequentemente apresentado como uma parte do marketing, com uma eventual noção de hierarquia que situava o primeiro no nível das consequências práticas do segundo: disposição de vitrinas, decoração, apresentação... O merchandising, no entanto, como catalisador da compra e vetor da identidade da marca através do ponto de venda, está em contato direto com o marketing, tomado em seu sentido mais amplo, colocando-se, inclusive, bem no início de sua reflexão. A política de merchandising deve garantir a coerência global da marca, desde os produtos oferecidos até a disposição da loja, passando pela comunicação. Assim, trata-se de "deduzir" a estratégia de merchandising das diferentes ancoragens estratégicas da marca: o público-alvo, o posicionamento, a política de produto, a política de venda e a imagem de marca.

## O conteúdo da marca

### O público-alvo

No contexto atual de pulverização do consumo e de forte concorrência, a tendência é a hipersegmentação. As marcas constroem variedades de produtos bem dirigidos e identitários, visando grupos de consumidores identificados

---

[3] *Ibidem.*

pelo viés de critérios comportamentais (atividades, atitudes, gostos), assim como de critérios sociodemográficos, como a categoria socioprofissional ou a renda; esses critérios são, em seguida, cruzados a fim de descrever o público--alvo de referência da marca. É importante destacar aqui que o critério da idade, ao qual se dava uma importância significativa há alguns anos, atualmente é considerado cada vez menos significativo em relação ao comportamento dos consumidores, com exceção, todavia, dos públicos muito jovens e dos idosos.

As lojas de departamentos francesas, sejam as Galeries Lafayette ou o Printemps, elaboraram, desse modo, uma segmentação de sua oferta de moda feminina em função de diferentes tipos de mulheres ou de "humores" que, diferentemente das antigas segmentações, levam bem pouco em conta a idade. Nas Galeries Lafayette Haussmann, por exemplo, a moda feminina é estruturada em três grandes universos, um por andar. Esses três universos se dirigem respectivamente às mulheres que buscam produtos "imagem", no auge da tendência; àquelas que, ainda que procurando produtos genéricos, são sensíveis às tendências do momento, mas sem excesso; e àquelas que desejam produtos atuais e acessíveis. Cada um desses universos é subdividido em vários subsegmentos, frequentemente organizados em torno de temas. Seguindo as circunstâncias de sua compra, uma mesma mulher pode se mostrar interessada por um ou outro desses diferentes segmentos. Atualmente, parece que é a identificação de atitudes diante da moda que orquestra majoritariamente os princípios de segmentação das lojas de departamentos; as antigas segmentações – clássico, sportswear, traje social ou juvenil – perdem a intensidade.

Mas, quaisquer que sejam os critérios escolhidos, essa hipersegmentação do público-alvo tende igualmente a deixar cada vez mais tênue a diferença entre os grupos de consumidores visados por cadeias concorrentes. Torna-se, portanto, indispensável definir de modo bem preciso os seus contornos. Toda dificuldade reside, assim, no fato de traduzir em termos de variedade, de produtos, de arquitetura do ponto de venda, de apresentação, etc. os traços comportamentais com os quais os consumidores de cada público-alvo deveriam se identificar. A definição de públicos-alvo cada vez mais determinados leva algumas marcas a nichos específicos, como se vê no Bon Marché, cujo Espaço Week-end não é nem verdadeiramente uma loja de esporte nem simplesmente uma butique de sportswear. O princípio consiste em oferecer aos clientes, homens e mulheres, uma seleção de "bons produtos" complementares, úteis para seu lazer: roupas, calçados ou acessórios. A oferta se organiza ao redor de temas tais como o *yachting*, a caminhada, o golfe, etc.

Na mesma linha de ideias, a empresa americana Abercrombie & Fitch foi uma das primeiras a visar um público-alvo que ninguém havia considerado como tal antes: o dos jovens entre 14 e 20 anos. A história que lhe propuseram foi a da autenticidade dos colégios americanos, à qual se acrescentou uma visão contemporânea do estilo *preppie*[4] e um apelo à natureza que não se ancoram nem em um lugar nem em uma época. É o universo do escotismo e das colônias de férias americanas onde se pratica canoagem e tênis. A oferta de produtos se organiza em redor de manequins vestidos com total look, calça--camisa-suéter-boné para meninas e meninos, em uma loja sem vitrinas, na qual um jovem com o dorso bronzeado e seminu recebe os clientes. Entra-se, então, em um lugar sobriamente arrumado – paredes e mobília brancas, piso de tábua escura –, mas onde a música é infernal e a iluminação reduzida ao mínimo. O sucesso de Abercrombie & Fitch se deve à aposta bem-sucedida de se dirigir a um grupo muito influente em matéria de consumo de moda e que nunca tinha sido visado como tal pelo seu universo de referências. Desde sua criação, Abercrombie mostrou o caminho para outras marcas que se inspiraram em seu posicionamento, como é notadamente o caso de American Eagle e Aeropostale, ou em sua atmosfera, como Hollister.

Como a escolha do público-alvo determina de modo fundamental a estratégia da marca em matéria de marketing, determina, em consequência, como ela fará seu merchandising. Assim, nos Estados Unidos, o público-alvo de Banana Republic foi completamente repensado pelo grupo Gap, a quem a marca pertence: o conceito inicial era quase exclusivamente centrado no universo do

---

[4] O estilo *preppie* nos Estados Unidos parece com o estilo BCBG (bon chic bon genre) na França. [No Brasil, poderíamos relacionar esse estilo ao chamado Mauricinho e Patricinha. (N.T.)]

safári, com battle dresses e jaquetas "saarianas" relativamente simples, vendidos em um ambiente narrativo levado ao extremo: palmeiras, madeira bruta, ventiladores e *ratar* evocando uma cabana de caçador africano em plena Madison Avenue. Um conceito que fará surgir vários concorrentes, pois esse período corresponde ao da abertura na América das primeiras flagship stores de Ralph Lauren, à descoberta das técnicas do merchandising narrativo, que iria dar início, especialmente na França, ao movimento neobritish, inundando lojas e vitrinas com velhas raquetes, velhas malas, tacos de beisebol e outros enfeites que evocam a Nova Inglaterra. Mas, a partir de 1987, passado o entusiasmo pelo safári, o público-alvo da Banana Republic se viu reduzido a um grupo de fiéis. O grupo Gap decidiu então conservar a marca, porém visando um público totalmente diferente, *a priori* mais amplo, formado de uma clientela urbana que trabalha e busca roupas de qualidade, e que se inscreve no quadro de um universo profissional codificado ao extremo. As roupas de selva deram, então, lugar a um workwear constituído de twinsets, camisas e terninhos. Quanto ao conceito das lojas, foi totalmente repensado em torno de uma atmosfera minimalista chique e urbana, de espírito bem business, muito estruturado (grandes volumes, tetos altos, escadas grandes), e que anunciava o espírito decorativo dominante na década de 1990.

## O POSICIONAMENTO

Consequência direta da escolha do público-alvo, o posicionamento tem igualmente uma incidência direta na escolha de uma política de merchandising. Trata-se de delimitar e destacar os traços de caráter, que realmente distinguem a marca e que correspondem a uma expectativa do mercado. A marca americana Urban Outfitters é um bom exemplo disso, oferecendo a uma clientela jovem e urbana um universo multiproduto (da moda à decoração) e multimarca, com um merchandising inspirado pela atmosfera e pela arquitetura de *lofts* nova-iorquinos. No caso das lojas de departamentos, a busca de posicionamento é igualmente capital. Na Europa, todas propõem mais ou menos as mesmas marcas, tanto na moda feminina como nos outros setores. Muito ligadas à expressão de sua identidade, elas tendem, geralmente, a recriar, sob forma de corners ou de shop in shop, lojas à semelhança de seus conceitos de marketing e merchandising. Nesse caso, por que o cliente escolheria fazer suas compras de marcas em tal loja de departamentos em vez de em outra? É a própria loja, com o conceito que propõe ao redor das marcas, que deverá fazer a diferença. As lojas de departamentos decidiram, assim, trabalhar seu posicionamento para afirmar sua diferença. Na França, o precursor no assunto foi sem dúvida o Bon Marché: única loja de departamentos parisiense situada na Rive Gauche fez dessa especificidade seu principal trunfo, jogando com uma seleção muito forte de marcas e um claro aumento de padrão, combinado a um poder de negociação mais forte na relação entre a identidade de sua marca e a das marcas presentes em seu espaço – mesmo possuindo apenas uma loja, contrariamente ao Printemps e às Galeries Lafayette, que dispõem, respectivamente, de cerca de vinte e sessenta lojas. Um posicionamento que se articula em torno de valores de luxo, de criatividade, de qualidade e de serviço, e de uma imagem de cultura e de refinamento destinada à clientela francesa e estrangeira de poder aquisitivo alto. Nos Estados Unidos, o posicionamento de cada rede de lojas de departamentos é, do mesmo modo, extremamente claro – assim, no grupo Macy's Inc., o posicionamento ocupado pela Bloomingdale's é claramente superior ao padrão de qualidade ocupado pela marca Macy's.

## A política de produto

Escolher que produtos vão constituir a variedade da loja e que organização vai estruturá-la está naturalmente condicionado pelas duas etapas precedentes: a escolha do público-alvo e o posicionamento. Essa terceira etapa é, sem dúvida, um dos fundamentos da implementação do merchandising nos pontos de venda. É, portanto, numa preocupação com a coerência que a constituição da variedade, de um lado, e o processo de merchandising, de outro, devem se realizar – duas dimensões que, como vimos, coexistem na concepção anglo-saxã da função do merchandising. Um dos primeiros objetivos consistirá, assim, em favorecer a legibilidade da oferta segmentando-a por famílias, por temas, por visuais – até mesmo por preço, especialmente em período de liquidação –, de modo que esses elementos possam em seguida ser sucessivamente encaixados uns nos outros, um pouco como as bonecas russas. Dessa escolha dependerá a construção do display dentro do ponto de venda. Numerosas são as marcas ou bandeiras que, como Max Mara, Zara ou H&M, desenvolveram várias linhas de produtos, com frequência concebidas por uma equipe dedicada, dotadas de uma identidade – estilo, nome, universo de merchandising, etc. – que lhes é específica. Coabitando todas em um só local de venda, essas diversas linhas são destinadas a públicos diferentes ou a um mesmo público, mas para usos diferentes. No espírito do consumidor, elas são em geral percebidas como marcas independentes, abrigadas por uma marca mãe. Max Mara divide, assim, sua oferta em várias submarcas que visam diferentes clientelas (ou diferentes necessidades de uma mesma clientela): Max Mara para os produtos com preços mais altos fabricados com materiais luxuosos; Week-End para os produtos descontraídos e o sportswear chique; Sportmax para produtos de vanguarda, mais na linha dos "designers"; Max & Co para produtos mais acessíveis. Cada uma dessas submarcas é, por sua vez, declinada em diferentes linhas: assim, Max Mara é dividida em Max Mara, Max Mara Basic e MM; Sportmax, em Sportmax, Sportmax Défilé, Sportmax Code, S de Max Mara, etc. Cada uma dessas linhas é, em seguida, estruturada por temas de cores e de materiais, compostos de produtos organizados em visuais completos: saias de dois comprimentos, calças, paletós, camisas, blusas de malha… Em cada loja, em seguida, o display será organizado por linhas e depois, no interior de cada coleção, por temas. A legibilidade é acentuada por uma etiquetagem dos produtos em nome de cada coleção. Encontramos essa mesma lógica de organização da variedade na Marina Rinaldi, outra marca do grupo Max Mara, em Penny Black ou ainda em Marella, cujo público-alvo é a mulher gordinha.

## A política de venda

A maneira de organizar a venda varia enormemente de uma marca a outra. Como várias linhas ou vários padrões de qualidade são oferecidos, far-se-á a opção seja por vendedores polivalentes, seja por vendedores especializados. Na butique Hermès da rua du Faubourg Saint-Honoré, catorze "especialidades" são representadas: objetos em couro, seda, objetos de montaria, bijuteria, etc. Cada vendedor é ligado a um setor específico e, quando um cliente deseja comprar outro tipo de produto, é conduzido até o vendedor responsável por esse outro setor. A venda é, assim, completamente assistida, pois os produtos são, com frequência, colocados nos móveis de apresentação de tal modo que o cliente não consegue ter acesso a eles sozinho. Seguindo a mesma lógica, a variedade não é sempre apresentada de maneira sistemática. É o caso da maioria dos protagonistas do luxo, Hermès, Prada e Yves Saint Laurent, mas também Louis Vuitton, cujos pontos de venda se caracterizam por uma organização do tipo tradicional: um balcão e um vendedor, intermediário e consultor entre o produto e o cliente. Esse sistema, que contribui para reforçar a imagem de preciosidade do produto, é com frequência encontrado no setor de luxo, não importa o tipo de produto oferecido. Uma venda aconselhada mais flexível exprime a vontade de atribuir uma maior liberdade aos clientes, deixando-lhes um acesso direto aos produtos. Nesse caso, o vendedor está presente para aconselhar e ajudar, mas o consumidor também pode conservar sua autonomia, se desejar fazê-lo.

Qualquer que seja a política de venda escolhida, o vendedor deveria, idealmente, desempenhar um papel de técnico do produto (ser capaz de explicar sua composição, seu funcionamento, sua tecnicidade) e de consultor (adaptação às circunstâncias da compra, associação com outro produto), conseguindo "encarnar" a marca. Se retomarmos o exemplo de Abercrombie & Fitch, em que o objetivo da marca é fazer os consumidores entrarem em um universo com o qual se identificam fortemente, as equipes de venda têm a mesma idade e o mesmo estilo dos consumidores visados, e, assim como a equipe de direção, usam sempre os produtos da coleção. A exemplo de seus clientes, as equipes "vivem" a marca, o que representa um dos componentes de seu sucesso.

Em outro segmento do mercado, Marina Rinaldi, que tem por público-alvo as mulheres que vestem mais de 44 (o que representa nada menos que 40% das mulheres, tanto na França como na Itália), utiliza todos os meios para convencer as consumidoras, frequentemente confrontadas com uma ausência de escolha, de que estão entrando em uma "verdadeira" butique de moda. Além de seu papel de conselheiras em matéria de cores, formas ou associação de produtos, as vendedoras têm por missão efetuar um trabalho psicológico com as clientes, em relação direta com as características físicas do público-alvo. Trata-se de entender as dificuldades das mulheres em se aceitarem, de não dramatizar o fato de estarem em uma butique "especializada" e de ali se despirem. Ao reconhecer que são aceitas por si mesmas, essas consumidoras, confrontadas às vezes no passado com desastrosas experiências de compra, continuarão, provavelmente, fiéis à marca. O objetivo de Marina Rinaldi é estabelecer com suas clientes uma relação baseada na confiança em seus produtos e em suas vendedoras, de um modo, sem dúvida, próximo da intimidade e da cumplicidade. Da mesma forma, as vendedoras que veem entrar na butique uma cliente que não pertence ao público-alvo, pois usa menos de 44, têm por princípio explicar-lhe a coleção e mostrar-lhe os produtos – seguindo a ideia de que essa visitante pode desempenhar um papel de conselheira para uma amiga ou parente mais gorda que ela, e até mesmo se tornar, um dia, ela mesma cliente da marca. Em cada um desses dois últimos exemplos, o merchandising tem, evidentemente, o papel de facilitar a explicação da coleção e destacar a personalidade própria do produto e da marca.

### A imagem de marca

Sabemos que a maneira como uma marca se apresenta, que contribui para criar sua imagem para o consumidor, passa por múltiplos vetores: produtos, serviços e rede de distribuição, comunicação e identidade visual, mas também arquitetura dos pontos de venda e merchandising. Sabemos também como é frágil a adequação entre a imagem desejada pela marca e a imagem percebida pelo consumidor, sobretudo se o conjunto da proposta – do produto à comunicação, passando pelo ponto de venda – não é trabalhado coerentemente. Quando a marca deseja fazer sua imagem evoluir, é necessário que considere como cada elemento se integrará ao projeto da nova orientação. Marca muito antiga, a Petit Bateau* se esforçou em tomar novo fôlego graças à modernização de seu logotipo. O trabalho da agência a quem foi confiado o projeto incidiu igualmente na embalagem, na promoção publicitária, na mobília, nas sacolas, nos brindes destinados aos clientes, etc. Julgado muito clássico, o antigo logotipo foi redesenhado para se tornar um verdadeiro "barquinho de criança". Ele também foi colorido. Baseando-se em um tom de azul e um de amarelo, a agência concebeu um novo padrão gráfico e propôs identificar, pelas cores assim determinadas, os diferentes segmentos da coleção. Após elaborar a nova identidade visual, a arquitetura das lojas foi igualmente repensada a fim de que, em cada butique, se encontrasse o mesmo espírito. A agência apresentou o vocabulário "naval" da marca de várias maneiras: dispositivos de metal e de madeira, caixas para pagamento em forma de proa, velas e cordames estendidos, estrelas-do-mar incrustadas no chão, etc. Afinal, a partir da ideia de renovação do logotipo – e porque a lógica e a coerência da marca foram duas noções inscritas permanentemente como pano de fundo do trabalho desenvolvido –, a marca adotou inteiramente esse novo conceito. Isso lhe permitiu modernizar e rejuvenescer sua imagem sem uma verdadeira ruptura com o passado, uma evolução que acompanhou a recuperação econômica da empresa.

Mais recentemente, a Petit Bateau fez, novamente, evoluir sua identidade visual para se alinhar ao novo posicionamento transgeracional da marca. Efetivamente, além dos segmentos infantil e feminino, a marca inclui agora o masculino em sua oferta. Essa mudança de identidade visual atingiu não ape-

---

* Barquinho. (N. T.)

nas o logotipo, que agora é azul-escuro, mas também a arquitetura do ponto de venda, seu mobiliário, as sacolas, etc., cujas cores são hoje o branco-puro – referência ao algodão – e o azul-escuro – referência ao mar. Enfim, a configuração do local de venda também evoluiu, oferecendo peças que correspondem a cada um dos públicos-alvo da marca.

Os diferentes componentes da marca são o fermento que vai permitir a execução do merchandising segundo um esquema de interações permanentes. É, portanto, a partir dos elementos identificadores da marca que o conceito é construído, com o duplo objetivo de destacar a variedade e afirmar sua identidade, tudo em coerência com o posicionamento e o público-alvo.

# 3. A execução

**n**a conclusão de sua obra consagrada ao merchandising, Alain Wellhoff e Jean-Émile Masson[1] falam de sua crença em um merchandising em constante evolução:

> O merchandising não parou de nos surpreender. Pensamos que é mais uma cultura, um estado de espírito, do que um conjunto de técnicas. Certamente essas técnicas são indispensáveis, mas é preciso ultrapassá-las rapidamente para retomar o olhar simples do consumidor, cuja satisfação é o objetivo final.

Este capítulo se propõe a efetuar um sobrevoo dessas – numerosas – técnicas que não podem deixar de ser executadas a fim de apresentar o melhor possível dos pontos de venda.

---

[1] Alain Wellhoff & Jean-Émile Masson, *Le merchandising: bases, techniques, nouvelles tendances* (Paris: Dunod, 2005).

## O conceito da loja

Podemos nos perguntar sobre a pertinência de implantar, quaisquer que sejam a cidade e o lugar, um conceito de loja invariável, tanto em sua concepção arquitetônica quanto em sua organização e oferta. Ou seria melhor, ao contrário, levar em conta as particularidades locais da demanda e se adaptar a elas? As cadeias especializadas, com a preocupação de facilitar a gestão e maximizar a rentabilidade, escolheram com frequência, no início, fazer uma oferta de produtos idêntica, quer o consumidor morasse em Paris, ou no interior da França, quer no estrangeiro, deixando os ajustes para serem feitos, em geral, *a posteriori*, em função das variações dos resultados e por meio de reabastecimentos. Ora, essas práticas evoluíram amplamente graças, especialmente, à generalização dos sistemas de informação, que permitem uma análise e, por consequência, uma gestão cada vez mais controlada da oferta. Assim, o conceito arquitetônico e a disposição do ponto de venda são em geral idênticos em toda a rede da marca; em contrapartida, o leque de produtos será adaptado em função do local de venda. Para isso, cada loja de uma mesma rede será analisada e depois agrupada com outras em uma categoria, dispondo uma rede, em média, de três a cinco categorias, definidas pelas letras A, B, C, etc.

Cada marca elabora sua própria tipologia com base na análise de diferentes critérios, como a localização, o tipo de clientela ou a área do ponto de venda. De fato, cada loja disporá de uma variedade específica segundo a categoria em que estiver inserida. Em geral, um núcleo de produtos comum a todos os pontos de venda é determinado. Em seguida, variedades complementares são construídas a fim de completar, se necessário, essa oferta de base, segundo a categoria à qual pertence a loja. Quando essas ferramentas de adaptação em cada ponto de venda são corretamente estabelecidas, incluindo suas aplicações de merchandising, fica mais fácil corrigir as variações de desempenho de um mesmo produto de uma butique a outra, por meio, especialmente, de transferências de mercadoria entre pontos de venda. A diferenciação da variedade é uma primeira resposta a essa distorção dos desempenhos: tal linha pode ser desenvolvida, tal cor usada em menor quantidade, tal destaque reforçado e, do mesmo modo, os outros aspectos do merchandising (vitrinas, rotações, estilo do pessoal de venda, serviços, horários, etc.) poderão ser reestruturados. Na realidade, graças às diferentes ferramentas das quais as marcas dispõem, associadas à competência dos analistas que interpretam os dados disponíveis, essa adaptação da oferta se torna cada vez mais sofisticada.

Convém, entretanto, temperar as vantagens do micromerchandising, deslocando assim a problemática de uma oposição "conceito invariável x conceito localmente modulável" para "práticas de merchandising e variedade comuns x micromerchandising". Não se trata, com efeito, de operar essas modificações em detrimento da identidade da marca e de sua rentabilidade, e, no que se refere a este último ponto, parece arriscado multiplicar as pequenas séries em detrimento das grandes, cuja rentabilidade é superior. Assim, a parte de produtos comuns ao conjunto dos pontos de venda da marca deveria representar de 60% a 80% da variedade total de cada loja. Se o objetivo final é, a princípio, poder dispor em cada ponto de venda de uma variedade de produtos e de serviços voltados para as características de sua clientela, isso pode se revelar bastante complexo e, às vezes, impossível de executar.

Construir um novo conceito de loja ou renovar o existente não é possível sem levar em conta o retorno do investimento. Este varia em função do montante do investimento inicial e, sobretudo, da margem que se poderá esperar conseguir com a venda dos produtos, do número de clientes que serão atraídos e da duração de vida previsível do estilo de arquitetura escolhido. Os custos dessa reestruturação são estudados por metro quadrado. Segundo os pontos de venda e os conceitos, o custo do metro quadrado reestruturado se situa por volta de 600 euros, se a butique se encontra em um centro comercial; entre 1.200 e 1.800 euros, se ela se situa no centro da cidade; e mais ainda se for uma butique de luxo cujos investimentos podem ir de 6 mil a 10 mil euros por metro quadrado. Além disso, é importante destacar o fato de que o primeiro ponto de venda reestruturado com o novo conceito exige um investimento mais alto por metro quadrado. Daí o interesse em replicar em seguida esse conceito no maior número de pontos de venda possível, a fim de se beneficiar de economia de escala. Para evitar qualquer risco de custo adicional, está prevista, no desenvolvimento da definição do conceito, uma fase de testes, que podem ser feitos em uma butique piloto – cujo funcionamento e desempenho são acompanhados durante vários meses, propiciando modificações e ajustes – ou em centros de pesquisas, onde são realizados em tamanho real em áreas restritas, que permitem o mesmo tipo de ajustes.

A determinação do conceito é submetida a um princípio aparentemente paradoxal: prever uma duração de vida potencial suficientemente longa para maximizar as amortizações, que é em geral de cinco anos, reservando ao mesmo tempo ao conceito a possibilidade de evoluir durante esse intervalo de tempo, já que a necessidade de atualização exigida pelo mercado se opõe à gestão da perenidade da marca. Assim, a duração de vida média de um conceito, que anteriormente era de sete anos, atualmente é de cinco anos; as obras de revitalização são realizadas a partir do segundo ano depois de aberto o ponto de venda. Além disso, os componentes do conceito são igualmente levados a evoluir em função das modas e das necessidades. A maioria das marcas privilegia, em consequência, reestruturações moduláveis e materiais duráveis, de fácil manutenção, que envelhecem bem e não exigem investimentos muito altos. Essa evolução do conceito ao longo do tempo se justifica também pelo fato de que uma mudança radical de conceito pode constituir um verdadeiro risco e gerar perturbações na marca ou bandeira. Do mesmo modo, a adaptação de um conceito segundo zonas geográficas, ou mesmo de um ponto de venda a outro, é uma prática que tende a se desenvolver cada vez mais frequentemente dentro de uma marca.

## A localização dos pontos de venda

O primeiro item do processo de execução do merchandising é o estudo da zona de clientela da loja e a fixação de sua localização. O primeiro dado é a cidade em que vai se situar o ponto de venda, determinada em função da estratégia de desenvolvimento geográfico da marca. As empresas criam, assim, uma lista de preferências e de prioridades estruturada em torno de cidades de primeira escolha, depois, de cidades de segunda escolha, e até mesmo de cidades de terceira escolha. Esses critérios e sua posição na lista variam segundo as empresas; efetivamente, algumas privilegiarão em primeiro lugar as grandes metrópoles, enquanto outras vão preferir cidades de menor importância. A arbitragem pode também se fazer sobre o critério centro da cidade × periferia, etc. Essas listas são completadas com repertórios dos melhores bairros e das ruas mais pertinentes.

As marcas de luxo e os estilistas escolhem sistematicamente localizações que correspondem à expressão de seu universo: Dior, a avenida Montaigne, Jean-Paul Gaultier, a galeria Vivienne, Martin Margiela, a rua de Montpensier. Já Isabel Marant escolheu a rua de Charonne, em Paris, a Mercer Street, em Nova York, e a Smith Street, no Brooklyn, visando, desse modo, uma clientela de iniciados. Algumas multimarcas fazem o mesmo: Jeffrey e Comme des Garçons no Meat Market de Nova York, ou na 10 Corso Como, em Milão. Mas a escolha de uma localização pode também refletir a vontade da marca de deslocar um pouco o universo de referências do qual saiu. Assim, ao escolher a Champs-Elysées para abrir sua primeira megastore, Louis Vuitton afirma sua vontade de aumentar a pressão comercial e ampliar sua clientela incluindo a de uma avenida bem movimentada e turística. De modo geral, decidir sobre onde implantar um novo ponto de venda não é apenas uma questão de localização, independentemente do prestígio que ofereça. Os objetivos de aumento do faturamento pela criação de novos pontos de venda, combinados à rentabilidade de cada loja, tornam indispensável a execução de um estudo extremamente preciso das condições de implantação das futuras butiques.

O ideal é observar os resultados de uma análise das características espaciais do mercado com objetivos de marketing e estratégias precisas. Se tomarmos o exemplo de uma cadeia de lojas especializadas em prêt-à-porter, a primeira etapa é fazer uma lista das necessidades de novos pontos de venda em cada região de implantação, e definir uma ordem de prioridade entre essas necessidades. Assim, é possível reduzir a canibalização potencial entre butiques da mesma marca. Por outro lado, convém não perder de vista que o consumidor diversifica seus locais de compra. Ele compra tanto no centro da cidade quanto na periferia, ou ainda em outras cidades. Consequentemente, a tipologia de implantação das lojas se torna mais complexa. Uma análise da zona de clientela e da população suscetível de ali circular não é mais suficiente. É preciso também levar em consideração o ambiente comercial dessa zona: onde e a que distância se situa o centro comercial mais próximo? Há, por perto, outras áreas que atraem a população? Enfim, é indispensável analisar precisamente a concorrência, a começar por seus aspectos positivos: que tipo de fluxos e de clientela ela cria? E depois seus aspectos negativos: quais são as marcas dominantes? Como vão se dividir as despesas do consumidor? As respostas a essas perguntas permitirão determinar a existência de uma demanda potencial para os produtos comercializados pela marca ou, ao contrário, a saturação desses produtos no mercado local.

## Arquitetura e disposição

A execução do merchandising em um ponto de venda começa pela arquitetura comercial, que – diferentemente da decoração, que cria um cenário para o lugar – dá vida à sinergia entre o local e o produto. A arquitetura comercial trabalha tanto nas paredes – interiores e exteriores – da loja quanto na apresentação e na valorização dos produtos. O primeiro elemento físico da arquitetura comercial – já que é o primeiro a ser visto pelo consumidor – é composto pelo edifício em que se encontra a loja e por sua fachada. A loja está presente em uma rua ou em um corredor de um centro comercial da mesma maneira como um produto está situado na gôndola de uma seção de supermercado, e, a mesmo título, deve ser destacada, como o produto, por sua embalagem. Seu aspecto exterior deve capturar a atenção das pessoas e permitir afirmar, de modo muito claro e sem nenhum equívoco para o consumidor, sua vocação. Uma loja de roupas de alto padrão para mulheres, de tipo butique ou galeria, se distingue imediatamente de uma loja de roupas destinada a um público-alvo jovem, caloroso e aberto, como as lojas de esportes. A fachada deve permitir avistar a loja de longe, vê-la de frente, mas também, se possível, de vários ângulos, se existir a possibilidade de explorar um espaço que possua uma dupla ou mesmo uma tripla exposição. O prédio e a fachada compreendem três partes essenciais, sem contar as vitrinas: a arquitetura do prédio propriamente dita, a placa com o nome da loja e os detalhes complementares, como o toldo, a porta, a vegetação, o acesso, etc. A arquitetura exterior da butique pode ser completamente recomposta em relação aos prédios que se encontram ao redor, a exemplo da Disney Store da Champs-Elysées. A fachada, por sua composição, que mostra, a partir do lado de fora da loja, personagens de desenhos animados, e por suas cores, em que domina o rosa, contrasta com o estilo clássico dos edifícios da avenida. A afirmação do universo da marca, da identidade da loja e de sua atividade é muito forte. No Japão, país em que tudo é possível em matéria de criação arquitetônica, algumas marcas, especialmente as do setor de luxo, constroem prédios cuja identidade arquitetônica é confiada a arquitetos de renome, como Renzo Piano, Herzog & De Meuron, Tadao Ando, Toyo Ito e Kazuyo Sejima. Em Tóquio, por exemplo, são incontáveis os projetos espetaculares dos prédios ocupados por Chanel, Hermès, Dior, Gucci, Prada, Tod's, etc. Ao contrário, algumas artérias que se tornaram, com o tempo, emblemáticas do universo da moda, tais como a Quinta Avenida, em Nova York, ou a avenida Montaigne, em Paris, impõem sua arquitetura como uma referência às butiques que ali se instalam. Na Quinta Avenida, percebemos uma sucessão de butiques com paredes de pedra que vão do cinza ao bege, passando pelo branco, ornamentadas de ferragens pretas opacas ou de ornamentos dourados, também opacos. Assim, na Europa, particularmente na França, as obrigações arquitetônicas são extremamente limitantes, o que não permite às marcas exprimir-se pela arquitetura como o fazem na Ásia. Com efeito, é preciso que levem em conta as obrigações suscitadas pelo fato de se implantarem em áreas históricas e protegidas pelo patrimônio cultural regras de respeito ao estilo que restringem ou proíbem um bom número de transformações em potencial.

Mas trata-se, em todo caso, por meio da concepção arquitetônica da fachada e das cores e materiais utilizados, de estar em sincronia com a identidade da marca e com a imagem que ela deseja veicular. Testemunha disso é o preto das fachadas de Sonia Rykiel ou o cinza-pérola e os ovais com molduras brancas da butique Dior da avenida Montaigne. O logotipo, "assinatura" da marca, é às vezes repetido, complementarmente à placa de sinalização, na porta da loja e nas vitrinas, e até mesmo nas paredes interiores ou na fachada. Além dos logotipos, são também utilizados nesses mesmos suportes alguns elementos que fazem parte do vocabulário da marca, como o couro matelassê das bolsas Chanel, retomado nas poltronas, ou ainda o tweed utilizado nos tecidos dos móveis. Do mesmo modo, na loja Louis Vuitton de Ropongi Hills, em Tóquio, foi desenvolvida uma "lâmina" de aço que retoma um dos motivos da tela "Monogram", e é utilizada para dividir o espaço interior da loja. Entretanto, apesar desses diferentes exemplos tomados no universo do luxo, defende-se geralmente que muitos logotipos dispersados aqui e ali dão uma conotação de baixo padrão à butique. Em oposição, algumas marcas decidiram não colocar uma placa na fachada exterior nem logotipos ou qualquer elemento que lembre a marca no interior do ponto de venda. Essa tendência se encontra entre os japoneses, especialmente nas butiques Comme des Garçons de Tóquio, Nova York e Paris, mas igualmente nas lojas Dover Street Market lançadas por Rei Kawakubo, a designer de Comme des Garçons.

Uma vez que se chegou à fachada, a arquitetura do ponto de venda deve favorecer o acesso e a recepção do cliente. Assim, é impensável fazer o cliente ser obrigado a ultrapassar vários obstáculos para ali entrar. Quando a porta de entrada não se abre sozinha, a concepção e a ergonomia de seu puxador deverão ser estudados de modo que o cliente não sinta nenhuma dificuldade para abri-la e tenha um primeiro contato físico agradável com a loja. A cobertura, localizada acima da porta de entrada, estende a presença física do ponto de venda até a calçada. Característica de algumas butiques antigas ou tradicionais, em particular nos Estados Unidos, ela é também utilizada no âmbito de novos conceitos. Além de singularizar a entrada da butique, permite abrigar os clientes e pode também servir de espaço para o anúncio de um evento ou de uma ação promocional. Os toldos, móveis ou não, são igualmente um elemento de decoração da fachada. Abrigam os pedestres das intempéries, ou mesmo do calor, permitindo suavizar a luminosidade exterior ou mascarar um reflexo que transformaria a vitrina em um gigantesco espelho. Constituem locais ideais para aplicar o logotipo da marca. A iluminação exterior permite assinalar a loja nas horas escuras do dia, destacando o logotipo, por exemplo. Arbustos ou flores podem pontuar a fachada e destacar sua entrada, como se ali houvesse um terraço. Eles "privatizam" às vezes o espaço em frente à fachada, como é o caso de diversas butiques da avenida Montaigne, em Paris. O local assim delimitado não é ainda a loja, porém não é mais exatamente a rua. O consumidor ganha assim uma certa intimidade para olhar as vitrinas. Algumas marcas vão mais longe ainda, decidindo instalar suas butiques em casas independentes, com um jardim que é necessário atravessar para poder entrar no ponto de venda. Esse é o caso, especialmente, das butiques Paul Smith de Notting Hill, em Londres, e de Shibuya, em Tóquio, ou ainda da butique L'Éclaireur, no bairro de Omotesando, em Tóquio. Há alguns anos vemos também aparecer cercas vivas, como aquela concebida por Patrick Blanc para a fachada exterior do BHV Homme da rua de la Verrerie, em Paris. Quando o padrão de qualidade é mais baixo, é o letreiro com o nome da marca que assume a preponderância, com seu grafismo e sua paleta de cores.

## As vitrinas

O elemento exterior fundamental do ponto de venda é constituído por sua ou suas vitrinas.[2] Essencial para a identificação da marca, a vitrina é ao mesmo

---

[2] Na distribuição tradicional, entende-se. Robert Rochefort o destaca em *La société des consommateurs* (Paris: Odile Jacob, 1995): "Já notou o que diferencia ainda hoje – de cara, poder-se-ia dizer – a grande distribuição de todas as formas tradicionais do comércio? Parece tão evidente que não nos damos conta: a ausência de vitrinas. No espírito do comerciante, a vitrina é um tipo de publicidade; é uma das primeiras formas de sedução: deve incitar o cliente a ultrapassar a entrada, a entrar em seu universo. [...] Não há nada disso num hipermercado; o consumidor não entra, ele já se encontra dentro! O estacionamento

tempo o reflexo da oferta de produtos, de seu estilo, do público-alvo e do posicionamento de preço. Ela contribui para a construção da imagem da marca e constitui o primeiro vetor de comunicação com a clientela:

> Assim como os olhos são as janelas da alma, as vitrinas revelam a alma da loja. Elas comunicam o que constitui sua essência, mesmo que seja através de uma apresentação impassível, que permanece igual muito tempo depois da hora do fechamento e da saída do último cliente.[3]

Como um transeunte só se detém, em média, entre dois e sete segundos em frente de uma vitrina, esta deve se conformar a alguns princípios que visam testar tanto a sua visibilidade como a sua clareza: estar evidentemente perceptível, rapidamente legível, só apresentar, como em um anúncio publicitário, uma ideia por vez, apenas uma mensagem, prender a atenção do transeunte para incitá-lo a entrar na butique, ser proporcional ao tamanho do produto, para evitar que o olhar do consumidor não se perca (as vitrinas de joalherias são, com frequência, de pequeno tamanho, para colocar as joias em destaque e circunscrever o perímetro de atenção dos transeuntes – e, além disso, devem estar na altura dos olhos).

A forma das vitrinas se inscreve no design da fachada da loja e lhe dá, com frequência, seu ritmo. Elas podem ser simplesmente paralelas à rua, ou despregar-se e formar um ângulo com a porta de entrada, limitando assim os reflexos inoportunos, ou ainda tomar a forma da esquina de uma rua. A cada uma dessas possibilidades se acrescenta aquela de um envasamento, ou seja, uma parte não envidraçada entre a calçada e a parte inferior do vidro. Trata-se em geral da parede do edifício tal qual é tratada junto ao resto da fachada. Se essa não existir, o vidro descerá até a calçada. As dimensões das vitrinas condicionam algumas de suas disposições. As vitrinas pequenas, do tipo das vistas em joalherias, por exemplo, cuja área é de algumas dezenas de centíme-

---

que rodeia cada grande centro de compras é bem mais que uma simples comodidade. É uma verdadeira antecâmara invisível".

[3] Mary Portas, *Vitrines: stratégies de la séduction*, cit.

tros quadrados, devem ter uma iluminação bem forte para dirigir a atenção dos transeuntes para os objetos, que são, em geral, de tamanho pequeno. Mas, considerando as dimensões da vitrina, o dispositivo de iluminação também deve ser de porte pequeno. Quando ela é muito profunda, é a disposição do fundo que causa o problema: que mercadoria expor ali? Como atrair o olhar do transeunte até o fundo da vitrina? Como iluminar de forma eficaz essa parte da vitrina?

Jogando com a noção de transparência, algumas butiques são percebidas do exterior como uma imensa vitrina, incluindo vários andares. Uma tal disposição apresenta a questão da iluminação, em particular da que é fixada no teto. Ela pode ser associada a uma iluminação mural, visível da rua. Essa altura potencial autoriza, além disso, a colocação de manequins não mais em apenas um plano horizontal, mas em andares diferentes. As dimensões e a forma das vitrinas influem amplamente, como se sabe, no modo de organizar a apresentação dos produtos e na decoração. O fundo da vitrina constitui, nesse aspecto, um elemento determinante. Segundo o desejo de jogar com a teatralização ou a transparência, ela será fechada ou aberta.

Além da teatralização, o fundo da vitrina tem por vantagem oferecer ainda mais intimidade ao ponto de venda. A ausência de fundo permite que o olhar do transeunte penetre desde a rua até o interior da loja e descubra a oferta de produtos, sua extensão, os artigos colocados em primeiro plano... A escolha de uma loja visível do exterior, que ofereça ao consumidor, logo à primeira vista, uma boa percepção do que tem dentro dela, implica garantir a ordem no ponto de venda com um rigor particular. Será necessário, ainda, cuidar para que o móvel do caixa seja dissimulado e que as vendedoras não indiquem que estão à espera de um cliente hipotético. O transeunte pode também verificar, em um primeiro olhar, a frequência da butique. Um lugar vazio corre o risco de frear seu ímpeto de descoberta: a ausência de clientes é um sinal de descrédito da marca? Os vendedores não vão se precipitar sobre todo cliente potencial? A vitrina sem fundo oferece, além disso, a possibilidade de reforçar a oferta dos produtos, ao colocar perto dela artigos complementares (manequins, cores, materiais). As características do piso da vitrina também são importantes. Se ele é mais alto em relação ao nível da rua, ou se a vitrina comporta um pódio, o destaque é dado aos produtos que ali são apresentados, já que o transeunte terá de levantar os olhos. Em algumas vitrinas, o piso, levemente inclinado para trás, cria um efeito de rampa. Os produtos ali dispostos se encontram assim tão visíveis como os apresentados no primeiro plano. Essa disposição é particularmente adaptada à apresentação de produtos de tamanho pequeno: calçados, bolsas, cosméticos, etc. Algumas lojas são dotadas de pisos móveis. Trata-se de uma plataforma que pode ser abaixada até ao nível da calçada. É mais confortável, nessas condições, efetuar a preparação da vitrina. Em seguida, o piso é colocado no nível desejado, por exemplo, abaixo do nível da calçada, e o transeunte deve então se aproximar bem da vitrina para ver o que está exposto.

No passado, as vitrinas eram frequentemente sobrecarregadas. A ideia em vigor era que, colocando à vista do público a maior quantidade possível de produtos, passava-se a impressão de que a butique oferecia uma ampla escolha, permitindo realizar vendas em maior número. Hoje, imperativos de clareza, simplicidade e legibilidade fizeram evoluir consideravelmente as apresentações das vitrinas. A opinião comumente partilhada em nossos dias é de que é preciso apresentar na vitrina um número limitado de produtos, mostrando um ou dois manequins apenas.

Em algumas lojas, entretanto, a fim de agradar ao maior público possível, as vitrinas perdem em originalidade para ganhar em neutralidade, correndo o risco de uniformizar-se – logo, cansando o consumidor. Ora, para muitas marcas, a vitrina trocou seu papel de espaço de exposição quase mudo pelo de vetor de comunicação, ao mesmo título que uma campanha publicitária – da qual essa última faz às vezes fisicamente parte, ao menos através de um *lightbox*, vidro retroiluminado que apresenta a campanha de comunicação diretamente na fachada, em alternância com as vitrinas propriamente ditas – uma técnica particularmente utilizada em galerias comerciais, em todos os padrões de qualidade. A vitrina pode ainda ser concebida como um suporte de informação, de comparação, de demonstração destinada a enriquecer a divulgação direta da marca para o consumidor. Como a oferta dos produtos apresentada em vitrina é fundamental, a personalidade da marca ou bandeira expressa pela exposição desses produtos também o é. O ideal seria fazer coexistir, em torno do produto, o sonho, a magia e o cotidiano, por meio do movimento, da cor e da identificação com os manequins. Na prática, as Galeries Lafayette do boulevard Haussmann alcançaram, em 1997, o limite dessa lógica, ao instalar em suas vitrinas manequins de carne e osso, vestidas com lingerie Chantal Thomass, realizando atividades "tipicamente femininas": manicure, leitura de revistas, etc. A rejeição desencadeada por essa encenação (em particular em grupos feministas que denunciavam a exploração da imagem da mulher e das modelos, e a transformação dos transeuntes em *voyeurs*) acabou rapidamente com essa experiência.

A encenação de uma vitrina obedece naturalmente a regras precisas, com um objetivo de clareza, de simplicidade, de legibilidade e de unicidade da mensagem: além do número limitado de produtos, mencionado acima, a leitura de uma vitrina deve ser feita da esquerda para a direita e de baixo para cima, e a apresentação será em "cascata". É preferível apresentar um número ímpar de manequins para criar ritmo e aproveitar os diferentes planos (anterior, mediano, posterior), dispondo-os em roda em vez de alinhados e, se possível, em triângulo. O ritmo de renovação das vitrinas varia em função do tipo de localização do ponto de venda: a cada dez ou quinze dias no centro da cidade, com mais frequência (toda semana) em um centro comercial. Se, depois de alguns dias, não se registrar o retorno comercial esperado, não se deve hesitar em desmontá-las e criar uma nova apresentação. Geralmente, os produtos apresentados na vitrina correspondem ao que é exposto na zona de entrada do ponto de venda. De acordo com sua personalidade, o merchandiser ou o decorador que concebe o ambiente das vitrinas terá seu papel. Ele afirmará, através dessa mídia, a imagem da marca e dará vida aos produtos. A realização de vitrinas é, de fato, o trabalho de profissionais e requer qualidades tanto estéticas quanto comerciais.

Sem falar de verdadeiras tendências, o talento de cada um tem por base sua época e as aspirações e atitudes dos consumidores. Assim, o processo que visa projetar a vontade do cliente na vitrina por meio de uma "história" a lhe ser contada pode ser considerado como uma tendência de fundo iniciada nos anos 1980 por Ralph Lauren através das encenações de suas vitrinas. Muitas marcas adotaram esse processo, entre elas Massimo Dutti e Zara, duas marcas do grupo Inditex. Na Zara, por exemplo, as vitrinas dispõem de uma decoração cuja duração de vida é de aproximadamente seis meses. Muitas marcas de luxo utilizam uma decoração muito qualitativa para suas vitrinas – é, especialmente, o caso de Prada e Yves Saint Laurent, cujas decorações duram em média dois ou um mês, para um investimento que pode atingir de 1.500 a 2.000 euros por vitrina –, incluindo os revestimentos das paredes e do piso, o mobiliário e os acessórios de decoração. Entretanto, a duração tende a se estender, e é bem frequente que apenas os elementos do mobiliário sejam renovados a cada dois meses; em compensação, outros elementos, por exemplo, os tacos de madeira, podem ter uma vida mais longa. A renovação de tudo ou de parte de uma decoração de vitrina segue, em geral, o ritmo do lançamento das novas coleções de prêt-à-porter e dos novos acessórios de destaque, como as bolsas. Os artigos são inseridos em um cenário, a exemplo de Louis Vuitton, cujo departamento encarregado pela identidade visual cria projetos que acentuam o grafismo das bolsas. Nas vitrinas da butique Hermès da rua do Faubourg Saint-Honoré, em meio a decorações suntuosas, os artigos são, segundo as palavras da diretora do departamento de decoração, "os personagens de um teatro mudo imóvel". Cada vitrina tem seu próprio ambiente, e sua realização é elaborada com cuidado. O credo de qualidade e de autenticidade da marca se traduz em decorações feitas com materiais nobres, com uma encenação que engloba tudo, e na qual se integram mobília contemporânea, obras de arte, antiguidades, lembranças de viagens... ou areia do Saara. Além disso, apresentações sublimadas dos produtos emblemáticos da casa, tais como as bolsas Kelly em metal ou tecido, vêm realçar a dramatização do sonho. Outra ideia para a estruturação das vitrinas: concebê-las como quadros, segundo uma composição bem precisa que faz alternar espaços cheios e vazios, textos e decorações, para melhor capturar o olhar dos transeuntes. Ao longo do ano, as vitrinas do Bon Marché são assim animadas por encenações inesperadas, jogos de luz ou móbiles, a fim de surpreender o cliente e atraí-lo dando-lhe uma sensação de prazer.

O humor serve igualmente de vetor de conivência na comunicação estabelecida entre as vitrinas e o transeunte. O objetivo é seduzi-lo fazendo-o sorrir, em um registro de cumplicidade. Assim, o decorador que concebe as vitrinas de Paul Smith cultiva o humor inglês e confessa inspirar-se em brinquedos que coleciona, bem como em comédias e filmes da dupla o Gordo e o Magro. Do mesmo modo, as vitrinas da Barney's, em Nova York, conhecem também um sucesso enorme entre os consumidores, que apreciam seus temas de apresentação tratados com duplo sentido. Simplicidade, minimalismo e modernidade podem também ser palavras-chave das apresentações de vitrinas, e a dicotomia que existe entre as vitrinas muito "trabalhadas" das lojas de alto padrão e as muito centradas no produto das marcas de grande público tende a se ocultar, como é o caso da Zara. No Bon Marché, a ideia é se dirigir cada vez mais no sentido da depuração, para melhor ilustrar a personalidade e a seletividade da oferta da loja. Entretanto, essa depuração não se faz em detrimento da encenação, bem ao contrário: a criação de cenários nas vitrinas está sempre extremamente presente e é um dos componentes fortes da identidade da loja de departamentos da Rive Gauche.

Algumas marcas vão além, criando conceitos cuja finalidade é provocar, como em um cartaz publicitário. Alguns desses conceitos chegam até a não mais propor roupas no primeiro plano da vitrina, mas visuais ou outros elementos, como as plantas verdes que ocupam o espaço da vitrina de Missoni, de Anvers, que não têm forçosamente ligação com a oferta da marca em questão. Concepção extrema, algumas marcas abandonam completamente o conceito de vitrina ao não apresentar nenhum produto nesse espaço, ou até mesmo obstruindo-a totalmente ou em parte, como é o caso das vitrinas da loja Comme des Garçons de Tóquio, que não apresentam nenhum produto e são completamente cobertas de pastilhas azuis, ou das vitrinas fechadas por persianas nas lojas das cadeias americanas Hollister e Abercrombie & Fitch, e também em L'Éclaireur, no bairro Aoyama, de Tóquio. Enfim, alguns conceitos de pontos de venda são totalmente desprovidos de vitrinas: é notadamente o caso do Dover Street Market, de Tóquio, da 10 Corso Como, em Milão, ou da loja Martin Margiela, de Tóquio, que ocupa um apartamento situado no primeiro andar de um edifício, sendo a única indicação da presença da butique a existência de uma etiqueta próxima à campainha, mencionando o nome do ocupante do espaço. Contudo, a energia e os recursos colocados a serviço da realização da vitrina serão inúteis se um elemento essencial for negligenciado: "O mais importante é o cuidado básico. Uma bela vitrina minimalista – pisos, tetos e paredes brancos – será imediatamente reduzida a nada se o manequim estiver esfolado, a pintura lascada ou o vidro sujo".[4]

## Os manequins

Qualquer que seja a decoração da vitrina, sua mensagem e seu estilo, um elemento de organização e de identidade está invariavelmente presente: os suportes para os produtos – quer sejam manequins, quer outra coisa. A escolha do suporte destinado a expor os produtos é crucial para a coerência da estruturação da vitrina e sua mensagem global, mas é também difícil, haja vista a amplitude do leque de possibilidades. Aos manequins, cujos estilos se diversificaram extremamente, é preciso acrescentar os bustos, as silhuetas, os mancebos, etc. Os manequins são "vendedores silenciosos" que, por mais permanentes ou inalteráveis que possam parecer, também necessitam de cuidado e descanso: cuidado, pois as diversas manutenções pelas quais passam acabam por estragá-los; descanso quando o consumidor, para quem se tornaram familiares demais, nem mais os nota, o que coloca em perigo a eficácia da apresentação de novos produtos. Uma mudança de maquiagem, de peruca, de atitude pode então se revelar saudável. Sem perder de vista, entretanto, que mesmo os manequins são submetidos aos efeitos da moda. Assim, a duração de vida dos manequins também tende a diminuir – atualmente, é de três a cinco anos

---

[4] *Ibidem.*

em média. Ainda que o consumidor não tenha consciência disso diretamente, ele consegue perceber o efeito "datado" produzido por uma vitrina onde reinam ainda manequins emblemáticos da década precedente. O manequim é o reflexo da imagem da marca ou bandeira, mas traduz também a tendência do momento.

Os manequins antropomorfos, que simbolizam a representação figurativa máxima do corpo, são cada vez mais naturais e verdadeiros. Perderam a beleza hierática das estrelas de cinema, levando, às vezes, o realismo ao ponto de mostrar algumas imperfeições – como olhos um pouco juntos demais ou um nariz levemente aquilino – que os deixam mais próximos de nós. Do bebê ao adulto, passando pelo adolescente, diversas idades são igualmente representadas. A compleição também se diversificou. Os anglo-saxões desenvolvem naturalmente seções batizadas "Petites", destinadas às mulheres baixas e miúdas, e os manequins ali utilizados têm essas pequenas medidas, enquanto outros têm as formas arredondadas de outro público de consumidoras. A maquiagem, o penteado, a cor do manequim contribuem igualmente para a veracidade da proposta: nos Estados Unidos, por exemplo, segundo a localização da loja, os manequins utilizados têm uma cor mais ou menos pálida, que reflete as origens étnicas dos consumidores de tal ou tal zona de clientela. A pose do manequim dependerá do tipo de produto apresentado. A postura vertical destacará o caimento de um penhoar de seda, por exemplo, enquanto roupas esportivas implicarão um manequim cuja postura mostre ação: braços e pernas indicando a corrida, cabeça para trás... Nessa busca do movimento e da postura, a eletrônica permite construir manequins autômatos que se movimentam segundo um ciclo previamente definido. Seu material, espuma, dá a ilusão da leveza de um ser humano.

Os mercados cada vez mais segmentados e estreitos, juntamente com a busca de diferenciação, levam a maior parte dos varejistas a solicitar manequins específicos; isso não concerne mais apenas às marcas de luxo, mas também ao médio padrão e, cada vez mais, às marcas de grande distribuição. Os manequins sob medida são usados, entretanto, essencialmente por marcas ou bandeiras que dispõem de uma rede importante a ponto de tornar viável um tal investimento. Para encontrar um equilíbrio entre o custo dos manequins, orçamentos baixos e a obrigação de renovação, um mercado de locação e venda de manequins vem se desenvolvendo. Existe também uma solução mais factível: os manequins usados e reformados. Essa oferta responde à demanda de distribuidores com recursos financeiros mais limitados.

Todavia, o manequim antropomorfo não é o único suporte de apresentação a ser considerado: um simples busto de mulher para lingerie, camisas ou blusas de malha; um busto de homem para camisetas; uma parte de baixo de corpo a partir da cintura para calças... essas formas de expor o produto, mais eficazes que os mancebos, são menos caras que os manequins. Facilmente reutilizáveis, têm o inconveniente de não funcionar muito bem como portadores de moda. Frequentemente utilizados, os bustos de ateliê do tipo Stockman reproduzem bem as formas do corpo humano, do pescoço até as coxas, e são montados em um pé, o que permite colocá-los em qualquer lugar. Convenientes para peças como camisa, pulôver e paletó, tornam difícil a apresentação de calças, já que as pernas não têm volume. Em meados dos anos 1990, os Stockmen se multiplicaram nas vitrinas. No momento em que muitas marcas com filiais jogavam a carta da valorização de seu produto, esse tipo de busto apresentava a vantagem de dar, à primeira vista, a conotação de uma vitrina de alto padrão. Sua neutralidade também fez aliados da vaga minimalista. Eles ainda estão bem presentes hoje, embora banalizados. Assim, foram abandonados pelas marcas que desejavam afirmar sua personalidade em proveito de manequins antropomorfos, hoje mais criativos e mais portadores de diferenciação, sobretudo quando são específicos.

Enfim, as silhuetas de madeira, plástico ou mesmo de espuma, articuladas ou não, aparecem como uma alternativa. As roupas são ali pregadas ou enroladas. As silhuetas têm pouca espessura e são, às vezes, estofadas de papel de seda. Esse tipo de material, antigamente em voga na Kenzo ou na Pimkie, é cada vez mais raramente encontrado. Um simples mancebo pode estar igualmente na base da apresentação de um visual, que será conveniente completar com acessórios e animar a fim de evitar um efeito de "roupa secando". Pouco utilizadas nas vitrinas, as apresentações em mancebos são mais apropriadas para animar um display, propondo o visual correspondente. Quanto às técnicas de apresentação planas, são, no que diz respeito às vitrinas, geralmente utilizadas como complemento aos manequins e aos bustos. Os produtos são, então, colocados em um ou vários suportes que permitem animações gráficas, jogando com cores e níveis. Tais técnicas são indissociáveis de um *savoir-faire* tanto em matéria de dobra e de plissagem quanto de colocação dos produtos.

## Implantação e zoneamento

Continuando a desenvolver o processo de execução do merchandising, não em uma ordem cronológica, mas segundo um percurso natural do exterior para o interior do ponto de venda, a etapa seguinte é a da implantação e do zoneamento. Ela se refere à estruturação da área em espaços de venda, de circulação, de serviços (provadores, caixas, área de descanso para os clientes) e de comunicação (sinalização, terminais interativos). A disposição dessas diferentes zonas vai depender ao mesmo tempo das limitações físicas impostas pela área de venda (forma, dimensões, andares) e do objetivo comercial global da marca. A circulação deverá levar o cliente a passar em frente a um número máximo de setores, em particular aqueles que mais contribuem para a margem de lucro, e sua organização deverá lhe permitir visualizá-los claramente e compreender facilmente sua estrutura. Atualmente, o ponto-chave na implantação das lojas de moda é a fluidez da circulação, daí a necessidade de a área ser bem utilizada. Por isso a superfície média das butiques de moda tem aumentando, situando-se entre 150 m² e 200 m². As áreas dos centros de venda especializada médios compreendem entre 200 m² e 400 m². Quanto às multiespecialistas, ou seja, às marcas que visam o masculino, o feminino e o infantil, sua superfície média de venda é, com frequência, ainda superior.

Essas áreas estendem-se consideravelmente quando se fala de carros-chefe como as lojas de Louis Vuitton na Champs-Elysées, que, com seus 1.800 m², é o maior ponto de venda da marca, e da Etam, que, com sua megastore batizada La Cité de la Femme, dispõe de 4.250 m² na rua de Rivoli, em um antigo prédio da Samaritaine. A H&M, em 2001, implantou-se em 2.500 m² no boulevard Haussmann, entre o Printemps e as Galeries Lafayette. Quanto à Gap, os 1.700 m² de sua flagship store na Champs-Elysées constituem o maior ponto de venda da cadeia na Europa. A razão dessa inflação de metros quadrados é tripla. Além da preocupação em melhorar a circulação do ponto de venda, está ligada às complexidades de uma oferta de produtos que tem necessidade de mais espaço para se hierarquizar e se tornar mais facilmente legível: o espaço é um elemento de esclarecimento da oferta. Ademais, a demanda de áreas de venda mais vastas resulta igualmente da propensão que têm as marcas para ampliar seu leque de produtos, que não se limita mais apenas a roupas, mas se infla graças a uma oferta de bolsas, calçados, óculos, bijuterias, cosméticos, etc. Enfim, o desenvolvimento de serviços complementares (como zonas de descanso ou áreas de alimentação) exige espaços cada vez maiores. O espaço se torna, desse modo, um adicional "oferecido" aos consumidores. As marcas de luxo sabem, naturalmente, usar esse trunfo: a butique Dior da avenida Montaigne, com seus múltiplos cômodos, à semelhança de uma casa particular, dá oportunidade aos clientes para deambular em um suntuoso e luxuriante apartamento. Em outro estilo, Calvin Klein utiliza volumes monumentais e completamente depurados nos quais o cliente só pode se concentrar nos produtos.

Mas a profusão de metros quadrados não representa mais, hoje, o apanágio apenas do luxo. Marcas de médio padrão, como Zara ou Massimo Dutti, que são bastante emblemáticas desse ponto de vista, oferecem também a seus clientes o luxo do espaço – e isso apesar de uma elevação dos preços do metro quadrado e, em alguns mercados e algumas cidades, de uma oferta muito restrita de espaços de venda com áreas amplas. Se essa restrição é forte na Europa, em razão da configuração dos centros das cidades e das regulamentações que visam proteger os centros históricos, ela se atenua claramente em países como o Japão, os Estados Unidos e em novos mercados como a China ou Dubai. Efetivamente, esses mercados são pouco apegados à conservação de um patrimônio arquitetônico antigo; alguns até se desenvolvem em territórios sem nenhuma construção, contando com espaços ilimitados. As restrições em matéria de tamanho das áreas de venda podem ser resolvidas com a implantação de pontos de venda nas periferias, em centros comerciais ou retail parks, mas também em galerias de venda no centro das cidades. Essas escolhas de implantação estão muito ligadas ao posicionamento da marca e à infraestrutura comercial própria de cada país de implantação.

Áreas e volumes ampliados concorrem assim para tornar mais fácil a circulação no espaço de venda. E é, antes de tudo, da liberdade de circulação visual que o consumidor vai se beneficiar: nada atrapalha o campo visual nas proximidades da entrada; perspectivas são organizadas em direção ao fundo da loja ou em direção aos pontos focais. Na loja C&A do boulevard Haussmann, em Paris, os diferentes patamares foram totalmente unificados, e as vias de circulação verticais reagrupadas no centro do espaço. Os parapeitos das escadas rolantes e as paredes dos elevadores são de vidro, de modo que o cliente, ao se deslocar, possa ver ao longe. Ainda em Paris, a loja Cacharel da rua Bonaparte foi construída com um pé-direito duplo. Desde a porta de entrada, o cliente avista a oferta até o mezanino, e é levado por esse "efeito funil" em direção ao interior da butique. Facilitar o deslocamento, tanto visual quanto físico, dentro do espaço de venda não é, no entanto, sinônimo de corredores retilíneos. Um passeio "acidentado" através das ofertas de produtos suscita o interesse do consumidor, causando efeitos de surpresa: os corredores retilíneos são abandonados em proveito de traçados sinuosos e curvas, oferecendo redentes (entalhes no desenho do corredor) e saliências que permitem, adicionalmente, recriar uma certa intimidade em grandes áreas de venda. Um dos objetivos imprescindíveis do merchandising, que é facilitar o trabalho do consumidor (40% das vendas são feitas por meio de self-service), encontra resultado nesse modo novo de apreender a circulação no ponto de venda.

Da definição do zoneamento derivam as características da circulação na loja: é ele que determina a localização das zonas de implantação dos produtos, das diferentes áreas de serviços (caixas, provadores, áreas de descanso) e da circulação propriamente dita. O consumidor deve poder se orientar a qualquer momento e nunca ter o sentimento de estar "perdido" no ponto de venda: o zoneamento guia os passos do cliente. Seguindo a formatação da loja e a localização das portas de entrada, a circulação será organizada de modo que nada atrapalhe a passagem na proximidade da entrada e que um corredor central conduza o consumidor até o fundo da loja, ajudado pela iluminação ou por rebaixamentos no teto que acentuem a perspectiva em direção ao fundo da butique.

As "zonas quentes" do local de venda se situam na frente e em geral à direita da entrada, e recebem os produtos ligados à novidade, à moda, à imagem da marca. As zonas "frias", mais ao fundo e à esquerda da loja, são, geralmente, aquelas onde são instalados os produtos tradicionais e os serviços imprescindíveis: provador, pagamento... Criador da consultoria Envirosell, Paco Underhill insiste, todavia, no fato de não colocar a zona "quente" muito perto da entrada. Quando os clientes entram num ponto de venda,

> estão em plena fase de adaptação. [...] Se você os observar por tempo suficiente, poderá predizer em que lugar eles vão diminuir o passo, quando sua transição entre o interior e o exterior estará terminada. É quase o mesmo para todo mundo; a distância precisa em relação à porta depende da disposição da entrada da loja. [...] É uma lei da natureza: os clientes têm necessidade de um campo de aterrissagem.[5]

A lógica de segmentação da variedade constitui o fio condutor da escolha das zonas de implantação dos produtos. De sua clareza dependerá a imediata legibilidade por parte do consumidor, que ela se faça pelo universo dos produtos, como na H&M, que concede, por exemplo, um espaço bem delimitado à lingerie; por temas de cores ou materiais, compreendendo até os acessórios, como na Zara; por tipo de uso, como na Ralph Lauren, onde cada tipo de

---

[5] Paco Underhill, *La science du shopping* (Paris: Village Mondial, 2000).

produto ocupa um dos numerosos cômodos da loja (vestidos de noite, prêt-à-porter feminino, masculino ou infantil, universo da casa); ou ainda por público-alvo, como em cada um dos cômodos da butique Bonpoint, situada na rua de Tournon, em Paris, que distingue o bebê, a menina, a mocinha, etc. Cada organização deve "sublimar" a inteligência da variedade para torná-la facilmente compreensível, logo desejável. Definir o zoneamento da loja é fazer um plano que exprima, na área de venda, essa lógica de organização. As possibilidades são inúmeras, mas existem três tipos de planos majoritariamente utilizados: o plano ortogonal, quando os corredores se cortam em ângulos retos e desenham zonas de implantação retangulares; o plano diagonal, quando um corredor principal corta o espaço em viés, irrigando corredores secundários; e o plano curvo, quando são corredores semicirculares que permitem caminhar através da área de venda.

### As áreas de serviços

O serviço primordial, que parece evidente em uma butique de prêt-à-porter, é a organização de uma zona de prova digna desse nome. O cliente deve se sentir à vontade em um espaço bem-estruturado para apreciar as roupas que vai experimentar, e não oprimido em um canto escondido da loja. Uma zona de prova ideal deveria ser um espaço disposto à maneira de uma sala, com poltronas e mesas baixas destinadas aos acompanhantes dos clientes, e que contaria com um número de cabines suficiente, condizente com o tamanho da loja e de sua frequentação. O tamanho de uma cabine de prova é no mínimo de 70 x 70 cm. Além disso, sua concepção deve preservar a intimidade. Portas estreitas e cortinas muito curtas devem ser banidas. Em Paris, a butique Maria Luisa para homens leva a estruturação das cabines até a prever cabides, consoles para objetos e chinelos. Quanto ao Bon Marché, ele cuida do conforto de seus clientes oferecendo salas de prova de 1,50 m de largura, dotadas de três cabides, de um espelho tríptico, de um banco e de um interfone por meio do qual se pode contatar uma vendedora. A Pimkie oferece em cada cabine dois espelhos, um dos quais orientável, para que o cliente possa enxergar suas costas. Outras marcas, como H&M, propõem diferentes tipos de iluminação, a fim de que o cliente possa julgar o efeito e a cor da roupa sob a luz natural ou artificial. Na Alemanha, Kaufhof tem o sistema Styling, que permite uma prova virtual sem que o cliente precise provar fisicamente a roupa. Trata-se de um terminal multimídia, munido de um monitor de visualização e de uma pequena tela tátil. Ela possibilita que a clientela descubra as últimas tendências, oferece-lhe uma consultoria personalizada de estilo e de cores e lhe permite visualizar-se nas roupas selecionadas. É preciso, antes, comunicar à máquina seus dados pessoais de tamanho, peso, cor dos olhos e dos cabelos, a partir dos quais será estabelecido um passaporte indicando seu tipo pessoal. Graças a essas informações e à foto de seu rosto feita pela câmera de vídeo integrada ao Styling, a cliente pode, em seguida, se ver na tela, com seu próprio rosto, e fazer sua escolha entre quatrocentas referências propostas por Kaufhof. Uma "caneta-metro" lhe indica em que medida sua escolha corresponde a seu tipo pessoal. As novas tecnologias invadem cada vez mais os espaços de prova, e algumas marcas, como a Prada em seus Epicentros de Nova York e de Tóquio, estão entre as primeiras a adotá-las. Assim, o vidro transparente das portas dos provadores do Epicentro de Tóquio, concebido por Herzog & De Meuron, se torna opaco automaticamente quando um cliente entra nessa cabine. A variedade dos exemplos enunciados acima prova a que ponto o cuidado dedicado a essas áreas é primordial e concerne a todos os protagonistas, qualquer que seja seu posicionamento em termos, notadamente, de padrão de qualidade.

Atualmente, a preocupação com o conforto da clientela leva à instalação cada vez mais frequente de áreas de descanso próprias para criar um clima de relaxamento e de compra serena. Essas áreas podem ser simplesmente estruturadas com a ajuda de poltronas dispostas irregularmente, às vezes em volta de uma mesa de centro. Entretanto, são cada vez mais numerosas as marcas que colocam à disposição dos clientes verdadeiras salas de estar – assim é o espaço dedicado à lingerie do Bon Marché, dotado de poltronas confortáveis, sofás, tapetes e uma mesa guarnecida de revistas e flores.

O conceito e a localização dos móveis do caixa também são alvo de notáveis melhoras nesses últimos anos. Esses móveis devem ser concebidos para acolher os terminais de venda, mas também as sacolas, as embalagens para presente, a estocagem de cabides, de dispositivos antifurto, etc. Devem, também, permitir a dobra e a embalagem dos artigos comprados. Discreto, em harmonia com o estilo da mobília de apresentação, o caixa deve ser hoje o mais livre, acessível e ordenado possível. Nos pontos de venda das marcas de luxo, essa zona de pagamento e de embalagem é, com frequência, escondida em um cômodo ao qual o cliente não tem acesso. Mas a passagem pelo caixa não deixa de ser menos delicada, não muito agradável e, às vezes, surpreendentemente negligenciada:

> Em última análise, trata-se de um ponto estratégico da loja: é ali que o cliente vai se separar do seu dinheiro, logo, é ali que é preciso seduzi-lo. Em vez disso, é o lugar mais triste da loja, a primeira fonte de ansiedade do cliente. [...] O resto da loja é notavelmente bem-concebido, acolhedor e funcional. Mas nos caixas todas as ilusões se vão, e a verdadeira função da loja salta aos olhos – representa, nem mais nem menos, uma máquina de trocar objetos por dinheiro. É ali, também, que saltam aos olhos os defeitos de concepção e os erros de julgamento da direção.[6]

Aos serviços de base podem ser acrescentados, em função da estratégia e do posicionamento da marca, outros serviços do tipo ajustes gratuitos, cartão de fidelidade, vales-presentes, 0800, áreas de jogos e vendedores acompanhantes, que ficam com o cliente do momento da venda ao empacotamento. A política de serviços é um fator não negligenciável de diferenciação e de identificação das marcas. O consumidor não julga apenas o produto, mas também a facilidade e o conforto experimentados ao realizar sua compra. Tudo isso vai influenciar sua decisão de voltar ou não à loja.

A concepção dos espaços de venda se sustenta, por um lado, nas bases da política da marca em matéria de público-alvo, de posicionamento de produ-

---

[6] *Ibidem.*

tos e de preço e, por outro, em critérios tais como a análise do desempenho anual de cada categoria de produtos – até mesmo de cada tema e/ou de cada produto segundo a organização da variedade e a nomenclatura que define a classificação dos produtos. A análise repousa no faturamento, mas também, e sobretudo, na margem bruta combinada às taxas de escoamento. O zoneamento e a implantação constituem a plataforma onde se vai ancorar o processo de merchandising, tanto do ponto de vista prático e material quanto do ponto de vista da expressão da marca através do ponto de venda.

## Os elementos constitutivos do ambiente

Uma vez definido o zoneamento, a escolha do ambiente interno da loja se apresenta: decoração, mobiliário, cores e materiais, iluminação, música, aromas... O excesso de cadeias de prêt-à-porter feminino a propor produtos sem nada de especial acaba contribuindo para a banalização dessas lojas. Além de um indispensável trabalho sobre a oferta, é também pelo viés de uma nova concepção da disposição interior de seus pontos de venda, eco direto de sua política de marca e vetor da afirmação de sua identidade, que algumas delas estão conseguindo se diferenciar. O princípio fundamental que domina na escolha do espaço interno da loja é elaborar uma ambientação, à qual se integra a variedade de produtos, destinada a suscitar emoção no consumidor e fazê-lo sonhar. Nisso, o ambiente pode ser contado como uma parte importante da venda. Exemplo significativo: a Disney Store da Champs-Elysées consegue mergulhar de cabeça no universo da marca e oferece a sensação de o próprio cliente ser um personagem de desenho animado. As decorações fazem referência aos desenhos mais famosos e compreendem efígies em três dimensões e de tamanho gigantesco dos personagens. Nas paredes, imagens de cenas de filmes são projetadas, e a trilha sonora do espaço de venda é constituída de trilhas originais. Não há nenhum elemento na disposição da butique, nenhum detalhe na decoração que não esteja em direta relação com o universo da marca: cores, formas, música... Essa decoração já é um presente oferecido ao consumidor, um sonho materializado em tamanho real. Aqui, uma tal concepção é evidentemente favorecida pela própria natureza do universo do qual saíram os produtos.

Apesar de a estruturação do ponto de venda, elaborada em sinergia com a política da marca, não ir necessariamente ao encontro dos fenômenos de moda que regem o mundo da decoração e, mais amplamente, da arquitetura interior, ela é sensível a algumas tendências consoantes com sua época e às expectativas do consumidor. Os conceitos *hightech* em vigor nos anos 1980, por exemplo, se afastaram da ideia de busca de autenticidade, de calor e do desejo de dar segurança, registrada na década seguinte. A chegada do ano 2000 e seu cortejo de fantasmas de modernidade, completado com o retorno à atualidade dos grandes clássicos do design do século XX, trouxe de volta um *hightech* revisitado. Como na moda, em que diversas tendências coabitam, o mesmo fenômeno atinge os locais de venda através das escolhas de disposição e de criação de ambientes. A teatralização do produto, quando é limitada à sacralização, pode conduzir a um conceito de "butique museu" muito intimidante. Introduzir o sonho nas butiques implica saber criar um ambiente tomando cuidado para que o produto não seja esmagado pelo cenário. Um postulado básico resume-se nas palavras da arquiteta de interiores Andrée Putman: "Não se pode nunca lutar contra os produtos".

Preocupadas em formalizar os gostos e as aspirações do consumidor e em dar asas a seus sonhos, respeitando ao mesmo tempo o produto, as lojas tendem a se tornar lugares sóbrios, acolhedores e calorosos. As alusões ao universo da casa – cuja referência emblemática é sem contestação Ralph Lauren, que propõe há muito tempo, em verdadeiras residências, um universo extravagante que cultiva as referências à aristocracia Wasp* da Nova Inglaterra – se multiplicam. Os pontos de venda se apresentam à maneira de uma residência de vários andares, mobiliada com madeira escura encerada, repleta de poltronas

---

* Wasp (White, Anglo-Saxon and Protestant) – sigla em inglês que significa "branco, anglo-saxão e protestante", usada nos Estados Unidos para referir-se a um membro das classes economicamente superiores americanas, de ascendência inglesa ou do Norte da Europa, branco e geralmente protestante. (N. T.)

confortáveis, inúmeras almofadas, tapetes espessos, e decorada em profusão com gravuras, quadros, livros e buquês. Nas lojas de departamentos, todos os stands ou corners Ralph Lauren retomam, é verdade que com menos magnificência que a loja da Madison Avenue, em Nova York, ou da praça de la Madeleine, em Paris, as mesmas características de estilo e de ambiente próprias às famílias nobres da costa leste.

Referência calorosa do universo íntimo da casa, esse tipo de ambiente é igualmente desenvolvido por muitas marcas que adaptam esse conceito de "espaço privado" à sua imagem. Na Dries Van Noten, que se instalou em uma tradicional galeria de livros antigos situada no Quai Malaquais, em Paris, os dois cômodos foram decorados graças a móveis e objetos reunidos pelo designer no estilo ao mesmo tempo poético e eclético que o caracteriza claramente. Todas as casas de Paul Smith trazem a identidade do designer não apenas pela escolha de mobiliário, mas também pelas fotografias, desenhos e outros objetos vindos da sua coleção pessoal. De modo menos radical, muitas marcas tomam emprestado, adaptando-o e atenuando-o, esse conceito de lugar privado. Na Marina Rinaldi, por exemplo, que recebe suas clientes em uma sala, estantes de madeira natural, cujo desenho lembra o de uma biblioteca, provadores fechados por uma cortina de seda, poltronas confortáveis e tapetes completam a decoração. Na avenida Montaigne, em Paris, a butique carro-chefe de Christian Dior acolhe seus clientes em um suntuoso apartamento no qual as salas se sucedem, alternando espaços abertos e fechados. Os "códigos de Dior", cinza-pálido e ouro, forma oval e motivo de junco, asseguram a perenidade da identidade da marca. Mesmo Louis Vuitton, com seus conceitos geralmente monumentais e "abertos", tentou, recentemente, criar um ambiente "casa" com uma série de cômodos, tapetes, cortinas e sofás, no shop in shop que ocupa o térreo da loja de departamentos Mitsukoshi, no bairro de Nihonbashi, em Tóquio.

Uma via completamente diferente, longe do racional caloroso e da convivência tranquilizadora, é a da corrente minimalista, adotada a partir do início dos anos 1980 por marcas de moda de alto padrão e imposta pela vaga dos designers japoneses, como Yohji Yamamoto ou Rei Kawakubo para Comme des Garçons. A tendência minimalista abriu as portas para uma geração de butiques parecidas com galerias de arte, com uma atmosfera rígida e uma arquitetura interior um tanto asséptica. Ali, o espaço e os volumes são reis, o despojamento faz eco às linhas puras, destacam-se as cores acromáticas como o branco, o bege ou o marfim. As roupas são penduradas em araras sóbrias, como se fossem obras de arte em museus. Quanto aos acessórios, são dispostos nas vitrinas ou em prateleiras, como joias. Pendurados ou dobrados, os produtos são apresentados de modo bastante espaçado. As lojas Calvin Klein, Armani, Dior Homme ou Jil Sander são a perfeita ilustração desse procedimento, respondendo, com essa escolha de linhas arquitetônicas, às formas sóbrias de seus produtos. Essa corrente arquitetônica, que se originou na moda de alto padrão, desenvolveu-se amplamente e foi adotada por numerosas marcas – particularmente por marcas mais acessíveis, como Caroll, Promod ou 1.2.3.

Todavia, se os arquitetos Antonio Citterio e Terry Dwan diziam há alguns anos que "não se pode mais conceber um lugar para uma grande marca internacional sem fazer referência a uma estética minimalista e sofisticada", isso parece menos verdade hoje quando se trata das grandes marcas internacionais, em particular as de forte valor criativo agregado – tal como testemunha o último conceito da loja de Chanel, menos minimalista, mais ornamental e talvez também mais narrativo que o precedente. Cada vez mais as marcas de luxo veem na arquitetura, na disposição e na atmosfera do local de venda os alicerces da expressão de sua identidade, mas também um vetor de diferenciação indispensável em um meio no qual a concorrência é intensa. Assim, além dos "templos" erguidos pelos protagonistas do luxo, como Prada, Hermès ou Louis Vuitton, as marcas mais "confidenciais" desses segmentos dão prova, também, de uma criatividade que se exprime notadamente através de seus diferentes locais de venda: Martin Margiela e suas butiques imaculadas em localizações "improváveis" – um apartamento em um edifício residencial do bairro de Aoyama, em Tóquio, por exemplo –; Marni e suas butiques imediatamente identificáveis graças a suas araras de formas orgânicas; Viktor & Rolf e sua butique upside down de Milão, que desafia a lei da gravidade...

Outros pontos de venda onde a decoração e a originalidade são igualmente de valor: aqueles que se dirigem aos jovens consumidores, apoiando geralmente o cerne de seu conceito em torno do universo do lazer – música, vídeo, esportes. A Niketown de Nova York oferece em vários andares, organizados em torno de uma vasta tremonha central, espaços dedicados cada qual a um esporte. A variedade é composta em sua maioria de roupas, e o material proposto também faz as vezes de animação (bolas de futebol, de basquete, raquetes de tênis...). A Niketown não é, no entanto, simplesmente mais um ponto de venda gigante de equipamentos de esporte, ainda que prestigiado. Estabelece-se ali, para cada esporte, uma relação entre o atleta que o pratica em alto nível e o consumidor, jovem em geral, que é adepto desse esporte. Os objetivos de desempenho do primeiro determinam necessidades e criam exigências em relação aos produtos (roupas, calçados) oferecidos pelo fabricante. O amador que comprar esse produto beneficia-se assim, ou pelo menos é o que se espera, da experiência do atleta em sua prática pessoal do esporte. Um modo de funcionamento no qual se baseia toda a comunicação da loja: nas paredes do ponto de venda são colocados slogans como: "Atrás de cada calçado, cada roupa, cada equipamento, há uma história inspirada na necessidade de um atleta". Cada produto é objeto de explicações, da necessidade inicial à criação e às características técnicas. A loja é estruturada em torno de um triângulo formado pelo atleta, pelo consumidor e pelo produto. Para reforçar a ideia de que esportistas de alto nível e consumidores médios praticam o mesmo esporte, reportagens e depoimentos de estrelas do esporte são projetados a cada vinte minutos, aproximadamente, em uma tela gigante, que ocupa o fundo todo da loja.

Se a mistura esporte-imagem-música, saída do universo do lazer dos jovens consumidores, aparece hoje como figurinha fácil em termos de estruturação dos pontos de venda, outras decorações de butiques de roupas fazem referência às tendências da moda (cinema, histórias em quadrinhos, clipes, vídeos) e têm o caráter um pouco volátil. As lojas Urban Outfitters propõem um ambiente urbano decadente, com um clima que evoca uma espécie de *day after*, através de uma atmosfera escura e inquietante próxima à das histórias em quadrinhos de Enki Bilal.

## Cores e texturas

Como em outras áreas, um dos componentes importantes do ambiente interno da loja é a cor: das paredes, do teto, do piso e dos elementos de estruturação. A escolha dessas cores diz muito sobre a loja, o gênero de produtos ali encontrados, os consumidores que se espera ver entrar. Nos Estados Unidos, o Color Marketing Group (CMG) reúne especialistas oriundos das indústrias de produção, para os quais a cor é um elemento fundamental do que é manufaturado. As conclusões desse grupo servem de guia, de indicadores de tendência, e são dadas com bastante antecedência para que sejam levadas em consideração no design dos produtos colocados em fabricação.

Independentemente dessas noções de tendências, muitas obras foram escritas sobre a cor. Ela está na origem dos efeitos ópticos: o branco "aumenta" um lugar; os tons escuros, ao contrário, o diminuem. As cores têm, sobre o ser humano, efeitos fisiológicos (o vermelho provoca uma sensação de calor em quem o observa) ou psicológicos. A cor tem, ainda, ressonâncias culturais: notamos referências e preferências nacionais, até mesmo regionais, em matéria de cores: o verde é, para os americanos, associado à Irlanda, mais particularmente a Saint Patrick, e o azul-lavanda evoca o charme em desuso do período vitoriano. Enfim, cada indivíduo tem uma reação que lhe é própria em relação às cores, construída em função de sua história pessoal, de sua idade e de suas experiências. Considerando essas regras e sensações individuais, parece extremamente complicado para uma marca escolher uma ou várias cores-símbolo que transmitiam uma mesma mensagem a todos os indivíduos do público-alvo. Entretanto, algumas marcas – é especialmente o caso da Gucci – souberam fazer evoluir, e até mesmo mudar, seu código de cores com sucesso. Tom Ford, na origem do reposicionamento da Gucci, substituiu em 1996 o verde-escuro e o dourado, código de cor habitual da marca, por um verde-ardósia e um tom de platina. Verifica-se, nesse exemplo, uma evolução – já que a cor verde é conservada – a fim de reinscrever a marca na modernidade. Do mesmo modo, o verde-amêndoa que cobre as paredes das butiques Prada faz inegavelmente parte dos códigos da marca, ainda que sua nuance tenha evoluído ao longo dos anos e que tenda atualmente para um verde mais acinzentado. Quanto às cores do carpete e do veludo dos assentos, estas passaram do bege ao cinza para o piso, e do bege ao roxo ou ao verde-escuro para o veludo dos assentos. Essas mudanças se inscrevem em uma evolução do conceito original, porém quase não são perceptíveis pelo visitante. Pode acontecer que uma cor seja declinada em vários vetores da identidade de uma marca: é, em especial, o caso do azul Tiffany ou do laranja Hermès, que são, nos dois casos, utilizados em suas embalagens, mas que encontramos também em outros elementos da marca – nos pontos de venda, em particular, mas também nas publicidades ou nos produtos.

Contudo, além desses sistemas de codificação pela cor, o merchandising opta com mais frequência por uma estratégia de neutralidade: como a decoração interior do ponto de venda deve destacar os produtos, e considerada a complexidade dos efeitos da cor, tende-se a privilegiar cores claras e neutras. Além destas, relativamente atemporais, as outras cores são, em geral, submetidas às tendências. Assim, em meados dos anos 1990, o amarelo manifestou todas as suas nuances: canário, palha, gema, ocre. Prénatal, Etam e La Redoute o utilizaram então, cada marca com sua própria nuance, até que, em seguida, ele fosse abandonado em detrimento de outras cores. As cores neutras continuam a ser escolhidas pela maioria dos pontos de venda. Elas permitem o máximo impacto dos produtos sem serem muito intimidantes para o consumidor e, logo, são menos sujeitas a desviar sua atenção. Enfim, elas não entram em competição com os produtos – uma posição há muito tempo aplicada e defendida por Andrée Putman:

> Há uma convenção atroz que faz com que as butiques devam ser alegres, portanto coloridas. Como vender um sobretudo açafrão contra uma parede turquesa?

Ainda mais quando existem mil cores acromáticas que podem ser utilizadas com prazer. Os tons de areia, ardósia, mar, sal e pimenta-do-reino são cores ínfimas que não brigam nunca com as verdadeiras cores.

Atualmente, as cores mais utilizadas nas paredes das butiques são o branco – ele envelopa perfeitamente itens coloridos, e, apesar de ser às vezes qualificado de raso e sem relevo, destaca a cor dos produtos oferecidos de modo incomparável; o bege misturado ao branco é habitualmente associado à madeira (do carvalho-alvaiade ao ébano mais profundo) e valoriza os produtos sem anulá-los; o cinza abafa os tons vivos, mas dá destaque ao branco, que parece ainda mais branco, e profundeza ao preto.

Todavia, essa estratégia de neutralidade é atropelada por algumas marcas, que, em um universo branco, introduzem elementos de cor, à imagem da parede vermelha que encontrávamos no antigo conceito das butiques Miu Miu. O vermelho continua também muito presente na butique Comme des Garçons da rua do Faubourg Saint-Honoré, em Paris, onde essa cor é utilizada no mobiliário. A cor também ressurgiu nas cadeias de médio padrão, a exemplo da Promod, que começou por introduzir riscas alaranjadas, roxas e verdes para romper com a brancura e a transparência do design de suas butiques. Alguns anos mais tarde, essas riscas deram espaço ao cinza-escuro, cor menos utilizada do que as riscas de cores anteriores e mais em sintonia com a tendência do momento. Para a maioria dessas marcas, a cor, retomada em toda a rede de pontos de venda, é também um elemento forte de diferenciação que é fácil fazer evoluir em função das tendências cromáticas sem colocar a identidade da marca em perigo e gastando menos do que uma modificação total do conceito. Algumas marcas procedem, às vezes, a mudanças extremas, como Miu Miu, que acompanhou o reposicionamento de sua oferta com uma modificação total de seus pontos de venda. Desse modo, de uma atmosfera minimalista com paredes brancas e vermelhas e piso de concreto bruto, Miu Miu passou a um conceito radicalmente oposto, com as paredes recobertas de seda adamascada tom sobre tom na cor ouro-velho e os pisos recobertos de carpete do mesmo tom.

Apesar de a pintura ser o material mais utilizado nas paredes, outros materiais, como o têxtil e sobretudo o papel de parede, que tinham caído em desuso tanto nos lugares públicos quanto nos privados, reaparecem em numerosos locais de venda. Como as cores vivas, o papel de parede não cobre, em geral, a integralidade das paredes do ponto de venda, sendo colocado em um dos lados da loja, seja em uma zona de display, seja na parede situada atrás da zona de pagamento, como faz a H&M em vários pontos de venda. A utilização do papel de parede é um meio pouco oneroso e simples de executar a animação de um ponto de venda, inscrevendo-o na tendência e na atmosfera da estação a fim de atualizar o conceito durante seu tempo de duração. Ele pode, ainda, ser utilizado como suporte da identidade visual da marca. Assim, a Mango e a Pimkie cobriram as paredes de seus pontos de venda – inteiramente no caso da primeira e apenas algumas paredes no caso da segunda – com um papel de parede criado para elas com exclusividade. Outro elemento de ambientação, os adesivos, amplamente utilizados por numerosas marcas, representam um vetor de animação pontual do ponto de venda, assim como o papel de parede, mas cuja utilização é ainda mais flexível. Com efeito, além do baixo investimento, os adesivos apresentam a vantagem de poder tomar várias formas – motivos gráficos, mensagens escritas, etc. – em uma paleta de cores infinita. Por exemplo, na Celio e em algumas lojas H&M, os adesivos com motivos pretos texturizam as paredes coloridas, à moda de sombras chinesas. Ainda na Celio, outros adesivos murais fazem as vezes de sinalização no ponto de venda.

A essa importante noção de cor se acrescentam as noções de textura e da natureza do suporte, que influenciam na maneira como a cor é percebida. As superfícies lisas e brilhantes refletem a luz e parecem mais claras; o cetim, o cromo, as partes laqueadas ou esmaltadas, as madeiras enceradas atraem e refletem fortemente a luz. Ao contrário, as superfícies brutas, opacas ou rebocadas absorvem e retêm a luz. Como resultado, elas parecem mais escuras. Acontece o mesmo com o veludo, a madeira natural e não tratada, o concreto e as imitações de granito. O suporte da cor e os materiais utilizados também são evocativos: a madeira representa o material emblemático da convivência e do calor. Da mesma maneira, a utilização abundante da pintura responde a um critério de limpidez e de frescor, a seda e o cetim falam de feminilidade e de sensualidade, e os materiais *hightech*, de modernidade, graças a derivados como o Kevlar, material de referência do esqui ou do windsurfe, ou o Corian, da DuPont, que é utilizado em aplicações tanto verticais quanto horizontais, mas também no mobiliário e em outros objetos.

## A Iluminação

Uma ideia comumente partilhada é a de que a iluminação faz tudo, ou quase tudo, na exposição de uma loja: ilumina as roupas e condiciona totalmente a atmosfera do ponto de venda. A iluminação é, em matéria de arquitetura dos pontos de venda, a tecnologia que mais evolui. O lugar que ocupa no funcionamento da loja é gerador de despesas importantes, tanto em matéria de equipamento como em matéria de funcionamento (o custo de instalação da iluminação de uma butique de 200 m², incluindo equipamento e mão de obra, se situa em torno de 50 mil euros). Mas todos os especialistas concordam em dizer que se trata de um item primordial, que justifica os gastos. A tendência atual é confiar a implementação da iluminação a um engenheiro especializado, que cria, à imagem de seus confrades do cinema e do teatro, ambientes próprios à marca e aos produtos que oferece. Sua ação intervém desde o início do processo de definição global do ponto de venda, pois o melhor espaço pode ser arruinado por um defeito de concepção da iluminação. De fato, ela condiciona a valorização da oferta, mas também o conforto de compra do cliente. Em consequência, existem alguns princípios a respeitar, como distinguir quatro tipos de iluminação: a da vitrina, a da loja, a dos produtos, cabines e salas de prova, e a da zona dos caixas, atribuindo a cada tipo aparelhos e fontes próprias.

Se a vitrina tem fundo, será possível organizar efeitos de luz utilizando esse fundo e as paredes ao lado (feixes de cor relacionados ao tema da decoração, coloridos complementares aos das roupas expostas, jogos de formas projetadas...). A utilização dessas técnicas requer o controle preciso do impacto da luz do dia na vitrina. Em função da hora ou da luminosidade exterior, deve-se fazer variar a intensidade dos jogos de luz. Paradoxalmente, quanto mais a luminosidade natural for intensa, mais a iluminação artificial deve ser forte, a fim de lutar contra o efeito de espelho das vitrinas. Colocando os produtos, os manequins ou qualquer outro suporte o mais longe possível do vidro, os efeitos de reflexo serão limitados. No caso de a vitrina não comportar fundo, a luz deve ser suficientemente forte e intensa para que o olhar do transeunte não vá imediatamente além da vitrina, captado pelo que é apresentado no interior da loja. Uma solução é utilizar, por exemplo, pequenos spots e concentrar a luz não sobre o espelho ou o interior da loja, mas sobre os produtos. Aqui ainda, é preciso tomar a precaução de evitar focalizar o feixe luminoso na face do manequim, o que resultaria em colocar o destaque na sua falta de vida, preferindo orientá-lo em direção ao colo. Colocando o manequim tão longe quanto possível do vidro e da fonte luminosa, esta provocará todo o efeito sobre ele, sem alteração importante da luz do dia.

O objetivo que guia a implantação da iluminação de uma vitrina, tenha ela fundo ou não, é o mesmo que rege sua estruturação global: atrair, manter a atenção do transeunte e incitá-lo a abrir a porta da butique. Quando ele cruza a entrada, a luz guia seus passos e seu olhar para o interior e, em seguida, através do espaço de venda. Ela conduz a atenção do consumidor ao longo da organização da variedade. Separa zonas de apresentação sucessivas – stands de marcas diferentes no mesmo andar de uma loja de departamentos, por exemplo –, sugere paradas diante de pontos focais particularmente iluminados... Ela é calorosa e acolhedora? Sugere conforto e intimidade? Não é fria e um pouco deprimente? Parece sem graça e cansativa ou sabe jogar bem com as sombras? A iluminação da loja é comparável a uma paleta de fontes de luz que varia em cor, intensidade, potência e que pode ser completada pela luz do dia provinda de uma vidraça ou simplesmente das vitrinas. É misturando fontes de diferentes naturezas e de diferentes temperaturas que se obtém o melhor rendimento das cores. O plano de iluminação do ponto de venda e as características das fontes de luz oferecem todas as indicações de localização, tanto no que diz respeito à loja em sua generalidade quanto ao destaque para a exposição dos produtos. Uma atenção especial é conferida aos instantes cruciais da venda, que são a prova e o pagamento. No primeiro caso, a luz deve ser suficiente mas galanteadora para o cliente, deve enriquecer sua tez ao mesmo tempo que mostra a cor do produto com fidelidade. A fim de responder a essa expectativa, algumas cabines de prova são equipadas com dispositivos que permitem ao cliente passar de uma luz artificial a uma luz natural. Do mesmo modo, às vezes é desejável poder adaptar a iluminação ao tipo de produto – é especialmente o caso das cabines destinadas à prova de maiôs de banho, nas quais uma iluminação amarela associada a espelhos levemente tingidos permitirá destacar o produto. De maneira geral, considera-se que a melhor iluminação das cabines seja aquela que vem de frente e cobre toda a altura – o sistema com melhor desempenho é o do espelho luminoso ou do espelho descolado da parede com iluminação indireta –, e não aquela que vem do teto, a fim de evitar sombras. No segundo caso, o artigo comprado que é dobrado e empacotado deve parecer o mesmo, em suas cores, seu material e seu modelo, para que o cliente se sinta seguro de ter tomado uma boa decisão ao comprá-lo.

A iluminação geral da loja é mais frequentemente obtida por fontes suspensas ou integradas ao teto. Qualquer que seja o princípio, esse tipo de iluminação não deve ser muito forte, de modo que permita acentuações pontuais que vão favorecer os produtos em destaque e evitar a monotonia. É importante, ainda, que essa luz não seja insípida e uniforme como a que propagam às vezes algumas luminárias fluorescentes. Elas criam poucas sombras, acentuam pobremente a profundidade e não permitem focalizar as texturas dos produtos. Existem técnicas para "trabalhar" essa iluminação geral, suavizá-la, torná-la mais refinada e sutil: desenho de motivos luminosos no teto, sancas luminosas, combinações de fontes de luz com tetos rebaixados, iluminações opacas através de paredes ou tetos semitranslúcidos, compostos de treliça ou dotados de uma tela branca... Ademais, a iluminação indireta tem o mérito de criar um ambiente mais íntimo e de prender o olhar. Em contraponto a esse ambiente luminoso geral, é importante pontuar os espaços com focos de luz e provocar rupturas. Do ponto de vista da valorização dos produtos, do destaque a ser dado à organização da variedade, do interesse a suscitar no consumidor, é, com efeito, necessário fazer alternar zonas de sombra com outras fortemente iluminadas, a fim de atrair seu olhar e de fazê-lo circular em toda a extensão da área de venda. Os produtos assim destacados não são apenas iluminados: eles emergem fortemente de seu ambiente imediato, e sua cor é realçada. Em contrapartida, os corredores de circulação serão menos iluminados que as zonas de apresentação dos produtos, o que proporciona maior repouso para o visitante e permite também ritmar o ponto de venda pela presença de intensidades luminosas não uniformes. A percepção de uma cor depende, por certo, de dados culturais e psicológicos evocados mais acima, mas também da maneira como é iluminada. Alguns tipos de iluminação permitem hoje avivar as cores sem distorcê-las, à maneira da luz natural. Não há nada pior para o cliente do que precisar se aproximar da porta da butique ou das vitrinas para tentar apreciar o colorido real da roupa que tem nas mãos.

O engenheiro iluminador dispõe nos dias de hoje de diferentes tecnologias: luz fluorescente, halógena, LED ou fibras ópticas.[7] Além disso, tem também à sua disposição um grande número de materiais: apliques, abajures colocados sobre móveis, spots, iluminação indireta proveniente de um nicho na parede, iluminação abaixo do balcão, etc. A mistura sabiamente dosada feita pelos profissionais equilibra as diferentes fontes luminosas, a fim de obter pontuações

---

[7] Esses diferentes tipos de iluminação têm cada um suas especificidades técnicas e econômicas:
- A *luz fluorescente* produz um bom rendimento luminoso e é utilizada tanto em iluminação direta quanto indireta; ela produz uma iluminação uniforme. É a iluminação mais utilizada e uma das mais econômicas, tanto no que se refere à instalação quanto ao consumo de energia.
- A *luz halógena* dá um brilho dourado aos produtos. É cada vez menos utilizada, pois emite muito calor e consome muita energia.
- As *LEDs*, diodos eletroluminescentes, compensam seu preço alto com numerosos trunfos: sua duração (50 mil horas), seu baixo consumo de energia e o pouco calor que emitem. Além disso, um *dimer* permite aos diodos mudarem de cor, o que favorece criar diferentes ambientes no ponto de venda e de acordo com os momentos do dia, como é o caso do Instituto Clarins, em Paris, onde se passa da luz da manhã à da noite no tempo que dura um tratamento. Enfim, como esse tipo de iluminação não emite nem raios ultravioleta nem infravermelhos, os produtos não perdem a cor nem estragam – como no caso das luzes fluorescente e halógena.

e rupturas no ambiente da loja. As preocupações do engenheiro iluminador são também de ordem econômica; com efeito, a iluminação ocupa um lugar importante nas despesas de concepção e de funcionamento de um ponto de venda. Assim, a escolha das diferentes fontes depende também de seu custo de instalação, de seu consumo de energia e de sua longevidade.

Enfim, é importante destacar que a iluminação de qualquer ponto de venda, uma vez instalada, não deve ser fixa, mas deve, ao contrário, imperativamente evoluir e se adaptar às mudanças do display, das cores e dos materiais dos produtos. Cada mudança de display ou de coleção deve então ser acompanhada de uma reorientação das fontes luminosas, a fim de preencher melhor sua função essencial, que é o melhor destaque da oferta.

O AMBIENTE SONORO

Outro elemento importante a ser levado em conta na concepção de um ponto de venda é a ambientação sonora e, em primeiro lugar, a música. Essa é, com certeza, constitutiva da imagem da marca. Entretanto, foi relativamente há pouco tempo que se tomou consciência do fato, pois durante anos muitas marcas pensaram estar seguras com um ambiente musical transmitido pelo rádio. Não se levavam em conta as numerosas mensagens de publicidade que os programas de rádio contêm, correndo-se o risco de transmitir por inadvertência uma mensagem da concorrência! Em 1988, quando o conceito River Island foi implantado nos Estados Unidos, a música ambiente dos pontos de venda era composta de *blues* e de *jazz*. Esse gênero musical atingia então um público restrito, mas estava perfeitamente de acordo com o ambiente colonial americano específico dos pontos de venda dessa cadeia. Do mesmo modo, uma das marcas do grupo Limited, a Express, transmitia em suas butiques apenas canções francesas. Essas escolhas musicais contribuíram para criar o que os americanos chamam de uma experiência global para o consumidor que entra em uma dessas lojas.

Hoje, a tendência está na criação de seu próprio ambiente musical, e muitos são os bares, restaurantes, lojas ou hotéis que dispõem de suas próprias compilações musicais, compostas a seu pedido por músicos ou DJs de renome. Essas compilações, que constituem para muitas marcas, como Colette, Pottery Barn ou The Conran Shop, um vetor de imagem suplementar, tornam-se com frequência produtos em si, comercializados nos pontos de venda da marca, ou até mesmo em um circuito de distribuição generalista em alguns casos – como é notadamente o caso das compilações do Hotel Costes e do Buddha Bar. O ambiente sonoro de um ponto de venda pode ser considerado um elemento constitutivo da imagem – até mesmo da identidade – da marca, e é por isso que é cada vez mais frequente que o diretor artístico de uma marca intervenha em sua elaboração. Algumas marcas vão ao limite da sofisticação ao conceber trilhas sonoras ligadas à temática de sua coleção – como Yves Saint Laurent, cujas butiques recebem todo mês uma nova trilha sonora para ser tocada no ponto de venda. Algumas marcas (Boss especialmente), por sua vez, propõem em um mesmo ponto de venda e no mesmo instante diferentes universos sonoros segundo as linhas de produtos expostos em diferentes lugares da loja.

Pela música, a marca oferece uma paleta de referências ao consumidor: referência às tendências da moda e ao universo dos jovens, como na H&M, onde são tocados temas dos últimos grupos da moda; a valores culturais e de "alto nível", como em Sephora, onde são tocadas árias de ópera; a um patrimônio regional ou nacional, como na Eddy Bauer, em Nova York, onde a música *country* reforça o conceito de "casa à beira do lago". A música provoca assim em cada cliente uma emoção que lhe é própria e que pode influir no seu comportamento de modo imprevisível. Se, para assegurar sua legitimidade, uma loja com posicionamento vanguardista transmite uma sucessão de títulos identificáveis por alguns iniciados, esses poderão percebê-la positivamente como um sinal de pertencimento. Para outros, isso poderá significar um sentimento de exclusão, que os projetará para fora do ponto de venda. O ambiente musical dá o tom da loja: quer seja elitista, quer consensual, os critérios de escolha são vastos.

## Um chamado a todos os sentidos

Em conformidade aos dois objetivos fundamentais de sua política de merchandising – facilitar a compra e afirmar sua identidade –, as marcas adotam cada vez com mais frequência um procedimento que consiste em evocar a sinestesia, ou seja, a conjugação de um máximo de "experiências" sensoriais nos consumidores. Como a visão, o tato ou a audição, o olfato é igualmente estimulado com frequência cada vez maior. André Holley, pesquisador no CNRS (Centro Nacional de Pesquisa Científica) e especialista em olfato, vê na reabilitação desse sentido primitivo, que a civilização destronou em proveito da visão e da audição, uma "tentativa de maximizar a atratividade dos produtos para o consumidor". Se a olfação foi relativamente abandonada até o fim dos anos 1990, isso se deve a várias razões: contrariamente às cores, as nuances aromáticas não são recenseadas de modo exaustivo em algum código de odores. Eles não se deixam facilmente domesticar, reproduzir, difundir. Enfim, difíceis de serem apreciados de modo objetivo, os perfumes remetem cada indivíduo à sua história e às suas lembranças. Mais do que os outros sentidos, o olfato está relacionado com as emoções pessoais.

Hoje, no entanto, perfumam-se os espaços comerciais e, em consequência, seus produtos. Encontrar seus logotipos olfativos – seus "logolfs", no jargão dos iniciados – torna-se um desafio na medida em que isso equivale a aplicar uma assinatura que os identifique pelo nariz dos consumidores, da mesma forma que um *jingle* ou um letreiro faz para os ouvidos e os olhos. Alguns protagonistas da moda, como Bonpoint, ou Abercrombie & Fitch, difundem seus próprios perfumes, vetor suplementar da identidade da marca. Yves Saint Laurent difunde na entrada de suas butiques um dos perfumes da marca. A butique Colette é fiel desde sua criação aos aromas de figueira. John Galliano e Diptyque desenvolveram juntos uma vela perfumada com o nome do designer. Como no caso das compilações musicais, alguns perfumes, como a vela perfumada de Zadig & Voltaire, são vendidos nos pontos de venda da marca.

Ainda que nem todas as marcas de prêt-à-porter feminino ou de lingerie perfumem seus espaços de venda, muitas são as que propõem gamas de produtos para a toalete ou perfumes para a casa. Os frascos teste, muito utilizados pelas consumidoras, exalam um odor que se torna o da loja. Esses produtos são frequentemente vendidos com a marca da butique, mas podem também integrar uma parceria com uma outra marca que ali encontra um suporte de distribuição e uma sinergia de imagem e de vendas, à maneira do "Diptyque" da butique L'Éclaireur Homme, da rua Mahler, em Paris. Essa tendência crescente de aplicar um selo olfativo a suas butiques é o trunfo de muitas marcas de moda cujo objetivo primordial é acrescentar um componente identificador do universo narrado e proposto à consumidora. Em segundo lugar pode vir a fidelização da clientela, por meio da compra de um produto de cuidado pessoal ou de personalização de seu interior.

O ambiente da loja, expressão da "identidade" da marca, é o resultado de uma alquimia entre decoração, cores, materiais, luz, música e odores. Nesse ambiente, os produtos serão apresentados de modo diretamente ligado às necessidades, preferências, aspirações, estilo de vida e atitudes em relação à moda ou dos consumidores-alvo. Segundo suas qualidades, o modo de apresentação dos produtos fará da visita do cliente uma sucessão de descobertas atraentes e ricas em emoções ou uma busca confusa e frustrante.

## A coleção e o display

Sem as técnicas de apresentação – que os americanos batizaram de display, expressão utilizada com frequência nas empresas francesas –, os produtos expostos nos espaços de venda não seriam nada menos do que estoque. Graças a essas técnicas, eles são ordenados de maneira sistemática, lógica e inteligente para que o consumidor possa compreender rápida, fácil e agradavelmente a natureza da coleção, assim como sua estrutura. O estoque é animado, "ativado"; ele ganha uma terceira dimensão que faz nascer formas e visuais; ganha uma personalidade, exprime sua imagem de moda e propõe um estilo. A apresentação do produto se ordena desde a base, seguindo um esquema feito de linhas escolhidas e combinadas a fim de obter um impacto máximo no consumidor. As linhas verticais produzem uma impressão de força e de altura, e dão uma sensação de pompa. Se, além disso, são finas, a sugestão é de elegância e refinamento. Horizontais, dão uma sensação de calma e de tranquilidade. As linhas curvas personificam a graça, o charme e a feminilidade, e as diagonais, a ação, a força e o dinamismo. É a combinação atraente dessas linhas, das formas e das cores que vai dirigir o olhar do consumidor para os produtos apresentados. A tudo isso, é necessário acrescentar o ritmo da apresentação, que permite ao olhar passar de um produto dominante da coleção a outro mais secundário.

Contudo, não é a apresentação que sedimenta a proposta de produtos e lhe confere inteligência. Não é ela que organiza ou dá um sentido à proximidade de dois produtos. É a própria estrutura da coleção, segundo uma lógica que auxilia sua compreensão e sua legibilidade, que dá à apresentação seus pontos de ancoragem. É por essa razão que uma política de merchandising rigorosa não pode ser executada sem um trabalho prévio sobre a estrutura da coleção, ainda que se corra o risco de ter de reorganizar os setores encarregados do estilo ou das compras, chamados a trabalhar em sinergia com os responsáveis pelo merchandising. Com efeito, é a estrutura da oferta de produtos que vai determinar o modo como vão ser implantadas as diferentes seções: em função das características da coleção (largura, volume, coerência), optar-se-á por tal tipo de circulação e tal tipo de apresentação. A largura da coleção é função do número de referências propostas, e seu volume se mede pelo número de peças expostas em open stock para cada referência. No caso de cadeias de filiais do tipo da H&M, trata-se em geral de uma coleção ao mesmo tempo ampla (grande número de referências em renovação permanente) e volumosa (até várias dezenas de artigos idênticos expostos). Para essas marcas, posicionadas em uma oferta de médio e baixo padrão, a importância do efeito de volume – que o consumidor associa a uma imagem de preço baixo – e a quase ausência de vendedores e, em alguns casos, de reservas no estoque justificam essa profusão de mercadorias no espaço de venda. Ao contrário, as butiques de designers e de marcas de luxo tendem a privilegiar uma coleção menos ampla e, sobretudo, pouco volumosa. A raridade e o caráter exclusivo do produto se exprimem por um pequeno número de referências idênticas expostas, ainda que o produto, disponível no estoque – especialmente os tamanhos extremos –, possa ser fornecido sob demanda. A Chanel ou a Marni apresentam, assim, apenas um tamanho por modelo, de modo que cada cliente deve recorrer a uma conselheira de venda para obter o tamanho que lhe convém.

A segmentação

A coleção pode ser estruturada segundo lógicas extremamente diferentes, que induzirão o consumidor a comportamentos de compras particulares.

- *A segmentação por tipos de produtos* pode favorecer a compra suplementar de um mesmo artigo em duas ou até mesmo várias cores, com a condição de que o preço seja pouco elevado. É por isso que a técnica é utilizada com mais frequência em pequenas peças do tipo camiseta. Ela é utilizada ainda para produtos destinados a mercados específicos, como o dos jovens: a Levi's ou a Gap utilizam essa apresentação para uma parte de sua variedade de produtos. As séries são assim apresentadas em grande volume. Note-se, entretanto, que esse tipo de classificação, que não trabalha com a valorização do produto mas com um efeito de massa, era comum nas cadeias e nas grandes lojas especializadas há alguns anos. Com efeito, esse tipo de classificação era amplamente difundido em marcas como Benetton, mas também Caroll ou Alain Manoukian, cujo conceito inicial repousava amplamente em uma oferta monoproduto centrada nas pequenas peças. Emblemático na época em que a noção do autosserviço estava em voga, o display organizado por tipos de produtos foi destronado em prol de outros modos de apresentação, que favorecem especialmente as compras complementares.
- *A segmentação por temas* é reputada por gerar compras complementares. Ela permite, notadamente, integrar produtos básicos aos que estão

na moda. Essa classificação é utilizada por bandeiras ou marcas de médio e alto padrão (Max Mara, por exemplo) e se dirige a clientes educadas em matéria de moda, que não têm necessidade de ser guiadas passo a passo por uma associação de produtos apresentados em manequins.

- *A segmentação por perfil* leva a compras complementares, mas também suplementares. Esse sistema permite sugerir mais precisamente peças coordenadas e criar o impulso da compra. Essa maneira de apresentar a coleção, ou uma parte dela ao menos, é hoje muito usada na distribuição dos produtos de moda (cadeias especializadas, lojas de departamentos, etc.). Ela só poderá ser implementada se, no início do processo, for efetuado um importante trabalho de organização da coleção.
- *A segmentação por cor ou por ambiente colorido*: a cor dos produtos ou a reunião de várias cores coordenáveis pode igualmente contribuir para a estruturação visual da coleção. Algumas ofertas de produtos são monocromáticas: nesse caso a apresentação de uma parte da coleção, qualquer que seja o produto, é determinada por um mesmo colorido – que pode ser aquele da tendência da estação. Encontramos essa lógica de disposição nos campos da decoração e dos produtos de casa, por exemplo: cortinas, almofadas, tecido por metro, etc. oferecidos na mesma cor. No setor da moda, essa maneira de organizar a coleção de produtos se encontra com frequência nas ofertas de médio e baixo padrão. A oferta de produtos, em sua totalidade, é ordenada em torno de temas de cores, com todas as roupas misturadas. Tal sistema tem por vantagem tornar visualmente aceitável a apresentação de mercadorias díspares, em especial no momento das liquidações. Atualmente, no campo da moda, é mais comum que os temas se articulem por pares de cores. A uma cor de base é associada uma cor "secundária" que evolui durante a estação. Essa escolha de apresentação facilita certamente a sugestão de conjuntos e sua renovação ao longo das sucessivas atualizações de cores e da integração de novos produtos. A Mango e a Zara exploram esse modo de apresentar e de renovar suas coleções num ritmo muito rápido.

Quanto à oferta de produtos multicoloridos, sua ilustração típica é o "colorama": apenas um produto, geralmente uma peça de malha, apresentado em várias cores – a Etam recorreu muito a esse tipo de display. Gap, Zara, Du Pareil au Même, entre outras, o utilizam na apresentação de produtos básicos e de pequenas peças. Essa lógica de apresentação é frequentemente utilizada em produtos de uma mesma categoria. Ela é amplamente usada em seções monoprodutos, como a roupa de casa, por exemplo.

- *A segmentação por universo* estimula as compras não programadas de produtos relacionados àqueles que constituem o pretexto central da oferta. Os produtos de casa, como a roupa de cama ou a decoração, são, com frequência, apresentados por universo, assim como, em matéria de moda, as roupas de banho e a lingerie feminina.
- *A segmentação por uso* é utilizada no alto padrão, para separar as roupas do dia das destinadas à noite, por exemplo. Ela ainda é utilizada para as peças maiores, como sobretudos e impermeáveis, e no setor de esporte.
- *A segmentação por tamanho* não é mais utilizada atualmente fora de períodos de liquidação. Esse tipo de segmentação organizou por muito tempo as seções de confecção das lojas C&A, mas perdeu terreno para a oferta por perfil, que permite exprimir o caráter de "moda" da variedade. Algumas marcas anglo-saxãs, como Marks & Spencer, mas também muitas marcas ou bandeiras americanas, dispõem de uma seção batizada Petites. O tamanho aparece então como o primeiro critério discriminador da escolha do artigo. No interior dessa seção especializada, os critérios de apresentação são parecidos com aqueles reservados ao resto da coleção. No que concerne às butiques especializadas em grandes tamanhos, esse modo de apresentação não é mais a regra. Assim, na Marina Rinaldi, que veste mulheres a partir do tamanho 44, a segmentação é a mesma que a utilizada para as outras marcas do grupo Max Mara. Trata-se de exprimir a lógica da moda na coleção, qualquer que seja a corpulência da consumidora.

- *A segmentação por preço* é utilizada em períodos de liquidação ou de queima de estoque, seriados no tempo, durante os quais esse critério se torna o princípio atrativo da compra.

Essas diferentes segmentações da coleção são naturalmente combináveis entre si ao infinito, com a condição de serem organizadas segundo uma hierarquia estrita. A primeira poderá, por exemplo, ser uma segmentação por temas, no interior da qual intervirá uma segmentação por cores, etc.

## Os modos de apresentação

Uma vez definidos esses princípios estruturadores da segmentação da coleção, resta escolher o modo de apresentação dos produtos: eles ficarão dobrados ou pendurados?

- *O dobrado* se adapta mais particularmente a alguns produtos: blusas de malha, camisas masculinas ou femininas, calças esportivas, frequentemente dispostas em grande número. Essas mesmas quantidades, se estivessem penduradas, fariam irresistivelmente referência à grande distribuição. Um dos inconvenientes do dobrado é que ele mostra apenas parcialmente o produto. É possível, às vezes, adotar um dobrado largo, revelador de mais detalhes. Pode-se, também, alternar os dobrados largos e os estreitos, a fim de criar ritmos, ou colocar na frente um dobrado largo para apresentar o produto e colocar ao lado um dobrado estreito, que demanda menos espaço, para apresentar o estoque. Os produtos dobrados podem ocupar as prateleiras de parede, no caso da apresentação em "colorama", por exemplo. As da Benetton, com uma dezena de cores diferentes, fizeram sucesso. Atualmente são com frequência os produtos permanentes que ficam dobrados nas prateleiras de parede, às vezes até o teto. Nos Estados Unidos, Levi's, Gap ou Old Navy revestem desse modo suas paredes de calças. O fato de dobrar ou não os produtos não é em si revelador de um tipo de distribuição. É a maneira de apresentar esses produtos dobrados que induz, do ponto de vista da quantidade, uma noção de estoque de básicos, variedade de tamanhos e até mesmo de cores para os produtos permanentes, e, do ponto de vista do luxo, espaço, escolha elitista e produtos exclusivos para peças de alto padrão.

Os produtos dobrados podem, ainda, ser apresentados em mesas no centro do espaço de venda; essas mesas podem comportar vários níveis de prateleiras, que lhes dão um aspecto piramidal. Esse sistema resolve um problema de visualização do produto, pois nem todas as prateleiras se situam na mesma altura, permitindo, desse modo, que as diferentes peças apresentadas sejam totalmente vistas. A apresentação de roupas dobradas em mesa é frequentemente utilizada por produtos de mesma categoria, como as camisetas ou os pulôveres da Celio, por exemplo. Ela serve ainda, mas em quantidades menores, para colocar um produto em destaque. A Banana Republic coloca frequentemente, na entrada de suas lojas, uma mesa na qual é proposto um novo produto, apresentado em diversos tamanhos e cores. Enfim, uma mesa pode ser o lugar de apresentação de uma família de produtos particular, e é desse modo que uma grande parte da oferta de lingerie é apresentada na Victoria's Secret. Nas seções de confecção para homens nos Estados Unidos – e esse modo de fazer se generalizou em outros países –, as gravatas são sistematicamente arrumadas em um espaço plano, uma em cima de dois terços da seguinte, como sobreposição ou forma de leque. A diversidade de motivos e de cores cria uma impressão de profusão e de variedade de escolha.

As vantagens da apresentação dobrada são incontestáveis: a possibilidade de jogar com a apresentação de um estoque importante de mercadorias, de construir pilhas claras de produtos regulares, dobrando-os com a ajuda de um gabarito, de colocar de modo prático e simples uma informação ao lado do produto, etc. Seu principal inconveniente reside no fato de que as pilhas claras e regulares ficam desestruturadas por clientes que têm dificuldade de encontrar o produto que desejam, especialmente ao procurar o tamanho que lhes convém. Isso supõe então a organização de uma manutenção constante para que a apresentação continue adequada. A fim de remediar provisoriamente esse problema, o produto dobrado pode ser simultaneamente apresentado em busto, em cabide, estendido em uma mesa ou ainda como na Joseph, onde os diferentes modelos de calças são expostos estirados na parede.

- *O pendurado*: alternativa simples, se o produto não está dobrado, é pendurá-lo, seja de frente, ou facing, seja de perfil, ou "em sobreposição". A apresentação em facing na parede, técnica iniciada pela grande distribuição nas gôndolas dos hipermercados, desenvolveu-se muito nos últimos anos e foi adotada por marcas de alto padrão, como Joseph. Alternada com produtos dobrados e outros pendurados em sobreposição, ela quebra a monotonia, permitindo visualizar o produto em todas as suas dimensões e apreciar todos os detalhes de seu estilo. Com o objetivo de acentuar a dimensão da apresentação, a barra do facing comporta, às vezes, em posição de destaque, uma apresentação que compreende o produto cuja série é suspendida em segundo plano. A organização das paredes com uma dosagem precisa de produtos dobrados, de facings e de peças em sobreposição é uma referência que encontramos em grande número de butiques de prêt-à-porter. A parede ganha ritmo graças a visuais que expõem produtos de destaque, bustos que dão volume a certas peças, imagens (fotos, em geral) que acentuam a presença de determinadas roupas. Quando utilizado no centro do espaço de venda, correndo o risco de parecer baixo padrão ou fora de moda, o facing é instalado na mobília modular, em suportes de quatro braços, por exemplo, permitindo uma alternância com as sobreposições e peças dobradas, dispostas em prateleiras contíguas.

Se a apresentação em facing é valorizada no campo da moda, é certamente porque oferece uma visualização imediata e completa do produto, mas também porque, associada à apresentação em sobreposição e dobrada, permite propor de modo coerente um tema completo. O facing tem, entretanto, por principal inconveniente ocupar lugar demais. Por essa razão, sem dúvida, produtos diferentes são, às vezes, colocados em uma mesma barra. As paredes de facing, organizadas dessa maneira, além de serem em geral pouco estéticas, desencorajam o consumidor, que, quando deseja ver os produtos, tem de se contorcer, como faria diante de um suporte disposto em sobreposição. Daí a exposição em sobreposição ter tantos adeptos. Algumas marcas conservam esse tipo de apresentação, que, julgada menos "agressiva" que o facing, leva o cliente a buscar de fato o produto que deseja. Se esse tipo de apresentação permite propor um estoque mais importante do que a organização em facing, essa facilidade deve ser utilizada com rigor. Caso contrário, pode, rapidamente, levar a uma saturação de produtos, nefasta à estética e à visibilidade da variedade. A grande maioria do setor da moda adotou um meio termo entre os diferentes modos de apresentação, e expõe em alternância os produtos dobrados, em facing e sobreposição. Uma fórmula que se adapta às especificidades de cada um e se empenha em lutar contra a monotonia.

## A taxa de saturação do espaço

Segundo a importância do estoque e o volume de mercadorias apresentadas no ponto de venda, mas também segundo o público-alvo e o posicionamento da marca, a taxa de saturação do espaço, que visa medir esse volume, será mais ou menos elevada. Quando a coleção é muito ampla, composta de um número importante de séries no espaço de venda, ou se é tratada em profundidade, com produtos apresentados em grande quantidade, essa profusão cria um efeito de massa, de open stock. Nesse caso, as zonas de apresentação são privilegiadas em relação às zonas de circulação. Dir-se-á, então, que a taxa de saturação é alta, e o olhar experimenta uma sensação de forte presença física da mercadoria em relação ao volume apresentado. Gap, H&M, Bershka e, em geral, as marcas posicionadas no baixo padrão gostam de trabalhar com esse impacto sobre o consumidor: as prateleiras de parede são muito altas, o dobrado é em geral utilizado maciçamente, e no centro do espaço de venda numerosos suportes ou mesas abrigam os produtos. O número de peças por metro quadrado é em média, nesse tipo lugar, igual a cem.

A taxa de saturação não é um indicador sistemático do padrão de qualidade da marca. Entretanto, as butiques de alto padrão optam com frequência por realizar apresentações arejadas. O número de séries apresentadas é reduzido, assim como o volume da oferta de cada produto. As roupas dobradas são apresentadas em pouca quantidade, e as penduradas ficam em cabides regular e amplamente espaçados. Visuais de apresentação são, com frequência, apoiados nas paredes. Quanto ao centro do espaço de venda, é ocupado por móveis baixos, nos quais alguns produtos são propostos, às vezes apenas um, estendido em todo o espaço do suporte. Com exceção desses móveis, há pouca mobília central de apresentação, e a ocupação parcial do espaço confere um aspecto qualitativo ao conjunto. A taxa de saturação do espaço é baixa, assim como a taxa de saturação linear. O número de peças por metro quadrado é então de vinte em média. A Colette, na rua Saint-Honoré, em Paris, ou ainda as butiques Calvin Klein ou Chanel são emblemáticas desse tipo de apresentação que valoriza ao máximo o produto, ao organizar sua "raridade". A Colette apresenta sua oferta de prêt-à-porter em manequins do tipo Stockman, e nenhuma peça de roupa – além de uma oferta de sportswear mais acessível – é apresentada dobrada ou pendurada. Nesses casos, o recurso a um conselheiro de venda é obrigatório.

Qualquer que seja a decisão de apresentação da marca, sempre ligada à política da marca, o número de séries deve, evidentemente, ser adaptado ao tamanho da área de exposição e do ponto de venda. As escolhas operadas decorrem diretamente do objetivo fundamental de exprimir o mais clara e agradavelmente possível a coleção, e fazer sobressair a inteligência de sua estruturação. É preciso, contudo, que essa coleção tenha sido estruturada e organizada antecipadamente, pensando na maneira como ela será apresentada nos pontos de venda da marca, mas também nas taxas de saturação, que se separam amplamente do conceito e do posicionamento da marca.

## Os níveis de leitura

Fundamental no que diz respeito à apresentação da coleção, em particular no que tange aos produtos de grande consumo, mas também ao perímetro da moda, é a noção de níveis de leitura. Esses níveis de apresentação são determinados em função da facilidade de acesso e das características físicas dos produtos: serão apresentados em uma embalagem, dobrados em prateleiras, pendurados em facing ou em sobreposição? Qual é seu grau de legibilidade? Comportam detalhes? São feitos de um material que requer que estejam próximos do consumidor? Qual é o seu volume, seu peso? Representam mais o objeto de uma compra premeditada ou de uma compra impulsiva? Qual é, em média, sua frequência de compra?

Distinguimos geralmente quatro níveis de apresentação, sempre tendo em mente que a visualização não é a mesma quando se está em frente a uma seção ou distante dela:

- *O nível "acima dos olhos"*, ou chamado "do chapéu" (mais de 1,70 m), obtém resultados variáveis segundo a altura da prateleira. Na altura dos cabelos são ainda satisfatórios; mais alto, os produtos são visíveis, mas difíceis de alcançar – por vezes inacessíveis –, e os resultados são fracos. Convém, então, utilizar esses lugares para artigos cujo condicionamento ou apresentação física sejam suficientemente atrativos para serem percebidos de longe ou quando a oferta está replicada na mesa de baixo. Algumas marcas, como a Levi's ou aquelas que geralmente se destinam aos alvos jovens, apresentam prateleiras de parede muito altas, deixando os produtos assim expostos totalmente inacessíveis ao consumidor. Nesse caso, tais espaços servem como estoques de peças permanentes, repetidas em nível mais baixo. Os vendedores têm acesso a elas por meio de escadas ou bancos. Acima de qualquer obstáculo visual, esse nível garante uma boa visibilidade em grande parte do ponto de venda. As roupas podem ser expostas ali em bustos ou em qualquer outro suporte. Podem-se, ainda, colocar ali amplas fotos de produtos.
- *O nível dos olhos* (entre 1,10 m e 1,70 m) é o mais comerciável e o dos artigos a privilegiar. É, portanto, interessante colocar ali os produtos mais suscetíveis de despertar uma compra por impulso, quer sejam os novos, com forte imagem de marca ou peças-chave da coleção, quer sejam

os mais rentáveis. Em alguns casos, ao contrário, é estratégico reservar esses lugares aos produtos cujos preços são particularmente atraentes para o consumidor.

- *O nível das mãos* (de 0,60 m a 1,10 m) é o da "ferramenta". Quanto mais ele estiver próximo dos olhos e facilmente acessível, melhor será. Logo, é reservado a produtos a privilegiar (forte procura espontânea, publicidade). À medida que desce, sem chegar ainda ao nível do chão, a eficácia vai diminuindo, e aí devem ficar, de preferência, os produtos indispensáveis, os acessórios difíceis de arrumar.
- *O nível do chão ou dos pés* (de 0,20 m a 0,60 m) é um local de fraca venda. É o nível dos artigos volumosos ou pesados, de condicionamento amplo, com legibilidade vertical... Reputado como o menos favorável, é o nível escolhido para os produtos com forte frequência de compra, os volumosos e facilmente identificáveis, os que se veem melhor de cima, as compras utilitárias. No caso de marcas cuja coleção de prêt-à-porter é completada por uma oferta de calçados, como a Zara, por exemplo, esse nível pode ser utilizado para apresentar calçados; os modelos apresentados (com frequência dispostos em pares, em diferentes tamanhos e sem embalagem) devem combinar com as roupas e as bolsas propostas nos níveis superiores, formando assim um conjunto completo.

As potencialidades de cada um dos níveis de apresentação devem ser consideradas na concepção da apresentação dos produtos, particularmente no que se refere às apresentações murais.

## O MOBILIÁRIO

Baseando-se na lógica de apresentação da coleção, a expressão dos produtos se faz através de um outro elemento estruturante do ponto de venda: o mobiliário. Vetor muito aparente da identidade da marca, ele deve estar em coerência com a imagem global da marca. Suas funções são múltiplas: suporte de estoque, lugar de apresentação e de destaque dos produtos, serve também à recepção e à venda. Ele deve ser implantado nas paredes ou no centro do ponto de venda. A escolha de um tipo de mobiliário não poderá ser feita sem antes se levantar uma série de questões quanto à sua utilização, sua modulação, seu tempo de vida e sua manutenção. No caso de o orçamento alocado aos móveis de apresentação não estar englobado no da arquitetura da butique, o custo será mais alto. Uma marca que tem várias lojas chega, entretanto, a baixar sensivelmente seus custos em matéria de mobiliário, geralmente a partir do décimo ponto de venda. O princípio consiste em construir em ateliê a maioria dos elementos que compõem os móveis, para que a fabricação dure um mínimo de tempo. O equipamento da loja deve ser concebido com a preocupação de alongar o tempo de vida dos móveis, com materiais duráveis, de fácil cuidado e que envelheçam bem, já que o tempo de vida médio de uma disposição é, em geral, estimado em cinco anos. É dessa óptica de redução de custos e de escolha de materiais bem adaptável que os sistemas inteiramente modulares (varões, prateleiras e estantes) são preferidos nos pontos de venda das marcas de médio e baixo padrão. Em contrapartida, as marcas de luxo se caracterizam por uma modulação mais fraca do mobiliário, e, quando há alguma modulação, esta deve ser a mais discreta possível.

## Os pontos focais

A fim de dar maior destaque à apresentação da coleção, os pontos focais, chamados nos Estados Unidos de *focus point*, são cada vez mais utilizados nos espaços de venda. Um ponto focal é uma apresentação localizada em um lugar preciso, geralmente essencial, encarregada de reforçar o destaque do produto, de dar uma ênfase tal que consiga atrair o olhar, os passos e a atenção do consumidor. Existem múltiplas maneiras de ordenar um ponto focal: em uma parede, diante de um espaço pintado de uma cor diferente e equipado de um material de apresentação adaptado, muito bem iluminado; em uma plataforma, na qual são colocados um ou mais manequins ou outros tipos de suportes, como bustos dispostos sobre móveis ou mesas em que são estendidos os produtos; ou simplesmente cabides suspensos, acompanhados de uma decoração específica, também sob forte iluminação, etc. O centro de atração pode ainda ser constituído de uma grande foto do produto, de um desenho, de um simples elemento de decoração, como um enorme buquê, ou de telas fixas ou retráteis (lojas Niketown de Nova York, e Chanel de Tóquio) nas quais podem ser transmitidas diferentes animações, como o desfile da estação ou o filme publicitário do momento...

O ponto focal, pudemos constatar, é sempre muito iluminado, e é o centro de interesse da loja. Seu objetivo é reforçar a imagem da butique, mesmo se não comporta mercadoria, e/ou levar o consumidor em direção ao espaço onde se encontram os produtos sobre os quais se deseja chamar particularmente a atenção. Alguns setores novos, ou pouco conhecidos, podem se beneficiar da presença de um ponto focal, que drena os consumidores em sua direção.

Nos grandes centros comerciais americanos (os *malls*), as lojas, que dão diretamente para os corredores, utilizam cada vez com mais frequência o display ilha, que poderíamos traduzir por "destaque central". Seu princípio é ser visível desde a entrada, mas também de qualquer outro ponto da loja. Para isso, o display ilha deve se beneficiar de uma superfície importante e de uma iluminação potente, e deve ser elevado. Por meio desse tipo de destaque, a loja propõe uma "história" particular, a partir de uma tendência (cor, forma), de um fato, de uma ação promocional... Qualquer que seja a construção implantada no quadro desse display central, ela deve ser facilmente modificável e adaptável a qualquer outro acontecimento ou tendência. Os pontos focais ou displays ilha intervêm como uma espécie de pontos de exclamação na história contada pelos produtos no local de venda.

## O PACKAGING

Nesta parte dedicada à coleção e ao display, convém também destacar a importância do packaging. Se ele não depende sempre *stricto sensu* da função de merchandising, a maneira pela qual ele será manipulado e utilizado entra efetivamente na gestão geral do ponto de venda. Quer se trate de caixas, quer de sacolas, lida-se aqui com um vetor de identidade ainda mais forte, porque sai da butique. A esse título, são geralmente concebidas em coerência com os outros sinais gráficos da marca, e dependem ou da direção artística ou do marketing, de acordo com o caso. Contudo, sua importância não se limita apenas ao design, e uma aplicação judiciosa das regras de utilização dessas embalagens é o resultado de uma efetiva estratégia de merchandising.

Diferentes questões podem assim se colocar ao merchandiser ao considerar o packaging. A questão das embalagens comuns de um lado: que tamanho de sacola para que produto? Que tipo de dobrado? Que embalagem intermediária (papel de seda, saco de tecido...) deve ser usada entre a sacola e o objeto comprado? Esses e vários outros pontos o manual de merchandising deve levar em conta. O documento que descreve essas regras de utilização deverá ser uma ferramenta muito pedagógica, de modo que todo o pessoal de venda esteja apto a seguir estritamente um dos componentes da identidade da marca. O packaging permite, particularmente no setor de luxo, despertar no cliente o sentimento de ter adquirido um produto de qualidade. Além disso, para marcas como Vuitton ou Hermès, representa também um item importante de custo em diferentes níveis: por um lado, a zona da embalagem ocupa, frequentemente, um lugar não negligenciável nas butiques, já que deve poder receber todas as referências de packaging e permitir embalar segundo as regras da arte; além disso, os custos unitários das numerosas referências do packaging são altos – é preciso contar € 0,40 por sacola comum e de € 1,00 a € 2,00 para uma sacola de maior qualidade (Louis Vuitton transferiu assim sua produção de packaging para fora do país a fim de racionalizar os custos).

Do mesmo modo se coloca a questão das embalagens "especiais", sejam embalagens para presentes, sejam as utilizadas durante os períodos de liquidação e outros acontecimentos especiais, como as exposições organizadas pelas diversas lojas de departamentos ao longo do ano. Assim, cada vez mais, o shopping bag é usado como embalagem para presente, com o acréscimo de um fitilho ou uma fita cuja forma e posição serão definidas de modo preciso. Em caso de liquidações e outras operações promocionais (Natal, Dia dos Namorados...), nas marcas que se servem de códigos gráficos específicos, o shopping bag deve refletir a identidade geral, adaptando-se ao mesmo tempo à operação em andamento. Do mesmo modo, tanto a implementação (quantidade, custos) quanto a gestão de seu uso dependem da direção da rede de butiques e são determinadas, a esse título, mais ou menos diretamente pela função de merchandising.

## Comunicação, fidelização e animação

Um dos objetivos do merchandising é contar ao consumidor o que é a marca e lhe fazer entender de modo claro e evidente o que ela faz, mensagem da qual o ponto de venda é a primeira mídia. Tudo faz, efetivamente, parte da comunicação, tudo é portador de uma mensagem. Com a ajuda dos elementos percebidos, o consumidor construirá sua imagem da marca. Ao se tornar CLV (comunicação no local de venda), a antiga PLV (publicidade no local de venda) engloba atualmente todas as operações de comunicação referentes ao ponto de venda: publicidade, promoção, informação, sinalização, mobiliário comercial, comunicação luminosa, etc.

### PUBLICIDADE NO LOCAL DE VENDA E SINALIZAÇÃO

A comunicação publicitária no local de venda representa, em média, 5% dos investimentos publicitários globais das empresas e está em constante progressão. Estudos demonstraram que, na Europa, três quartos das compras são decididos no ponto de venda e que a CLV influencia diretamente o comportamento de aproximadamente dois terços dos consumidores. Ela reveste, assim, aspectos potencialmente bem diversos na loja, que têm por base os sinais gráficos (sinalização) e as imagens. A sinalização engloba elementos identitários do ponto de venda que fazem parte da imagem da marca: letreiro, logotipo, nome da butique, embalagem, indicações de como se orientar através das diferentes seções, informações sobre as promoções ou os serviços. Todos esses elementos se integram no quadro de um manual gráfico que retoma a totalidade das declinações visuais do ponto de venda. A escolha das cores, do tipo de caractere ou do material de cada suporte prolonga a afirmação da identidade da marca e deve fazer referência à estratégia global que a anima. As placas de orientação ou de informação e as etiquetas informativas colocadas junto aos produtos devem ser claras e precisas, sem sufocar o consumidor pelo excesso. Algumas mensagens curtas, simples e legíveis, em quantidade restrita, deixam o cliente alerta e prendem sua atenção.

Quanto às imagens utilizadas para ritmar a apresentação, são, com frequência, fotos, às vezes desenhos ou filmes (clipes ou partes de desfiles) que passam repetidamente nas telas (Niketown de Nova York, Chanel de Tóquio). As cadeias como Gap ou Eddie Bauer utilizam imagens dos produtos e as colocam em formato bem grande, de maneira que façam eco aos manequins vestidos com as mesmas roupas. Quando em formatos menores, instaladas abaixo do nível dos olhos, essas imagens chamam a atenção do consumidor para produtos particulares. Em alguns casos, uma ampliação serve também para mostrar, em pano de fundo da apresentação, detalhes de produtos menores, como artigos de couro ou joias que, sem esse reforço, seriam bem menos visíveis. Esse recurso aos sinais e às imagens é um meio tradicional de a marca, através de seu ponto de venda, afirmar sua identidade. Desenvolver seu perímetro de expressão se tornou, hoje, um modo natural de se comunicar.

## O PONTO DE VENDA CATALISADOR DE CORRENTES

Desde o fim dos anos 1990, nota-se uma ligação cada vez mais estreita entre moda, arte e design. A moda não se limita a um catálogo de estilos de vida, como nos anos 1980, nem a uma série de fotos tiradas de uma revista. Ela se exprime de maneira muito mais elaborada e sofisticada. As butiques se tornam locais de passeio, ou seja, lugares aonde se vai não apenas por sua oferta de produtos, mas também pelo que representam do ponto de vista da criação arquitetônica (Rem Koolhaas para Prada, em Nova York, e Herzog & De Meuron para a butique de Tóquio, Frank Gehry para Issey Miyake, em Nova York, ou Philippe Starck para Jean Paul Gaultier), pelos espaços cedidos a museus (o museu situado no alto dos edifícios Vuitton, Chanel ou Hermès do bairro de Ginza, em Tóquio) e pelos acontecimentos pontuais que ali são organizados: apresentações renovadas, eventos sazonais, espaços conviviais como o bar de águas de Colette ou o restaurante Beige de Chanel, em Tóquio, criado por Alain Ducasse, exposições temporárias (na Louis Vuitton da Champs-Elysées, nas Galeries Lafayette, em seu espaço Galerie des Galeries, no Bon Marché ou na Colette também). A percepção da loja como um local de trocas e um catalisador de correntes culturais pode ter um efeito extremamente estimulante nos clientes e em suas compras. A loja atrai os consumidores porque é criadora de um estilo fortemente identitário, que não se limita ao gênero de roupas que ali se encontra.

### As ações de fidelização

Num momento de multiplicação das marcas e de crescimento da concorrência, a fidelização da clientela é um desafio capital. A ligação criada entre o ponto de venda e os consumidores é o resultado da satisfação que estes sentem ao escolher os produtos dessa loja e do prazer que têm indo fazer as compras ali. Todas as características do ponto de venda concorrem para isso: variedade, apresentação, serviços, comunicação, etc. A isso se acrescem as ações de fidelização nomeadamente identificadas. Em geral, elas têm por base a constituição e a manutenção regular de um banco de dados de clientes e tomam o aspecto de mailings para eventos e promoções. Os cartões de fidelidade e os catálogos oferecidos no momento da embalagem são as ferramentas habituais de fidelização. *Le Monde d'Hermès*, editado todo ano pela marca, é uma revista de periodicidade bianual destinada aos clientes. No sumário, além da apresentação de produtos da marca, essa publicação propõe ainda artigos reunidos em torno de um tema preciso escolhido pela casa. O mesmo faz Max Mara, que publica há quinze anos a *MM Magazine*, uma revista bianual com uma tiragem de 500 mil exemplares e distribuída em várias línguas. Essa revista, verdadeiro vetor de comunicação da marca, é oferecida pelas butiques Max Mara a seus clientes e também vendida em bancas de jornal.

## As ferramentas da equipe de venda

Não importa o conceito escolhido, é a equipe de venda, por seu *savoir--faire* e seu "saber ser", que vai animá-lo e dar-lhe vida. É em razão da recepção dos vendedores que o cliente se sentirá ou não à vontade na loja. Nos Estados Unidos, muitas butiques, de alto padrão ou não – na França apenas as marcas de luxo –, dispõem de um porteiro. Em lojas muito grandes, como a Maison Louis Vuitton da Champs-Elysées ou a butique Hermès da rua du Faubourg Saint-Honoré, recepcionistas se apresentam imediatamente para guiar o cliente. Em matéria de assistência, as necessidades dos consumidores são muito heterogêneas. Alguns não suportam que seu espaço pessoal seja invadido e recusam qualquer oferta de ajuda. Outros desejam encetar um diálogo sobre os produtos que pensam comprar. De qualquer forma, em sua busca de produtos de moda, cada consumidor procura se sentir seguro e alimentar sua confiança no vendedor. Os distribuidores que conseguem responder às suas expectativas no momento oportuno têm grandes chances de assegurar sua fidelidade.

Uma política de merchandising não poderia ser definida de uma vez por todas. Ela só será eficaz se a empresa se empenhar em fazê-la viver no tempo e evoluir. Diversas ferramentas, utilizadas de forma desigual de uma marca a outra, podem ajudar os que intervêm, em graus diferentes, para acompanhar a execução e a evolução dessa política.

- *O book de coleção* descreve o espírito geral da coleção, sua estrutura (plano de coleção), a gama de cores, os diferentes materiais utilizados, os acessórios, os detalhes ligados à construção dos produtos (finalizações, etc.). A coleção será, em seguida, apresentada produto por produto (fotos ou croquis com todas as características de tamanho, cores, preços, data de entrega) e depois por temas (todos os produtos que compõem um tema são retomados). Essa proposta pode estar acompanhada de fotos sugerindo um tipo de apresentação na loja. Os temas são dados na ordem cronológica da estação e servem também para descrever as antecipações possíveis. Propostas de visuais figuram também nesse suporte. Uma descrição da coleção por família de produtos completa às vezes esse book e permite organizar a manutenção do estoque, as estatísticas de venda, etc. O book da coleção é enviado a cada loja no início da estação e constitui a base de referência em matéria de produtos e de organização de temas. Os membros da equipe de venda que não puderam assistir ao desfile se familiarizam com a nova coleção através desse documento. Algumas marcas, especialmente no segmento de luxo e do alto padrão, indicam os modelos que serão apresentados no catálogo e os selecionados para os editoriais das revistas.

- *O book de merchandising* dá diretivas precisas quanto à apresentação visual da (das) coleção(ões) da estação. Essas indicações tratam das ambientações coloridas, das associações entre produtos, de sua apresentação em função do mobiliário. Esse manual é por vezes encartado ao book da coleção para constituir um documento único.
- *O dossiê relativo às vitrinas* descreve, no início da estação, a sucessão dos cenários das vitrinas no tempo. Ele é acompanhado de fotos ou de croquis das realizações, com os produtos e decorações correspondentes. As vitrinas mudam, em geral, a cada dez ou quinze dias. Os cenários, cujo tempo de vida é com frequência superior ao dos temas propostos em vitrina, são enviados a cada uma das lojas ou podem ser confeccionados no local. Quanto à realização das vitrinas, ela é confiada ou ao funcionário que tenha maior afinidade com a decoração (que pode ter participado de um curso na área) ou a vitrinistas que trabalham no local.
- *O manual de merchandising* não existe sistematicamente. Nos casos em que a marca o utiliza, ele traz a lista de todas as práticas de merchandising da marca, desde o exterior da loja até o estoque. É a bíblia da prática de merchandising da empresa, e é enviado a cada loja.

Entre as ferramentas que contribuem para dar vida à realização do merchandising, é preciso mencionar a formação do pessoal de venda. A cada estação, o responsável pela butique se beneficia, no momento do desfile ou da apresentação, de um treinamento de merchandising que versa sobre a coleção. Cabe a ele, em seguida, repassar essa informação à sua equipe. Algumas marcas preveem que membros da equipe de venda recebam também um treinamento de merchandising propriamente dito. Se fosse preciso escolher uma ação, e apenas uma, para tornar vivo o ponto de venda, essa seria a renovação regular da apresentação da coleção. Se podemos contar com uma visita regular da clientela, é preciso lhe dar o sentimento de ter algo para descobrir na loja. Para isso, como a coleção é colocada em sua quase totalidade no início da estação, será preciso, sistemática e regularmente, "girar" os produtos, em função de mudanças de vitrinas, por exemplo. Como regularmente se injetam novos produtos, a renovação se fará pelo viés dos temas de atualização, integrados ao resto da coleção. Esses temas oferecem a possibilidade de recompor a coleção já presente no espaço de venda. Os produtos são, em parte, os mesmos, mas quando colocados em novos visuais com outros produtos, parecem novidade.

Além dos períodos de atualização, no simples acompanhamento das vendas percebe-se a necessidade de mudar de lugar um produto que para de vender, quando faltam tamanhos ou cores ou quando sua taxa de escoamento não é suficientemente rápida (mudança de lugar no espaço de venda, associação com um produto de escoamento rápido, etc.).

Afora a renovação da coleção, essas ferramentas têm uma eficácia global para a cadeia, que vai decrescendo conforme se esteja lidando com lojas próprias (ou seja, filiais), franquias ou concessões, e conforme a gestão seja mais ou menos centralizada.

# 4. Constituição e gestão da coleção

tendo em vista que o merchandising tem por missão vender mais e melhor, ou seja, aumentar a rentabilidade (margem de lucro, benefício bruto, otimização do espaço de venda), é necessário conciliar os aspectos estéticos e comerciais, gerando um equilíbrio satisfatório entre esses dois eixos. Isso implica necessariamente arbitragens a favor de um ou de outro desses parâmetros, cujos objetivos são desiguais – em certos casos até mesmo divergentes. A busca estética vai no sentido de uma transcrição, o mais fiel possível, do conceito e da identidade da marca. O comercial se apoia no destaque do produto a fim de suscitar desejo, visando a realização dos objetivos previstos. A organização do espaço de venda se estabelece de certa forma sob uma "tensão" entre esses dois parâmetros.

Não se deve, contudo, perder de vista que o papel do merchandising é também tornar a rede o mais homogênea possível – em um contexto em que não existem dois espaços de venda parecidos –, conservando ao mesmo tempo em cada ponto de venda uma certa flexibilidade de adaptação em relação às diferentes eventualidades comerciais que possam sobrevir. A tendência geral tem caminhado, todavia, no sentido de uma centralização das decisões de merchandising; os pontos de venda veem sua autonomia restringir-se em matéria de merchandising, mas também, como tem sido frequente, no que se refere às compras, o que leva à questão da motivação do pessoal das lojas e, particularmente, dos seus diretores. Com efeito, estes veem a dimensão gerencial de sua função crescer enquanto seu papel em matéria de constituição da coleção torna-se mais limitado, até mesmo inexistente.

## A constituição da coleção

A coleção de cada ponto de venda será elaborada em função de critérios comerciais como:
- o tamanho dos pontos de venda;
- sua localização geográfica, que implica diferentes parâmetros que podem estar ligados ao clima, à cultura, à zona da clientela, etc.;
- a meta de faturamento de cada ponto de venda.

A estrutura dessa coleção implica uma repartição entre os seguintes tipos de produtos:
- produtos de imagem;
- produtos identitários;
- produtos complementares (também chamados de produtos comerciais).

A fim de gerenciar da melhor maneira essas especificidades, as marcas e bandeiras procedem a agrupamentos por categorias de pontos de venda, em função, especialmente, de seu tamanho, área e/ou faturamento, zona de clientela, etc. Para cada tipologia de loja será atribuída uma coleção precisa. Em regra, a variedade dos menores pontos de venda será limitada às peças centrais da coleção, os pontos de venda de tamanho médio disporão dessas peças centrais enriquecidas de outros temas ou produtos, e assim por diante para cada tipo de loja, até as megastores, cuja vocação é receber a integralidade da oferta da marca. A subdivisão das redes compreende, em média, quatro tipos de pontos de venda, geralmente classificados em lojas A, B, C e D.

A construção da coleção deve também levar em conta as taxas de saturação do espaço de venda: os critérios de faturamento[1] e a área dedicada à venda e à estocagem (as reservas) determinarão o número de referências por produto – em largura e em volume – que cada tipo de loja pode conter em certo momento. Além disso, a taxa de saturação também será determinada pelo próprio conceito da bandeira ou marca[2] e, especialmente:

- em função de suas regras de apresentação visual, que representam um dos vetores-chave da expressão da imagem da marca: entre a concepção minimalista e a concepção abundante do display conforme seu posicionamento;
- pela escolha que será feita entre venda assistida ou autosserviço.

Com efeito, quando os vendedores são suficientemente numerosos e quando seu papel é acompanhar o cliente ao longo do ato da compra, o número de artigos apresentados na loja é, frequentemente, restrito,[3] e o próprio vendedor vai procurar o produto no estoque. Além disso, este deverá estar num lugar suficientemente espaçoso para acolher quantidade importante de peças.

Ao contrário, quando o papel do pessoal exclui o aconselhamento e se limita à instalação e à arrumação dos produtos na loja, uma grande parte do estoque é instalada no espaço de venda, e nesse caso o tamanho do lugar destinado ao estoque de reserva é reduzido e até mesmo, com frequência, inexistente. O bom funcionamento de uma tal estratégia repousa na afiançabilidade logística dos entrepostos e numa gestão precisa e sofisticada dos estoques em loja. Assim, esse processo é acompanhado, necessariamente, de um inventário dos tipos de mobiliário disponíveis, assim como de uma avaliação precisa da capa-

---

[1] O faturamento é também chamado de *open to buy* ou OTB.
[2] Ver, anteriormente, "A taxa de saturação do espaço".
[3] A oferta de produtos no espaço de venda pode ser limitada a apenas um produto por tamanho e/ou limitada à apresentação de dois ou três tamanhos-padrão. Essa prática é a regra nos pontos de venda de luxo e de alto padrão.

cidade de merchandising[4] de cada móvel (por exemplo, o número de produtos que cada móvel pode conter). O número de referências por móvel tem impacto direto na capacidade total do ponto de venda.

## A gestão da coleção no ponto de venda

As ferramentas e os indicadores da gestão do ponto de venda no setor da moda são relativamente parecidos com os utilizados pela grande distribuição alimentar. Todavia, a gestão de uma coleção de produtos de moda implica necessariamente levar em consideração parâmetros específicos desse setor. Essa adaptação da gestão da coleção de produtos de moda deverá, em especial, integrar os parâmetros ligados a:
- o tempo de vida dos produtos, que, no caso de uma roupa, raramente passa de uma estação. Entretanto, isso tem evoluído em função do lugar crescente que ocupa o acessório dentro da oferta global de uma marca ou bandeira. Efetivamente, o tempo de vida de certos acessórios, especialmente os de couro, é frequentemente superior ao de uma roupa (ainda que este tenda a diminuir);
- a aceleração do ritmo de renovação da oferta, o que implica que vários temas se sobreponham na apresentação dos produtos em loja ao longo da estação. O recurso a uma ação de cross merchandising visa gerenciar da melhor forma a coabitação e a harmonização dessas diferentes coleções;
- a importância do reabastecimento durante a estação;
- o número de produtos repassados de uma estação para outra;
- a parte de produtos permanentes (marcas como Hermès ou Louis Vuitton têm um número considerável de produtos permanentes entre seus artigos de couro);
- o volume e a largura da coleção;

---

[4] A capacidade de merchandising é constituída de stock-keeping units (SKU) – por exemplo, o número de referências –, também chamadas de unidades de gestão dos estoques (UGE).

- a forte sazonalidade das vendas;
- a comunicação publicitária e a PLV.

Todavia, qualquer que seja a fórmula de distribuição adotada, a gestão do ponto de venda implica o recurso aos cinco parâmetros seguintes:

- *Faturamento*: as metas de faturamento de cada loja são fixadas antes das seções de compra. Um acompanhamento do faturamento será, em seguida, efetuado cotidianamente por cada loja ao longo da estação. Esses resultados consolidados pela matriz permitirão ao departamento de merchandising transmitir diretivas de ajustes da oferta ao conjunto das lojas da rede.
- *Margem bruta*: preço de venda, sem contar os impostos, menos o preço de compra, sem contar os impostos.
- *Estoques*: trata-se do sortimento de início de estação e dos estoques levantados durante a estação em cada ponto de venda. A flutuação dos estoques dará lugar a ajustes de merchandising ao longo de todo o tempo de vida da coleção. O estoque médio do conjunto das lojas permitirá calcular a rentabilidade da rede em função da rotação dos estoques e do valor imobilizado.
- *Área de venda*: a área de venda pode ser considerada em sua globalidade ou excluindo-se as áreas não estritamente dedicadas à venda (corredores de circulação, áreas de descanso, etc.).
- *Espaço de gôndola ocupado e facing*: essas duas noções são consideradas como unidades de medida de apresentação das coleções. Quanto ao espaço de gôndola, distingue-se o *linear de solo*, que corresponde ao comprimento de apresentação (pendurada ou dobrada), e o *linear desenvolvido*, que corresponde ao comprimento da totalidade das prateleiras de apresentação. O linear desenvolvido se calcula multiplicando o linear de solo pelo número de prateleiras. O facing corresponde ao número de peças apresentadas e visíveis de frente. Contrariamente à gôndola, cuja unidade de medida é o comprimento, a unidade de medida do facing é constituída pelo número de peças expostas.

É a partir dessas ferramentas de base e da combinação delas entre si que se disporá de três grandes tipos de indicadores de gestão do ponto de venda em matéria de rotação, de rentabilidade e de rendimento.

## Indicador de rotação

### *Taxa de rotação dos estoques*

Serve para avaliar a frequência com a qual o estoque gira e é renovado durante a estação. Vendas e estoques podem ser expressos em volume e em valor; no segundo caso, convém valorizar as vendas e os estoques, tanto em preço de compra como em preço de venda.

- *Rotação física do estoque:*

$$\frac{\textit{vendas da estação}}{\textit{estoque médio da estação}}$$

- *Rotação financeira do estoque:*

$$\frac{\textit{faturamento da estação, sem impostos}}{\textit{montante do estoque médio ao preço de varejo da estação, sem impostos}}$$

Em merchandising, o estoque médio equivale à média dos estoques levantados durante a estação:

$$\frac{\Sigma \textit{ dos estoques levantados durante a estação}}{\textit{número de levantamentos feitos durante a estação}}$$

A noção de estoque compreende, nesse caso, o estoque disponível tanto no ponto de venda quanto no entreposto. A taxa de rotação dos estoques mede o tempo necessário – seis meses em média, na moda – para vender o total do estoque: é um indicador de rentabilidade do ponto de venda e da marca que se pode confrontar com a taxa de rotação de outros pontos de venda da mesma rede ou com a de marcas concorrentes. Em regra geral, quanto mais alta for a taxa de rotação, maior será o lucro gerado pela empresa. Entretanto, as taxas de rotação dos produtos de moda são muito diferentes das verificadas no setor alimentar. Mesmo dentro do setor da moda, as taxas de rotação variam fortemente de uma marca para outra, em função dos tipos de circuitos e dos padrões de qualidade.

## Indicadores de rentabilidade

- *Rentabilidade por $m^2$:*

$$\frac{\text{margem bruta unitária} \times \text{número de peças vendidas}}{m^2}$$

- *Rentabilidade por metro linear desenvolvido:*

$$\frac{\text{margem bruta unitária} \times \text{número de peças vendidas}}{\text{comprimento do linear desenvolvido}}$$

Esses dois indicadores de rentabilidade permitem comparar o desempenho de um produto em relação a outro, mas também em relação ao conjunto da seção ou da loja. O departamento de merchandising se apoiará nos resultados assim obtidos a fim de fazer evoluir a apresentação da oferta de produtos, numa óptica de maximização dos lucros.

É aliás interessante utilizar esse indicador em relação a um tema ou a uma família de produtos. Em um nível agregado, a rentabilidade por metro quadrado permite uma comparação do desempenho de cada ponto de venda – ou de cada tipo de ponto de venda – dentro de uma mesma rede. Enfim, esse indicador permite determinar qual será o nível de rentabilidade necessário em vista da fixação e, ulteriormente, da amortização do custo por metro quadrado da construção ou da renovação de um conceito de loja.

INDICADORES DE RENDIMENTO (chamados também de indicadores de produtividade[5] ou de conservação)[6]

### Taxa de escoamento dos produtos[7]

Chamada com frequência, erroneamente, de taxa de rotação, ela serve para avaliar as vendas de um produto[8] em um período específico que chamaremos T.

$$\frac{vendas\ em\ um\ período\ T}{estoque\ no\ ponto\ de\ venda\ em\ T}$$

A taxa de escoamento dos produtos corresponde à venda desses produtos durante um período específico T, podendo ser determinada em uma base cotidiana, semanal, mensal... A taxa de escoamento, associada às entregas futuras, é utilizada para fazer evoluir a apresentação e as escolhas de destaque dos produtos durante a estação, daí a expressão "indicador de conservação". No início de estação, os ritmos de entrega e de colocação dos produtos na loja são predeterminados segundo temas ou coleções precisas (coleção cruzeiro, etc.). Todavia, essas previsões evoluirão durante a estação segundo o nível das vendas. Efetivamente, as escolhas de display se farão então em função das entregas efetivas e das vendas realizadas, ou seja, em função do nível de estoque dos diferentes produtos na loja, e isso em um período T. As referências colocadas em destaque no ponto de venda e nas vitrines serão aquelas cujo nível de estoque é elevado. A taxa de escoamento é um indicador muito empírico que gera reatividade no ponto de venda.

Essa estratégia implica um controle dos estoques muito preciso e regular em cada ponto de venda; a gestão dos estoques é então efetuada cotidianamente pelo pessoal que trabalha no local (diretor da loja, chefe de seção, vendedores). O recurso a ferramentas de informação sofisticadas facilita e acelera as transferências de dados, bem como sua análise. Essas informações são trans-

---

[5] Dayan & Troadec, *Le merchandising*, Coleção Que Sais-je? (Paris : PUF, 1993).
[6] *Ibidem*.
[7] A taxa de escoamento é também chamada *sell through* (igualmente ortografado *sell thru*).
[8] A taxa de escoamento pode também ser aplicada a uma família de produtos, um tema, etc.

mitidas à matriz, que decidirá sobre as ações a executar no conjunto da rede: esse é o papel do serviço de merchandising.

- *Rendimento por m²*, também chamado de faturamento por m²:

$$\frac{faturamento}{m^2}$$

- *Rendimento por metro linear desenvolvido*:

$$\frac{faturamento}{metro\ linear\ desenvolvido}$$

Esses diferentes indicadores de desempenho são geralmente utilizados na escala do ponto de venda, mas podem também se aplicar às diferentes seções que compõem a loja, e até mesmo no nível do produto.

### Taxa de transformação

$$\frac{número\ de\ notas\ de\ caixa}{número\ de\ pessoas\ que\ visitaram\ o\ ponto\ de\ venda}$$

Essa relação indica a capacidade de uma bandeira ou marca de transformar um visitante do ponto de venda (ou de um site de e-commerce) em comprador. O cálculo da taxa de transformação implica que uma contagem do número de entradas seja efetuada na entrada do ponto de venda.

### O cesto médio

Permite o desenvolvimento de um procedimento de cross merchandising. Este tem por objetivo o crescimento das vendas – pelo viés das vendas adicionais – graças à apresentação de artigos complementares. O cesto médio servirá de base de referência no momento da constituição de visuais propostos à clientela. A decomposição do cesto médio por artigo (UPT: unidades por transação) permite conhecer o número e o valor médio dos produtos comprados pela clientela. A partir dessa informação, o merchandiser selecionará os produtos constitutivos de cada visual. Essa porcentagem pode contribuir amplamente para fazer evoluir a política de merchandising, mas também a gestão das coleções de uma marca: o *savoir-faire* e a imagem vão no sentido de uma oferta de peças coordenadas, de monoproduto ou de um mix combinando essas duas estratégias – sabendo que uma apresentação monoproduto da oferta pode servir durante certo período para estabelecer a legitimidade de uma marca nesse novo tipo de produto, essas orientações serão escolhidas em função do estágio de desenvolvimento da marca.

Uma maior pressão da concorrência, associada a uma evolução constante das estruturas da distribuição, deixa cada vez mais complexa, no entanto imprescindível, a gestão da coleção.

Entre as evoluções notórias que desequilibram a profissão do distribuidor, convém citar:

- o crescimento das redes;
- o desenvolvimento de redes multiformatos;[9]
- a disparidade dos tipos de lojas existentes nas redes;
- seu caráter internacional;
- a multiplicação dos ritmos de entrega e das novidades durante a estação;
- a multiplicação das linhas de produtos de uma mesma marca;
- o tempo de vida dos produtos cada vez mais curto...

---

[9] É cada vez mais frequente, com efeito, que uma mesma rede seja constituída de vários formatos de distribuição. A estratégia multiformato se desenvolveu muito nos Estados Unidos e ganhou, há vários anos, a Europa. Assim, Cyrillus, como Victoria's Secret ou J. Crew, dispõe ao mesmo tempo de uma rede de pontos de venda em filiais, de uma rede de venda a distância através de um catálogo impresso e um site de e-commerce. As lojas de departamentos norte-americanas desenvolveram também essa estratégia multiformato: são apresentadas através dos formatos de loja de departamentos e de venda a distância, mas também por meio de lojas de ponta de estoque.

Hoje é difícil, até mesmo inconcebível, para um distribuidor ignorar esse contexto e não integrar ao processo de distribuição esses elementos e suas consequências desde a concepção das coleções. O merchandising é submetido a essa evolução e é também solicitado cada vez mais cedo na elaboração do processo global. Se as ferramentas mais frequentemente usadas pelo departamento de merchandising ainda são os indicadores de rendimento – os que permitem uma gestão imediata da loja –, o merchandising, que é por essência um serviço de coordenação e de arbitragem, deve também integrar as relações de rentabilidade e de rotação, nas quais se apoiam os gestores no início da concepção do produto.

A missão do merchandiser repousa assim na gestão pertinente de três momentos fortes:

- *o presente*, pela gestão quase extemporânea e contínua do ponto de venda;
- *o passado*, pela análise das vendas e de qualquer outro indicador que permita à bandeira ou marca adaptar sua oferta, ou até mesmo seu posicionamento;
- *o futuro*, pela integração dessas análises de um passado próximo, que permitirá àqueles que trabalham no início do processo elaborar coleções futuras.

Essa abordagem temporal pode servir de referência à empresa para a estruturação de seu processo de merchandising e, por extensão, para a formulação de suas expectativas e dos atributos ligados à função do merchandiser.

Terceira parte

# Organização e função do merchandising

a noção de merchandising, como vimos nas duas partes precedentes, difere segundo cada país – especialmente entre os Estados Unidos e a França – e segundo cada empresa. A rigor, o termo "merchandiser" não designa uma função única, e a extensão das responsabilidades e o conteúdo das atribuições ligadas à função são variáveis, segundo a importância do perímetro de ação conferido pela empresa ao merchandising. Apesar da incerteza que persiste na França em torno da função, os profissionais concordam em admitir duas acepções: o merchandising de produto – também chamado de merchandising global – e o visual merchandising. O merchandising de produto, que podemos também qualificar de merchandising prévio, é amplamente praticado nos Estados Unidos.[1] Ele está relacionado

---

[1] Influenciadas por administradores de cultura norte-americana, algumas empresas europeias são estruturadas integrando o merchandising prévio. É o caso de algumas marcas do Gucci Group, entre as quais Gucci e Yves Saint Laurent, que adotaram uma estrutura e um procedimento globais em matéria de merchandising.

desde o início ao processo de criação da coleção e à concepção do sortimento destinado a cada loja, e opõe-se ao visual merchandising, que intervém apenas após esse processo. Assim, o visual merchandising constitui a etapa final da implantação do produto, concernindo essencialmente à exposição do produto e à sua gestão no ponto de venda.

Nos Estados Unidos, a maior parte dos merchandisers das marcas ou bandeiras de prêt-à-porter participa da elaboração da oferta de produto levando em conta a tipologia dos diferentes pontos de venda gerenciados pela marca. Proteiforme, o merchandising pode referir-se tanto à construção da coleção, como às compras, à gestão, à logística, à imagem da marca, à arquitetura comercial, à estruturação interior, à disposição da oferta, etc. Ainda que na França, na maioria dos casos, as duas funções continuem distintas, observa-se, entretanto, que as duas equipes, de desenvolvimento de produto e de merchandising, trabalham frequentemente em estreita colaboração. Nos Estados Unidos, o merchandiser é, de certo modo, um gerente de produtos que acompanha a mercadoria desde a sua concepção até sua colocação no ponto de venda. A ação do merchandiser começa pela análise dos desempenhos comerciais das coleções das estações precedentes e pela compreensão do mercado, a fim de estar apto a definir o que convém a seu público-alvo. Ele intervém também na estrutura da oferta de produtos, levando em conta, desde o início, sua implantação física no ponto de venda, a fim de que ela esteja de acordo com a tipologia[2] dos diferentes pontos de venda gerenciados pela marca. Isso supõe que a largura e o volume das coleções, o número de temas e seu ritmo de instalação durante a estação estejam em sintonia com o tamanho dos diferentes tipos de pontos de venda – a área, mas também a capacidade do mobiliário para receber um certo volume de mercadoria. Enfim, convém ainda levar em consideração as regras de apresentação próprias a cada marca, especialmente

---

[2] As empresas que dispõem de uma rede de distribuição própria estabelecem uma tipologia desses diferentes pontos de venda em função dos critérios como área, localização geográfica (cidade, bairro, etc.), zona de clientela, faturamento, imagem... Essa tipologia lhes permite adaptar suas ofertas de produtos e serviços segundo os pontos de venda.

em termos de taxas de saturação. Por essa razão, a estocagem e a apresentação dos produtos no local de venda são pensadas desde o início do processo, no momento da concepção dos produtos, e o responsável pelo merchandising orienta o trabalho dos estilistas, cuja missão é "interpretar" os dados assim coletados.[3]

Na França, a tarefa do merchandiser é também multiforme, mesmo quando é mais particularmente focalizada no ponto de venda, ou seja, no final do processo – daí a predominância da denominação de "visual merchandising".[4] Via de regra, o papel do visual merchandiser se articula com a função de gerente de produtos, sem englobá-la, ao contrário do que acontece frequentemente nos Estados Unidos. Idealmente, o profissional do merchandising visual deve trabalhar em sinergia com o gerente de produtos ou, mais amplamente, com a direção da coleção, a fim de estar apto a restituir, no local de venda, a identidade e a lógica da variedade de produtos. Em seguida, sua missão é coordenar as ações dos diferentes protagonistas do processo, do estudo prévio à abertura de um ponto de venda ou à estética da apresentação final, de forma que tudo seja marcado pela mesma lógica e orientado para um princípio único em termos de disposição do ponto de venda, de apresentação do produto, de comunicação, de identidade da marca, de imagem, etc.

---

[3] Esse papel de intérprete concerne, em geral, aos estilistas de empresas posicionadas no médio e baixo padrão e/ou aos estilistas que trabalham para empresas que traduzem e integram as tendências, mais do que as criam. Efetivamente, uma marca cuja criação e grau de inovação estilístico podem ser qualificados como sendo "de ponta" dará uma liberdade bem maior a seu estilista. Este é, aliás, comumente denominado "designer", "costureiro" ou "diretor artístico".

[4] Encontramos também a função de visual merchandiser na América do Norte.

# Tipologia das funções segundo o perfil dos cargos e as estratégias da empresa

O caráter relativamente recente da função de merchandising na França, assim como a diversidade das empresas em termos de posicionamento, cultura, tamanho, etc., explica em parte o fato de ainda reinar, algumas vezes, uma certa confusão no que diz respeito à sua definição e às suas aplicações. Isso dá lugar a uma grande diversidade de perfis profissionais em termos de formação e experiência. A diretora de recrutamento e gestão de carreiras do Instituto Francês da Moda, Karine Piotraut, distingue dois grandes tipos de função ligadas ao visual merchandising: o conceito e a execução. Dois tipos de perfis correspondem naturalmente a essas duas funções: à concepção estão ligados os serviços de arquitetos, decoradores, designers ou estilistas, encarregados de imaginar uma ou várias histórias. A execução requer profissionais com um perfil mais dirigido para o marketing e o comercial, que muitas vezes ocuparam anteriormente funções ligadas à construção de coleções, ou mais diretamente ligadas ao varejo (venda, exposição de mercadorias...). Todavia, mesmo esses últimos, saídos do varejo, devem provar empatia em relação ao produto, às tendências e, mais amplamente, à criação.

Assim, no que se refere à concepção dos locais de venda, os profissionais citados acima intervêm, de um lado, na definição de um conceito arquitetônico e, de outro, na disposição do local de venda. De fato, o conceito arquitetônico engloba o design da fachada exterior, a configuração do espaço interior, a escolha dos materiais e da iluminação. A disposição interior compreende a definição do zoneamento, a concepção do mobiliário, da sinalização... De modo geral, a maior parte das marcas confiam a criação ou a renovação de seu conceito de distribuição a profissionais externos, como as agências de design de interior ou os arquitetos especializados na criação de espaços públicos e comerciais: como um conceito tem uma duração de vida média de cinco anos, a integração de um serviço de concepção dentro da empresa não se justifica necessariamente. Todavia, o tamanho de algumas redes ou a natureza de alguns formatos de distribuição, como o formato da loja de departamentos, tornam em geral imperativa a existência, dentro da empresa, de um departamento de concepção arquitetônica integrado. Para as lojas de departamentos, isso se justifica por seu tamanho, pela multiplicidade de suas seções e pela duração de vida dos conceitos – as lojas de departamentos se veem permanentemente levadas a rever o conceito e a disposição de seus diferentes departamentos.[1] Ademais, a maior parte das empresas que possuem uma rede de distribuição própria dispõe de uma equipe de gerenciamento de obras e manutenção integrada, pois, uma vez definido o conceito e lançado o primeiro ponto de venda teste, essas equipes integradas são, frequentemente, encarregadas da execução

---

[1] No setor da moda, uma marca propõe, em geral, uma oferta de prêt-à-porter dedicada ao homem, à mulher ou à criança. Alguns conceitos, chamados multiespecialistas, como Zara, H&M ou C&A, têm uma oferta que se dirige a dois desses públicos-alvo, ou até mesmo três. Eles podem ainda propor na sua variedade uma oferta de acessórios, de roupas de baixo ou cosméticos. Para as lojas de departamentos – *department stores,* em inglês –, o número de departamentos é mais importante ainda; com efeito, além dos públicos-alvo e dos produtos citados acima, convém acrescentar o lazer e a cultura, o brinquedo, o universo da casa e os espaços de serviços, especialmente de restauração.

do novo conceito e de sua disseminação ao conjunto dos pontos de venda da rede.

No que diz respeito à execução, há alguns anos, constatávamos a propensão de alguns recrutadores em criar uma função proteiforme cuja necessidade percebiam mas que nem sempre conseguiam nomear. O que procuravam, muitas vezes sem saber, era um merchandiser. Mesmo que isso seja mais raro hoje, pode ainda acontecer que apenas uma pessoa seja encarregada de desempenhar todos esses papéis ao mesmo tempo: concepção de ferramentas de merchandising, gestão dos estoques, destaque da coleção no ponto de venda, formação do pessoal, etc. Esse pode ser o caso de empresas de dimensão modesta, ou recentemente convertidas ao merchandising, mas também de empresas que dão pouca importância à exposição do produto. Entretanto, podemos estimar que esses profissionais "que vestem diversos chapéus" e de quem se exigem competências extremamente diversificadas tendem a desaparecer para dar lugar a equipes mais completas e nas quais os contornos das diversas funções são mais específicos, necessitando de um grau de expertise mais forte. Com efeito, as empresas que gerenciam sua própria rede de distribuição têm agora uma abordagem mais controlada e mais experimentada do merchandising. Isso se traduz, entre outras coisas, pela amplidão dos meios financeiros e humanos dedicados ao merchandising e também pelo esforço para estruturar esse departamento.

A implementação do merchandising cabe a uma equipe na qual atuam pessoas que desempenham funções complementares mas distintas, que intervêm em aspectos igualmente diversos – da concepção de ferramentas de merchandising à colocação dos produtos no ponto de venda. No início, essas funções são confiadas a uma ou a várias pessoas, geralmente da sede da empresa. Esses profissionais são mais particularmente encarregados da concepção das ferramentas de merchandising: política e manual de merchandising ou books de merchandising (os primeiros têm um caráter mais permanente, os segundos são, frequentemente, mais efêmeros). Esses books de merchandising – ferramentas de preconização das apresentações dos produtos no ponto de venda e de estruturação de vitrinas – são minuciosos, adaptáveis e ditam o ritmo, pela regularidade com que são publicados, da atividade e da renovação dos pontos de venda. Eles recapitulam a apresentação das coleções, os diferentes temas e seu cadenciamento, sua estrutura e sua eficácia, e permitem um conhecimento rápido e preciso da coleção, de sua estrutura e de sua exposição no ponto de venda. Essas ferramentas são, naturalmente, renovadas ao longo da estação, especialmente quando do lançamento dos temas de atualização, mas também em função dos acontecimentos que dão ritmo à estação. As atualizações sucessivas permitem conservar a globalidade e a legibilidade da coleção, fazendo-a evoluir durante a estação. Por razões evidentes, ligadas à aceleração dos ritmos de renovação da oferta, mas também para facilitar as trocas entre a matriz e a loja, o formato eletrônico tende a suplantar o formato impresso.

Assim, por meio dessas diferentes ferramentas, os profissionais do merchandising desempenham um papel de interface entre as equipes que concebem e estruturam as coleções e as encarregadas, nos pontos de venda, da sua exposição e venda. A ligação com as equipes presentes nos locais de venda garante a fidelidade e a qualidade da implementação do merchandising em relação aos planos de ação, e ganha em intensidade construtiva quando são previstas seções de formação para o pessoal de venda. Esses diversos instrumentos têm por finalidade satisfazer o objetivo principal do merchandising, que é tornar a venda fácil. A pedagogia *in loco* não é primordial. O responsável pelo merchandising pode se encarregar dela, assumindo como missão ser o elo entre a matriz e a loja, ao lado de diretores de redes e de pontos de venda. Seu papel será transmitir toda informação necessária sobre as coleções para que sua exposição seja feita de acordo com o conceito e a identidade da marca. O diálogo se mostra, de fato, indispensável, uma vez que a compreensão é sempre mais eficaz quando há demonstração. Isso não impede o recurso aos manuais de merchandising, ferramentas eficazes desde que o pessoal, além de saber o que deve fazer, compreenda a finalidade dessas recomendações.

Adotada pelas marcas que desejam se desenvolver internacionalmente, uma estratégia de merchandising global é acompanhada frequentemente de

TIPOLOGIA DAS FUNÇÕES

uma fraca conscientização das especificidades locais dos mercados. Em matéria de merchandising centralizado, duas empresas, tão diferentes pela cultura de origem como pelo padrão de qualidade, podem ser aproximadas: Max Mara e Gap. A organização da função de merchandising segue em cada uma delas um esquema similar de centralização das decisões na sede e de delegação em cada país da aplicação das diretivas e da animação da rede. Na Gap, as diretivas emanam da equipe de merchandising baseada na matriz, em San Francisco, e os departamentos de merchandising nacionais oferecem apenas pequenas adaptações locais. Tudo o que diz respeito a abertura de lojas, planos de estruturação ou a disposições de interiores provém dos Estados Unidos. Quanto à equipe de merchandising local, ela representa a "ponte" entre a visão da matriz e a realidade *in loco*. Ela deve encontrar uma solução quando existe discordâncias do ponto de vista arquitetônico, por exemplo, entre a planta-padrão do ponto de venda e a topografia do lugar. No momento da implantação das coleções, ela assegura a conformidade com o plano previsto pela matriz e segue essa implantação ao longo da estação. Sua ação é ainda orientada para a gestão: ela pilota as compras e corrige as quantidades destinadas a cada um dos produtos quando as particularidades das vendas locais o impõem. Além disso, é responsável pela rentabilidade dos pontos de venda e gerencia, em consequência, as baixas de preços, os atrasos de entrega, etc. Ela deve, ainda, cuidar de manter uma qualidade constante em todas as lojas e, quando as particularidades locais o exigem, ajudar e proteger as vendas específicas. Em todos os casos, se um problema se apresenta, a diretiva é relatá-lo a San Francisco.

Na rede Max Mara, o departamento de merchandising fica instalado na sede italiana do grupo. Incumbe a ele a responsabilidade pelas decisões de abertura e de estruturação dos pontos de venda do mundo inteiro. Os diferentes documentos de acompanhamento conjuntural, os books de coleção, os books de vitrina, etc., são elaborados por essa mesma equipe e distribuídos em cada país sob o controle dos profissionais locais. Nesse quadro, a França conta com uma equipe de merchandising que tem como responsabilidade a rede em todo o país. Um dos profissionais se ocupa diretamente da gestão das lojas de departamentos em Paris e no interior, e de todas as linhas de produtos Max Mara (Max Mara, Sport Max, Week-end, Basic), Marella (Marella Boutique, Marella Sport) e Manufactura Del Norde (Penny, Penny Black e Penny Plus). Ele tem ainda sob sua responsabilidade as franquias grandes, que ultrapassam um certo limiar de faturamento. Outra pessoa é encarregada de gerenciar as franquias, situadas em sua maioria no interior da França, cuja atividade gera um faturamento que se situa abaixo desse limiar. Agentes exclusivos intervêm nas franquias do grupo que não estão sob o comando de uma ou de outra dessas duas pessoas. No início da elaboração da coleção para uma estação X, o responsável pelo merchandising edita um relatório-síntese sobre a coleção da estação anterior, baseando-se nas visitas às butiques e às lojas de departamentos e nos montantes de vendas cotidianas. São, todavia, o diretor de coleção e o responsável pelo estilo na Itália que têm a responsabilidade pelo produto; logo eles dão a última palavra em matéria de variedade de produtos. No momento em que se elaboram as coleções, o merchandiser local estabelece com sua equipe uma "encomenda-padrão" para os pontos de venda franceses – butiques com a marca Max Mara, franquias, corners de lojas de departamentos – em função de um orçamento de compras cuja determinação é de sua alçada. Os merchandisers franceses circulam por todo o território a fim de cuidar da boa aplicação das diretivas transmitidas por meio de documentos editados na Itália. Eles são encarregados, entre outras coisas, de adaptar a análise científica das vendas, feita a partir dos dados cotidianos, à concepção da imagem da marca (reestruturação da apresentação física dos produtos em função de seu desempenho, gestão de estoque, baixa de preços, etc.). Sua tarefa concerne ao mesmo tempo à gestão e à animação da rede e das equipes que a compõem (o encarregado pelo merchandising é quem recruta o pessoal das filiais). Ele ajuda, em especial, os vendedores e os gerentes de butiques a ficarem atentos ao respeito à imagem da marca.

Nesses dois casos, a rede, sua força e sua eficácia são citadas entre as razões primordiais do sucesso da marca. Essa conquista, atribuída – mais particularmente no que diz respeito a Gap – à centralização das decisões em matéria de merchandising e de coleção, parece, entretanto, ter seus limites. As dificuldades encontradas pelo grupo a partir do ano 2000 levam ao questionamento da perenidade de um sistema que tem, certamente, dado provas de sucesso, mas que poderia a termo provocar uma certa diminuição do interesse por parte do consumidor. Quanto à Max Mara, a abertura em Nova York de uma butique com um conceito específico, rompendo com a segmentação tradicional das marcas do grupo, leva a crer que uma reflexão sobre o tema está em andamento.

Apesar de uma cultura empresarial muito francesa tê-las deixado afastadas durante décadas da própria noção de merchandising, algumas marcas francesas inspiram-se hoje diretamente no exemplo americano. A ação do merchandiser começa, às vezes, bem no início, na fase de construção das coleções e de composição da variedade de produtos. Esse tipo de estratégia implica a constituição de uma equipe forte, para a qual os responsáveis, que têm, em geral, uma abordagem marqueteira de tudo o que envolve o produto, aliciam as competências de profissionais de criação contratados ou *freelances* que agregam um *savoir-faire* em matéria de apresentação visual ou de arquitetura de interior. Esses "supermerchandisers", encarregados de tudo o que concerne ao sortimento, incluindo o cálculo das taxas de rentabilidade, podem assim se ver à frente de equipes de profissionais locais.

Desde a compra, pelo Gucci Group/PPR, do prêt-à-porter Yves Saint Laurent, uma estrutura de merchandising global foi desenvolvida, apesar de as premissas de uma reflexão sobre o merchandising da marca datarem apenas de meados dos anos 1990. Essa nova estratégia resultou na criação de uma função de merchandising de produto, que veio completar a função de visual merchandising já existente. O merchandising de produto é subdividido em departamentos de merchandising específicos, respectivamente ligados ao prêt-à-porter feminino, ao prêt-à-porter masculino e aos acessórios e calçados, sob a direção do vice-presidente encarregado do merchandising. Quanto ao visual merchandising, ele é estabelecido por zonas geográficas, sob a direção de cada diretor de filial, e harmonizado por um coordenador em Paris. Ligações operacionais são estabelecidas com o merchandising de produto para a escolha dos modelos que devem ser colocados nas vitrinas e dos conceitos de implantação das coleções. Essa nova organização dá um papel central ao merchandising de produto, muito envolvido no processo da coleção: antes mesmo do desenvolvimento da coleção, as equipes de criação recebem um briefing que retoma as principais demandas, especialmente em termos de produtos e tecidos, com base em dados estabelecidos a partir dos números de vendas anteriores, das demandas do mercado e da observação da concorrência. À medida que a coleção vai se desenvolvendo, os ajustes necessários são efetuados, no que diz respeito à gama de cores, à seleção de materiais, ao desenvolvimento dos modelos e à atribuição de materiais. Antes do início da venda da coleção em butiques, os últimos ajustes permitem ao merchandising de produto finalizar a coleção em coordenação com as equipes de criação. Uma previsão das vendas por materiais é então efetuada; a compra prévia desses materiais permite garantir os prazos de entrega. Os preços de venda no varejo são também fixados para todas as zonas de venda. É realizada também uma planilha de compra da coleção voltada para as butiques da rede, de acordo com o tamanho de cada butique. As gerências de compras encarregadas de cada zona geográfica (Europa, Estados Unidos, Japão e Sudeste da Ásia) têm a obrigação de se adaptar a essa planilha de compra. A planificação das entregas é, em seguida, efetuada em função das prioridades, tanto no que diz respeito aos produtos quanto aos mercados. A cada coleção se desenvolvem meios de fornecer ao pessoal de vendas das butiques o máximo de conhecimento sobre os produtos, utilizando, por exemplo, cadernos de tendências e fichas técnicas que explicitam os materiais empregados. Durante a estação, a análise das vendas permite reagir imediatamente, efetuando, por exemplo, cancelamentos caso um produto venha a não funcionar, transferências de uma zona para outra quando necessário, reabastecimento de produtos bem vendidos ou o lançamento eventual de produtos novos ou derivados. Principal elemento de análise do desempenho da coleção, um sell out quantitativo e qualitativo é igualmente estabelecido ao término das vendas nas quatro zonas geográficas.

Na Sonia Rykiel, o responsável pelo merchandising trabalha, a princípio, juntamente com o estúdio em uma pré-coleção que leva em conta a evolução do mercado. Depois, ele assegura a estruturação da coleção: cada família de produtos comporta um certo número de modelos, compreendendo uma proporção equilibrada de produtos para a parte de cima e de baixo, assim como produtos de base e produtos fantasia. Das cores da gama geral (até treze, às vezes), são escolhidas as cores de cada produto (cinco ou seis). O merchandiser é, aqui, a interface entre as lojas e o estúdio. Ele é o depositário das informações locais e é levado a expô-las à equipe de criação para enriquecer o desenvolvimento da coleção. No setor de luxo, o surgimento de um merchandising global coexiste, todavia, com o recurso frequente a decoradores de forte sensibilidade artística, com o objetivo de assegurar, do lado do visual merchandising, uma criatividade e uma qualidade de realização perfeitas. A Loewe encontrou assim, na pessoa de William Korso, seu *"international visual merchandising manager"*. Esse homem de teatro, que estudou na Escola de Belas-Artes e em uma escola de direção teatral em Londres, possui um duplo perfil. Além de uma sólida experiência adquirida de Ferragamo e Hermès, entre outros, ele produziu e dirigiu em 2000 o *Conto de Natal* da Porte Saint-Martin, em Paris. Baseando-se no vocábulo "ambiente", ele implementou um novo conceito de apresentação para a Loewe, servindo-se de técnicas tiradas do mundo do espetáculo. As vitrinas são equipadas de projetores de teatro que produzem efeitos especiais. Essa animação emprestada do teatro trouxe novidade, um certo dinamismo e movimento a vitrinas em geral inertes.

Na Louis Vuitton, a direção das lojas, colocada sob a tutela do departamento de marketing e comunicação, tem a responsabilidade pela concepção das lojas e pela abertura de novas unidades. O serviço de visual merchandising e de produtos é, por sua vez, colocado sob a responsabilidade da direção das lojas. Dois decoradores, integrados ao serviço de merchandising, concebem as decorações das vitrinas – ao ritmo de oito por ano –, os conceitos de apresentação de todas as linhas e as execuções que acompanham os lançamentos de produtos. O trabalho dos decoradores é completado pelo de um *freelance*. Uma assistente de logística assegura a fabricação e o encaminhamento das apresentações para o mundo inteiro, enquanto um correspondente na Europa age no conjunto das butiques e assegura a boa utilização dos conceitos, em colaboração com os decoradores e os gerentes de produto. Em complemento, ele organiza a formação de equipes de venda. A equipe possui, também, um responsável pelo merchandising do prêt-à-porter e dos calçados, um assistente-decorador, uma secretária e um ou dois estagiários por ano. Esse serviço de uma dezena de pessoas se caracteriza, assim, por uma forte orientação da concepção das decorações e dos materiais para a apresentação dos produtos, ao mesmo tempo que assegura a formação do pessoal de venda. Atualmente, tratando-se de um certo número de linhas de criação recentes, como o prêt-à-porter masculino e feminino, os produtos de couro, os calçados e os acessórios, o papel do merchandiser se assemelha ao de seus colegas americanos. Efetivamente, ele é responsável pela compra dos produtos e pela constituição do sortimento de cada uma das lojas. Em seguida, é o responsável pela loja que será encarregado dessa tarefa, sob o controle do responsável pelo merchandising.

Na Chanel, cuja rede foi deliberadamente limitada a um número restrito de butiques, a grife mostra a vontade, a partir de uma mesma base de tom parisiense, de respeitar as particularidades locais. O merchandising é executado a partir de uma estrutura baseada em Paris, na rua Cambon, encarregada de desenvolver a decoração das vitrinas e das recomendações para a exposição dos produtos. Ela compreende um responsável que visita regularmente os pontos de venda e é ajudado por uma pessoa que trabalha em tempo integral. Em Paris se juntam, além desses, vendedores especializados, assalariados ou *freelances*. No resto do mundo, estes são sistematicamente *freelances*. Quando as coleções são apresentadas aos responsáveis pelas butiques, o serviço de merchandising propõe ideias de decoração baseando-se nas "histórias de Karl Lagerfeld". As primeiras implantações dessas decorações são realizadas na rua Cambon e na avenida Montaigne. Fotos das vitrinas e dos expositores permitem então constituir o documento de trabalho destinado às butiques. Cada uma terá, assim, conhecimento do tema a destacar a partir das aparições na imprensa ou das diversas ações de comunicação. Em cada butique, uma ou duas pessoas cuidam da exposição dos produtos, de sua rotação, da qualidade e da clareza do ambiente interno do ponto de venda. Para responder às especificidades da comunicação da marca, a "leveza" e a "abertura" são privilegiadas. O recurso a decoradores que não fazem parte da empresa traduz essa "preocupação de abertura de espírito e de renovação das ideias". Os *freelances* são encarregados de arrumar as vitrinas com a ajuda dos cenários previstos e são assistidos nessa tarefa por um dos membros da equipe da loja, levado por gosto por esse tipo de ação. As recomendações, editadas pelo serviço de merchandising sob o nome de "guia de decoração", retomam os mesmos princípios para as vitrinas e os expositores. Entretanto, na medida em que nem todas as butiques através do mundo compram a mesma coisa, já que se preocupam com as particularidades locais da clientela, é difícil elaborar preconizações reprodutíveis em todos os pontos de venda. O guia de decorações, que compreende um dossiê técnico, propostas de execuções, visuais, fotos e desenhos, é então utilizado como fonte de sugestões. Para contornar os problemas de idioma, esse guia comporta muitas ilustrações e é redigido em inglês. Ele apresenta as cores, as estampas da estação e os modos de dispor os produtos e de organizar as apresentações dentro das decorações. Não há obrigação de reprodução fiel. O serviço de merchandising transmite uma mensagem sobre a maneira pela qual a marca desejaria que fosse apresentada a coleção nos pontos de venda. No local, são os decoradores e os diretores das butiques que devem adaptar essas recomendações da melhor maneira, levando em conta o lugar e a clientela. Essas recomendações são encaminhadas às lojas no início da estação, e dois outros guias são enviados depois, em complemento. As aparições na imprensa de moda estarão, por exemplo, na origem do envio de um novo documento propondo maior destaque aos produtos que foram objeto dessas publicações.

Nas lojas de departamentos, como a organização da função de merchandising e as tarefas conferidas a seus protagonistas variam segundo as marcas, o responsável pela função deve exercer uma ação de coordenação entre a arquitetura, a disposição e a animação do espaço de recepção, as marcas próprias que têm lugar ali e as marcas nacionais a instalar, sempre cuidando para que a afirmação da personalidade de cada uma não se sobreponha à identidade da loja. Ele utiliza instrumentos semelhantes aos dos profissionais das cadeias especializadas e acrescenta a isso o resultado de discussões e negociações com os responsáveis comerciais pelas marcas nacionais.

Resgatado por Bernard Arnault em 1984, o Bon Marché foi a primeira loja de departamentos parisiense a se lançar em um vasto plano de modernização. Em 1987, uma nova equipe foi constituída para insuflar nela, sob o impulso de Philippe de Beauvoir, um estado de espírito inovador. Grandes linhas, claras, permanentes e inalteradas, foram então definidas. O conjunto dos efetivos da loja partilha a mesma cultura, o que favorece as mudanças. Arquitetos, vitrinistas e estilistas trabalham em simbiose com as equipes comerciais. No Bon Marché, o merchandising se afirma como "a melhor coisa partilhada" entre as equipes. E, como cada um tem consciência da importância do merchandising e é preparado para praticá-lo, todos estão perfeitamente de acordo com o projeto direcional da empresa. A ação de merchandising é, portanto, uma ação global e não o apanágio de um especialista. Ela é parte integrante do *savoir--faire* comercial, e é partilhada por arquitetos de interior, vitrinistas, responsáveis pelas promoções e compradores. A convergência de suas diversas ações é garantida pelo fato de cada uma das equipes que trabalham para a exposição dos produtos receber uma "educação de merchandising", incluindo os compradores. As equipes trabalham juntas, e a formação é recíproca e permanente. O arquiteto e o vitrinista são o diretor e o cenógrafo da história contada pela loja aos consumidores através dos produtos propostos. Eles trabalham em colaboração estreita com as equipes de venda e recebem as informações referentes às coleções sob a forma de planos de sortimentos. Fortalecidos pelos princípios de base inculcados pelo responsável pela identidade visual, os compradores elaboram o sortimento de produtos em função dos orçamentos de compra, do espaço de exposição disponível e da proporção entre peças dobradas e penduradas própria de cada seção. Seguindo as orientações de estilo dadas à coleção ou as evoluções das famílias de produtos, eles estão aptos a pedir uma modificação do equilíbrio entre peças dobradas e penduradas, ou até mesmo uma realocação de mobília, no caso de esta ser modulável. Quando uma marca nacional ou internacional presente no Bon Marché tem uma forte imagem a defender, a concepção do espaço que lhe é alocado é negociável. O arquiteto de interior da loja estabelece um diálogo com os responsáveis pela marca a fim de que a mobília indispensável à afirmação de sua identidade se adapte ao conceito do Bon Marché. Em geral, a marca participa da concepção dessa mobília, mas a decoração permanece sob a responsabilidade da loja de departamentos, pois o objetivo é que a imagem do Bon Marché seja forte e a da marca hospedada e respeitada. No setor da confecção masculina, Ralph Lauren desejava, por exemplo, que sua butique fosse rodeada de paredes, como se vê nas lojas de departamentos americanas, o que não correspondia ao espírito do conceito Balthazar aplicado no Bon Marché, que privilegia mobílias baixas e ausência de divisórias. Finalmente, a marca instalou seu corner sem paredes, mas em um dos melhores espaços do setor, e o espírito característico de Ralph Lauren foi conservado graças a códigos de cores que lhe são específicos. Após a fase de negociação com as marcas, a implantação propriamente dita é realizada conjuntamente pelos respectivos responsáveis de vendas e pelos vitrinistas do Bon Marché.

Nas Galeries Lafayette, o merchandising foi assegurado até 1998 pelo responsável pelo serviço de marketing e compras. A contar dessa data, um departamento de merchandising foi criado e colocado sob a responsabilidade do serviço de marketing e compras. Ele tem por missão definir, em colaboração com os estilistas e os compradores, a política das marcas próprias das Galeries Lafayette. Duas equipes da central de compras, uma "prévia", outra "posterior", são encarregadas da execução, do conceito dos corners aos books. Essas equipes não têm ligação direta com o merchandising das marcas apresentadas nos pontos de venda das Galeries Lafayette, salvo nos casos de destaques particulares – por exemplo, quando uma saia Avant-Première é associada na vitrina a um pulôver Morgan. Como "o vendedor é o melhor merchandiser", a aplicação das recomendações editadas pelo departamento da central de compras nos corners das marcas próprias fica nas mãos do pessoal de venda. Estima-se, nas Galeries Lafayette, que ninguém melhor do que o vendedor destaca o produto de maneira eficaz e cotidiana, comparativamente ao decorador, que, "saberá deixar bonito mas não forçosamente vender". Manuais pedagógicos são editados a fim de ensinar aos vendedores os princípios de implantação; um aprendizado a distância é ainda organizado por intermédio de CD-Rom. Em seguida, uma prática cotidiana assegura a continuidade desse aprendizado. Em três anos, todas as lojas da rede foram enquadradas nas normas editadas pelo departamento de merchandising, incluindo as lojas do interior, mantidas sob a bandeira Nouvelles Galeries. Os vendedores das marcas próprias foram orientados a aplicar as planilhas a fim de estabelecer uma cadeia que responde a uma lógica idêntica para qualquer tamanho de loja. Essa lógica centralizadora é, entretanto, invertida, pois, como explicam nas Galeries Lafayette, o flagship do boulevard Haussmann é tratado "como uma loja de interior", naturalmente com as indispensáveis organizações espaciais ligadas à área disponível e às particularidades de sua clientela.

No Printemps, como a responsabilidade pelo merchandising está, de fato, nas mãos da direção da imagem, esta trabalha em colaboração estreita com a central de compras. A direção da imagem centraliza a política de merchandising da empresa e gerencia a imagem dos locais de venda. Dentro desse serviço, a arquitetura de interior é encarregada da renovação e da estrutura do prédio e da mobília dos espaços comerciais. A arquitetura efêmera dá vida às promoções, num ritmo muito rápido devido ao número de ações referentes aos preços e que concernem à imagem. O serviço designa os princípios de implantação, de ambientação e os materiais a utilizar em cada uma dessas ações. Definidos e desenvolvidos no Printemps Haussmann, os módulos promocionais são replicados nas lojas da cadeia, às quais são enviadas mobílias, painéis e decorações, assim como a documentação necessária a uma realização perfeita. A elaboração do mobiliário se faz em colaboração com a central de compras.

Arquitetos e compradores se encontram em torno de coleções já elaboradas e, integrando as informações extraídas de visitas à concorrência na França e no exterior, determinam as características técnicas do material: apresentação linear ou de massa, altura do pé-direito, etc. Quanto ao serviço de "sinalização e identidade visual", ele concebe os logotipos, assim como a comunicação institucional e promocional da marca. Os princípios de apresentação na loja, definidos em colaboração com a central de compras, são em seguida aplicados no cotidiano pelas equipes de venda. No que diz respeito às marcas próprias, a equipe responsável pela imagem é encarregada da exposição do universo das marcas e da disposição dos produtos. O processo é iniciado no momento da determinação dos materiais de apresentação da nova marca ou da renovação dos de uma marca já existente. Os arquitetos e os merchandisers tomam conhecimento das coleções definidas e estruturadas. Os compradores lhes comunicam seus objetivos em termos de faturamento e margem de lucro e lhes assinalam os produtos a destacar. Em um espaço-padrão, a equipe encarregada do merchandising elabora então uma proposta de exposição adaptada aos segmentos de clientela visados (materiais, suportes, mix de peças dobradas/penduradas). A mobília é então construída e exposta no carro-chefe do boulevard Haussmann antes de ser replicada nas outras unidades do Printemps. A equipe de merchandising elabora, em paralelo, documentos explicando os princípios de apresentação, a fim de que a utilização da mobília e as implantações sejam homogêneas no conjunto da rede. Para as estações seguintes, os compradores levam em conta cada espaço de venda por módulo e por loja, com algumas especificidades para o boulevard Haussmann. No Printemps, marcas nacionais e internacionais vêm se inscrever em uma loja fortemente identitária. A vontade é de instaurar uma relação de parceria com cada marca, mesmo que os objetivos de cada uma das partes sejam bem diferentes. Então, insiste-se muito, no Printemps, nos códigos identitários do edifício (piso, murais, teto, iluminação), que constituem a base de recepção das marcas. O espaço é gerenciado por stands, com uma lista de especificações bem precisa: a altura dos murais é fixada em 2,30 metros, havendo a possibilidade, se o stand tiver mais de 7 metros, de colocar duas vezes essa altura, etc. O arquiteto de interior e o comprador negociam um compromisso com a marca. O objetivo da loja não é simplesmente ter Dior ou Esprit no catálogo, mas "propor Dior e Esprit no Printemps".

Na Bloomingdale's, nos Estados Unidos, o impulso e a ação de merchandising emanam da equipe de visual merchandising baseada em Nova York. A organização ali é claramente estruturada em torno de duas entidades: uma é dirigida à criação e a outra às lojas. O departamento de criação elabora as decorações das vitrinas exteriores das lojas para o conjunto da cadeia. Ele executa também as ações de organização de eventos que ditam o ritmo de vida dos pontos de venda: Natal, Dia dos Namorados, etc. Quatro designers gráficos, cada um responsável por setores específicos (perfumaria, confecção masculina, etc.), trabalham em colaboração com os compradores para elaborar as ações promocionais. Em cada loja, uma pessoa é encarregada da sinalização. Um responsável pelo visual merchandising trabalha na execução dos conceitos com as equipes de venda. O diretor de cada ponto de venda é bastante envolvido nas ações de merchandising efetuadas em sua loja. Três diretores regionais completam essa estrutura. A organização se mostra de tal modo complexa que existe a possibilidade de as equipes interpretarem e adaptarem as diretivas. Elas são levadas a integrar elementos visando individualizar e personalizar sua ação em função das necessidades específicas da clientela local, ligadas, por exemplo, às variações climáticas, muito importantes em um território tão vasto como os Estados Unidos. Essa oportunidade de adaptar o procedimento de merchandising da cadeia a especificações locais é certamente enriquecedora, mas, pela estrutura de decisão e ação estabelecida, verificou-se que tal iniciativa pode causar atritos e mal-estar, sobretudo porque os diretores de visual merchandising respondem ao responsável central pelo visual merchandising, e as equipes das lojas ao diretor de sua unidade.

No Monoprix, a função de merchandising, em sua versão moderna, foi instaurada no início dos anos 1990, quando um pequeno grupo de vitrinistas foi formado com novas técnicas. De seu lado, o Prisunic tinha criado seu serviço de merchandising dois anos antes da fusão com o Monoprix e aplicou imediatamente os conceitos modernos, ainda hoje em ação. No que se refere ao têxtil, existem atualmente no Monoprix dois departamentos de merchandising ligados à direção das compras não alimentares. O primeiro se encarrega dos produtos permanentes (lingerie, meias e afins, roupa de baixo infantil e masculina), cuja noção de rentabilidade é prioritária. O segundo, batizado de "visual merchandising", se encarrega de expor o sazonal, com um interlocutor por setor (feminino, lingerie, casa, infantil). Com o apoio do plano de promoção e publicidade, essa equipe fornece diretivas sobre a exposição dos produtos comprados pelos diferentes departamentos têxteis. Essas diretivas concernem a vitrinas e mobiliário e expõem, segundo uma política preestabelecida e temas definidos pelo escritório de estilo, uma implantação muito precisa dos produtos, referência por referência. As pequenas linhas regularmente propostas pela marca em colaboração com os designers são, naturalmente, objeto de um estudo particular e de um dossiê específico desenvolvido com o escritório de estilo e a venda. Quatro profissionais de visual merchandising são responsáveis cada qual por um setor particular. Eles são os interlocutores privilegiados dos compradores quando se trata de expor a coleção ao ritmo de diferentes entregas. Devem se mostrar criativos em relação à concorrência e constituir uma proposta própria tão forte que possa fazer evoluir o conceito e as exposições da loja. Dois profissionais formadores se encarregam de transmitir esses dados aos responsáveis pelos têxteis das lojas. Não existe, hoje, um trabalho de merchandising direto na loja: essa função deve ser criada e é considerada uma prioridade no Monoprix. Os vitrinistas ficam, de fato, sob a responsabilidade de seus diretores, para quem o visual merchandising não consta sempre do rol das primeiras preocupações. A função de merchandising é muito transversal; ela constitui uma "plataforma" de informações das diretivas da matriz para as lojas e participa da implementação de todas as novidades sem ter o domínio da coordenação global, na medida em que cada setor (marketing, compras e venda) permanece mestre de suas prioridades. A comunicação ao pessoal de vendas é assegurada por uma estrutura com duas formadoras internas. Elas ensinam os grandes princípios dos conceitos e das políticas usadas pelo visual merchandising, assegurando o "mínimo vital": todo o pessoal da área têxtil (diretores, executivos e vendedores) recebeu assim uma formação teórica de dois dias. Essas duas formadoras são também encarregadas de acompanhar esse pessoal no local de venda (é essencialmente um acompanhamento pontual e ajuda nas reestruturações de lojas em dificuldade, mas essa função, bastante operacional, tende a se desenvolver e a se organizar nos próximos anos).

Na Etam, a preocupação em racionalizar a maneira de elaborar as coleções a fim de otimizar sua implantação em loja começou em 1996-1997. No quadro de um vasto plano de formação de seus executivos, dentro do qual foram levados em conta os desafios ligados à instalação de uma verdadeira função de merchandising, a cadeia organizou viagens de estudos a Nova York. No local, uma diretora regional que mostrara afinidades com o merchandising foi encarregada da otimização das coleções, buscando uma melhor estruturação da oferta em loja. Em 1998-1999, uma evolução estrutural levou à incorporação das vitrinas, até então tradicionalmente reduzidas a uma atividade de vendedores, ao campo de aplicação do visual merchandising. Hoje, a função de merchandising aumentou consideravelmente: para todo o grupo, ela concerne aproximadamente a vinte pessoas. Essa função se organizou segundo uma lógica própria a cada marca: na 1.2.3, o merchandising é ligado à direção comercial; na Etam Lingerie e na Etam Prêt-à-porter, depende diretamente do diretor da divisão. Para duas das três unidades, o perfil do merchandiser é comercial, enquanto no caso da terceira ele é "criativo pragmático". As próprias equipes são majoritariamente compostas de pessoas com forte sensibilidade criativa, com frequência antigos vitrinistas. Enfim, no caso dos flagships, equipes dedicadas foram ativadas. No plano semântico, as denominações de cargos evoluíram ao mesmo tempo que a própria função, e na Etam, em alguns anos, passamos de uma função de vitrinista para a de apresentador visual e, em seguida, de merchandiser. As regras de base foram editadas sob a forma de guias, aos quais se acrescentam, segundo uma periodicidade variável em função das entidades, books de atualização das coleções propondo uma apresentação ideal, fotografada em condições reais, dos novos temas ou as novas associações a implantar nas lojas. Os princípios de merchandising das diferentes unidades do grupo, desenvolvidos pelas equipes de merchandising operacional, são aplicados pelas equipes de venda. Um amplo plano de formação interna se encarrega da aquisição e da manutenção das competências em campo: novecentas pessoas são assim formadas todo ano. Em razão da heterogeneidade das redes de pontos de venda (tanto em termos de tamanho e variedade como de coexistência de diferentes idades de conceitos), a formação dispensada ao pessoal das lojas insiste na noção de adaptação dos modelos propostos ao contexto e à configuração de um ponto de venda específico. São, em seguida, os responsáveis regionais que operam o controle da aplicação das regras de merchandising em seus setores respectivos.

Na Kiabi, a criação de uma direção de merchandising no início do ano 2000 resultou na contratação de uma equipe de merchandising para cada uma das diferentes coleções (masculina, feminina e infantil). A equipe é chamada a trabalhar em colaboração com a direção de coleções no merchandising prévio e com a direção de vendas em sua aplicação. A coerência da imagem da marca é colocada sob a responsabilidade do diretor de merchandising. Dentro da equipe, os papéis são repartidos em função das competências necessárias, tanto no que se refere à gestão (determinar o tamanho dos universos e da oferta das lojas em função do faturamento a realizar) quanto ao visual merchandising (destaque dos produtos escolhidos pelas equipes de coleção) e à comunicação (execução e transmissão da informação às equipes de venda).

Um rápido estudo das descrições dos cargos dos profissionais responsáveis pelo merchandising, tais como são resumidas nos quadros de anúncios divulgados pelos recrutadores, deixa transparecer um ponto de convergência principal: quase sistematicamente os empregadores englobam na função de merchandising um papel pedagógico dirigido aos responsáveis pelas lojas e suas equipes. De modo geral, e bem logicamente, uma forte expectativa é em seguida expressa, nos setores de alto padrão, no que diz respeito à identidade visual dos pontos de venda e à apresentação das vitrinas. Na grande distribuição e nas cadeias de filiais, as noções de participação na elaboração e na estruturação dos sortimentos são mais frequentemente presentes, assim como as que se referem à otimização do desempenho comercial dos pontos de venda. Tais objetivos não podem, por ora, ser atingidos pelo recurso único aos *softwares* de merchandising, essencialmente utilizados pelos distribuidores alimentares. No caso da elaboração e da aplicação de uma política de merchandising para produtos de moda, o fator humano é primordial. Por sua posição de interface entre criação, marketing e logística, os merchandisers continuarão inevitavelmente, no futuro, a ser confrontados com uma realidade profissional que se transforma todo o tempo e com métodos de trabalho próprios à cada marca, pois tais métodos dependem da cultura e do *savoir-faire* de cada empresa. Além disso, as lutas de poder tendem a emergir, pois as prerrogativas cada vez mais importantes que a função de merchandising reivindica incomodam as áreas conexas, que tendem a considerar o merchandising como uma simples aplicação de técnicas, em vez de reconhecer-lhe uma dimensão estratégica própria. Se fosse mais considerado dentro das empresas, esse papel estratégico poderia levá-las a rever seus organogramas e a abrir um espaço, com base nesse novo critério, ao campo de ação comum entre as funções de compra, de desenvolvimento de produto e de merchandising.

# conclusão

quais serão as expressões do merchandising de moda em cinco anos? Com que se parecerão então as lojas e quais serão suas fontes de inspiração? Talvez os pontos de venda sejam mais interativos, incitando, por exemplo, um consumidor mais adulto a ser o protagonista de seu próprio percurso, em vez de seguir um circuito único predeterminado para todos. Sem dúvida, as clivagens entre os diferentes setores de distribuição se tornarão ainda mais flexíveis, indo cada um buscar a inspiração, sem preconceitos, tanto do lado da grande distribuição alimentar quanto do lado do setor automotivo, do mobiliário ou da joalheria.

Como pressagia um estudo sobre as práticas atuais de estruturação dos pontos de venda, veremos provavelmente cada vez menos tendências "agregadoras". À própria imagem da moda, para a qual a ausência de *diktat*[*] é hoje lei, veremos sem dúvida

---

[*] *Diktat*: palavra alemã que quer dizer "exigência absoluta imposta pelo mais forte". (N. T.)

instalar-se cada vez mais dentro dos espaços de venda experimentações múltiplas e contraditórias, símbolos de uma era que poderia ser antes de tudo a era da personalização.

O merchandising da moda é praticado há muito pouco tempo para ser isento de um certo empirismo e para que possamos observá-lo de uma boa distância. Por essas razões, e como ele está inserido em um setor de distribuição em mutação, seria imprudente nos arriscarmos a predizer sua evolução. Mas é certo que, dentro das empresas de moda, o lugar conferido ao merchandising, em sua acepção global, vai crescer. Já se identificam novas necessidades. Funções inéditas surgirão, ocupadas por profissionais com novas competências. O merchandising de amanhã está nas mãos deles.

# Bibliografia

ABRAMSON, Susan & STUCHIN, Marcie. *Shops & Boutiques 2000: Designer Stores and Brand Imagery*. Nova York: PBC International Inc., 2000.

ARNAULT, Bernard. *La passion créative: entretiens avec Yves Messarovitch*. Paris: Plon, 2000.

BAUDELOT, Christian & ESTABLET, Roger. *Maurice Halbwachs: consommation et société*. Paris: PUF, 1994.

BRIJATOFF, Alix. *L'espace du désir: traité de contre-marketing*. Paris: Les Presses du Management, 2000.

CARACALLA, Jean-Paul. *Le roman du Printemps: histoire d'un grand magasin*. Paris: Denoël, 1989.

CHUNG, Chuihua Judy et al. *Project on the City 2. Harvard Design School Guide to Shopping*. Colônia/Londres/Paris/Madri/Nova York/Tóquio: Taschen, 2001.

CUVILLIER, Dominique. *Le futur de la mode*. Paris: Écrivains, 2000.

DANCETTE, Jeanne & RÉTHORÉ, Christophe. *Dictionnaire analytique de la distribution*. Montréal: Les Presses de l'Université de Montréal, 2000.

DAYAN, Armand; TROADEC, Annie; TROADEC, Loic. *Le Merchandising*. Coleção Que Sais-je? Paris: PUF, 2007.

FAUCONNET, François et al. *Vitrines d'architectures: les boutiques à Paris*. Paris: Pavillon de l'Arsenal, 1997.

HERZOG & DE MEURON. *Prada Aoyama Tokyo*. Milão: Progetto Prada Arte - Fondazione Prada, 2003.

IFM. *Annuaire de la distribution spécialisée mode*. Paris: IFM, 2007.

_____. *Le Guide du textile et de l'habillement*. Paris: IFM, 2007.

KAMITSIS, Lydia & REMAURY, Bruno (orgs.). *Dictionnaire international de la mode*. Paris: Regard, 2004.

KLEIN, Naomi. *No logo: la tyrannie des marques*. Paris: Actes Sud, 2001.
KLIMENT, Stephen A. (org.) *Building Type Basics for Retail and Mixed-Use Facilities*. Nova York: John Wiley & Sons, 2004.
KOOLHAAS, Rem *et al*. *Projects for Prada Part 1*. Milão: Progetto Prada Arte - Fondazione Prada, 2001.
MANUELLI, Sara (org.). *Design for Shopping: New Retail Interiors*. Londres: Laurence King, 2006.
MARCHAND, Stéphane. *Les guerres du luxe*. Paris: Fayard, 2001.
MAURIÈS, Patrick & LACROIX, Christian. *Styles d'aujourd'hui*. Paris: Le Promeneur, 1995.
MARION, Gilles. *Mode et marché*. Paris: Liaisons, 1992.
MILLER, Michael B. *Au Bon Marché 1869-1920: le consommateur apprivoisé*. Paris: Armand Colin, 1987.
MONTENEGRO, Riccardo. *Styles d'intérieur: les arts décoratifs de la Renaissance à nos jours*. Paris: La Martinière, 1997.
MORES, Claudio Marenco. *From Fiorucci to the Guerilla Stores*. Veneza: Marsilio/Fondazione Pitti Discovery, 2006.
PORTAS, Mary. *Vitrines: stratégies de la séduction*. Londres: Thames & Hudson, 2000.
REMAURY, Bruno (org.). *Repères mode & textile*. Paris: IFM, 1996.
_____. *Repères mode 2003: visages d'un secteur*. Paris: IFM/Regard, 2003.
RIEUNIER, Sophie & JALLAIS, Joël. *Le marketing sensoriel du point de vente*. Paris: Dunod, 2006.
ROCHEFORT, Robert. *La société des consommateurs*. Paris: Odile Jacob, 1995.
UNDERHILL, Paco. *La science du shopping: comment le merchandising influence l'achat*. Paris: Village Mondial, 2007.
WEISHAR, Joseph. *The Aesthetics of Merchandise Presentation*. Cincinatti: ST Media Group International, 2005.
WELLHOFF, Alain & MASSON, Jean-Emile. *Le merchandising: bases, techniques, nouvelles tendances*. Paris: Dunod, 2005.